BEI GRIN MACHT SICH IHR WISSEN BEZAHLT

- Wir veröffentlichen Ihre Hausarbeit,
  Bachelor- und Masterarbeit

- Ihr eigenes eBook und Buch -
  weltweit in allen wichtigen Shops

- Verdienen Sie an jedem Verkauf

Jetzt bei www.GRIN.com hochladen
und kostenlos publizieren

GRIN ☺

VHT als methodischer Zugang in den stationären Erziehungshilfen. Inwiefern sich videobasiertes Arbeiten auf das professionelle Handeln von Fachkräften auswirkt

Felizitas Balzer

Bibliografische Information der Deutschen Nationalbibliothek:

Die Deutsche Nationalbibliothek verzeichnet diese Publikation in der Deutschen Nationalbibliografie; detaillierte bibliografische Daten sind im Internet über http://dnb.d-nb.de abrufbar.

ISBN: 9783346851529
Dieses Buch ist auch als E-Book erhältlich.

Titelbild: wayhomestudio (Freepik.com) | Covergestaltung: Claudia Mayerle

© GRIN Publishing GmbH
Trappentreustraße 1
80339 München

Druck und Bindung: Books on Demand GmbH, Norderstedt Germany
Gedruckt auf säurefreiem Papier aus verantwortungsvollen Quellen

Das vorliegende Werk wurde sorgfältig erarbeitet. Dennoch übernehmen Autoren und Verlag für die Richtigkeit von Angaben, Hinweisen, Links und Ratschlägen sowie eventuelle Druckfehler keine Haftung.

Das Buch bei GRIN: https://www.grin.com/document/1348438

Felizitas Balzer

VHT als methodischer Zugang

in den stationären Erziehungshilfen

Inwiefern sich videobasiertes Arbeiten auf das

professionelle Handeln von Fachkräften auswirkt

Masterthesis zur Erlangung des Mastergrads Master of Arts
im Studiengang Soziale Arbeit

Stuttgart, 2022

Titelbild: wayhomestudio (Freepik.com)
Covergestaltung: Claudia Mayerle

SPIN-DGVB
Deutsche Gesellschaft für
Videobasierte Beratung e.V.

Diese Veröffentlichung wurde unterstützt durch SPIN DGVB Deutsche Gesellschaft für Videobasierte Beratung e.V. (www.spindeutschland.de)

Für Janez, Josy und s'Lätt.

Ihr händ mir d'Wält bedütet.

Inhaltsverzeichnis

Abbildungsverzeichnis

Tabellenverzeichnis

Abkürzungsverzeichnis

AGJ	Arbeitsgemeinschaft für Kinder- und Jugendhilfe
AIT	Associatie voor Interactiebegeleiding en Thuisbehandeling Niederländische Dachgesellschaft von VHT
BAG	Bundesarbeitsgemeinschaft
BMFSFJ	Bundesministerium für Familie, Senioren, Frauen und Jugend
CVIG	The Center of Video Interaction Guidance USA
DGSF	Deutsche Gesellschaft für Systemische Therapie, Beratung und Familientherapie
EREV	Evangelischer Erziehungsverband
et al	und andere
etc.	et cetera
HPG	Hilfeplangespräch
HzE	Hilfen zur Erziehung
KJSG	Kinder- und Jugendstärkungsgesetz
KVJS	Kommunalverband für Jugend und Soziales Baden-Württemberg
VERP	Video Enhanced Reflective Practice
VIB	Video-Interaktions-Begleitung
VID	Video-Interaktions-Diagnostik
VIPP	Video-Feedback-Intervention zur Förderung positiver Elternschaft
VHT	Video-Home-Training
SIT	Systemische Interaktionstherapie
SPIN DGVB	Stichting Promotie Intensieve Thuisbehandeling Nederland Deutsche Gesellschaft für Videobasierte Beratung
z.B.	zum Beispiel

1 Einführung in die Thematik

Das Arbeitsfeld der stationären Erziehungshilfen soll einen positiven Lebensort für junge Menschen bilden, welche dauerhaft oder vorrübergehend nicht in ihrer Familie leben können, dabei die Verarbeitung traumatischer Lebensereignisse begleiten und entwicklungsförderliche Bedingungen bereitstellen (Günder 2015: 15). Dieser ohnehin anspruchsvolle Auftrag an das Arbeitsfeld und deren Professionelle (15), verschärft sich vor dem Hintergrund diverser Herausforderungen und Entwicklungsaufgaben, vor denen dieses steht.

So beobachtet Gahleitner aufgrund des zunehmenden Kostendrucks der Kinder- und Jugendhilfe die „Verschiebung in Richtung ambulanter Angebote […] mit der Zielsetzung, stationäre Unterbringungen zu vermeiden [und eine] dadurch besonders hohe Rate von Kindern und Jugendlichen mit psychiatrischen Störungsbildern in den stationären Hilfen" (2017: 8). Nüsken stellt weiter fest, dass die sich wandelnde gesellschaftliche Wirklichkeit verbunden mit einer ständig zunehmenden Komplexität der Lebensbedingungen, in denen Kinder und Jugendliche aufwachsen, sich entsprechend auf das Arbeitsfeld auswirken. Neben Veränderungen wie den bereits benannten Sparbemühungen, rechtlichen Reformen (zu unter anderem Kinderschutz, Partizipation und Beschwerde) und öffentlicher Aufmerksamkeit aufgrund missglückter Kinderschutzfälle, entwickelten sich auch neue Anforderungen durch junge Geflüchtete sowie durch die Zunahme von Problemlagen in multibelasteten Familien. (Nüsken 2020: 17) Die aktuellste Neuanforderung dieser Reihe steht zudem bereits bereit; das 2021 verabschiedete Kinder- und Jugendstärkungsgesetz (KJSG) ergänzt die bisherige Zielgruppe des Arbeitsfeldes um junge Menschen mit Behinderungen (Schönecker 2022: 71). Für Kessl et al sorgen die bereits benannte zunehmende Komplexität und Modernisierung im Übrigen für Grenzverschiebungen und -aufweichungen in der Zuständigkeit für Problemlagen und Themen, weshalb sie insgesamt eine Prekarisierung des Pädagogischen sehen (2014: 14f.).

Die Aufgabenstellungen nehmen also an Komplexität und Herausforderung zu, während sich die Arbeitsbedingungen verschlechtern (AGJ 2011:1ff.). Was Averbeck für die gesamte Kinder- und Jugendhilfe feststellt, dürfte auch für das stationäre Setting gelten: Die knapp dreitausend von ihr befragten Fachkräfte gaben zu 61% an, durch das hohe Arbeitspensum belastet zu sein, weitere 57% durch die hohen emotionalen Anforderungen. (Averbeck 2019: 117) Von bedeutenden Belastungen zeugen überdies auch, dass 43% der in Teilzeit Arbeitenden angibt, dass sie aufgrund der gegebenen Arbeitsbedingungen keiner Vollzeitbeschäftigung nachgehen und 38% sagen aus, dass die Arbeitsbelastung bei höherem Umfang sonst zu groß sei (87). Diese schützende Funktion von Teilzeitstellen (87) könnte auch erklären, wieso die Zahl an Teilzeitbeschäftigungen bei Basismitarbeitenden der stationären Erziehungshilfen besonders hoch ist (KVJS 2015: 50).

Die hohe Arbeitsbelastung verbunden mit hohen Anforderungen, führen zu einer hohen Fluktuation der Professionellen (AGJ 2011: 5). Große Anteile der stationär Arbeitenden sind zudem über vierzigjährige Fachkräfte, die „nach langjähriger Arbeit im Schicht-, Wochenend- und Nachtdienst zunehmender vom Burnout bedroht [sind]" (AGJ 2011: 5). Weiter werden der jüngeren Fachkräftegeneration veränderte Motivationen zugeschrieben, sie neigen – so die überspitzte These der Autor*innen – weniger zur Selbstausbeutung und suchen nach attraktiveren und mehr wertgeschätzten Beruflichkeiten (3). Der Fachkräftemangel führt auch dazu, dass Quereinsteigenden- sowie Assistenzprogramme den Anteil nicht (akademisch) ausgebildeter Pädagog*innen zukünftig steigen lassen, was eine „gravierende Verschlechterung der psychohygienischen Situation" Professioneller herbeiführen kann und in prekärer Professionalität des Arbeitsfeldes zu münden droht (Kessl et al 2014: 13).

Teile der Fachkräfte versuchen die benannten Notlagen „durch persönlichen Einsatz zu mildern und beispielsweise durch Überstunden den Personalmangel aufzufangen und fachliche Standards aufrecht zu erhalten" (Averbeck 2019: 10) – auf eigene Kosten, auch auf Kosten der eigenen Gesundheit. Die Krankheitstage Sozialarbeitender sind überdurchschnittlich hoch (Kessl et al 2014:13f.). Dies scheint noch aussagekräftiger in Verbindung mit Averbeck's Ergebnis, dass 34% der befragten Professionellen häufig arbeiten gehen, auch wenn sie sich krank fühlen (2019: 145). Überdurchschnittlich ist weiter die Häufigkeit psychischer Erkrankungen, insbesondere Burnouterkrankungen als Folge personeller Not, Arbeitsdichte, -menge und -klima (Kessl et al 2014: 13f.; Averbeck 2019: 13). Als Alternative zum Durchhalten erwägen Fachkräfte auch die berufliche Neuorientierung – wichtige personelle Ressourcen sowie Wissensbestände drohen dann das Arbeitsfeld zu verlassen und den Fachkräftemangel samt den beschriebenen Zusammenhängen weiter zu verschärfen (10).

Zusammengefasst werden kann also, dass Fachkräfte der stationären Erziehungshilfe herausfordernden Tätigkeiten nachgehen gepaart mit hohen gesellschaftlichen sowie fachlichen Ansprüchen (Averbeck 2019: 7). Die Anforderungen an Fachkräfte sind zudem deutlich gestiegen (Nüsken 2020: 17) und die benannten Veränderungen „[stellen] hohe Anforderungen an die methodische Qualifizierung in der Betreuung, Begleitung und Behandlung" (Gahleitner 2017: 8). Günder pointiert:

> „Die Erziehung in Heimen und sonstigen betreuten Wohnformen verlangt heute mehr denn je eine hohe Professionalität der Fachkräfte, welche diesem Anspruch innerhalb des sozialpädagogischen Arbeitsfeldes [...] auch entsprechen können." (2015: 12)

Neben notwendigen Veränderungen der rahmenden Arbeitsbedingungen, braucht es also – Gahleitner folgend – auch methodische Zugänge, die den anspruchsvollen Anforderungen begegnen können, indem sie Professionalität generieren. Und offenbar braucht es einen methodischen Zugang, der nicht nur professionelles Handeln fördert, sondern die Ebene der Mitarbeitenden und deren Bedarfe mitdenkt.

2

Ein möglicher methodischer Zugang könnte die sowohl auf Adressat*innen, als auch auf Professionelle zielende Methode VHT darstellen. Bei VHT handelt es sich um eine systemische, konsequent ressourcenorientierte Beratungsmethode, welche auf Empowerment, Prinzipien gelingender Kommunikation sowie positiven Videobildern als Medium gründet (SPIN DGVB o.J.e: o.S.).

> „Bilder – sowohl stehende als auch bewegte Bilder – sind komplexe und ganzheitliche Informationsträger, die in der Beratung vielfältig einsetzbar sind. Sie ,frieren' eine Situation ein und halten sie gesprächsfähig, sie können aus verschiedenen Blickwinkeln analysiert werden [und] machen kleinste Details sichtbar, auf die in der Echtsituation nicht geachtet wurde[. Sie] ermöglichen es, aus einer Metaposition heraus auf das Geschehen zu schauen und es neu zu verstehen [...]" (Gens 2020a: 10)

Dieses videobasierte Arbeiten richtet sich dabei sowohl an Personen, welche Fürsorge anbieten, als auch Personen welche im Zentrum von Fürsorge stehen (MONTAG 2021, o.S.). Ihre Methodik verläuft über kurze Videoaufnahmen der Kommunizierenden aus deren familiären oder professionellen Alltag, anschließender Analyse und Zusammenschnitt der bereits gelingenden und aussagekräftigen Kommunikationssequenzen und der abschließenden Videoauswertung mit dem Gegenüber (Gens 2020a: 15).

Wurde die Methode in den 1970er Jahren in den Niederlanden zunächst im Kontext (teil-)stationärer Erziehungshilfen begründet und aus deren Praxis heraus entwickelt (Schepers; König 2000: 12f.), verlagerte sich der Fachdiskurs im Verlauf der Jahrzehnte stark in das Feld ambulanter Erziehungshilfen. Dabei scheint sie dem Arbeitsfeld der stationären Erziehungshilfen ein Repertoire zur Verfügung stellen zu können. Sie findet Anwendung in der Arbeit mit Kindern und Jugendlichen, mit deren Eltern, im Hilfeplangespräch, im diagnostischen und fallverstehenden Arbeiten sowie in der Personalentwicklung (Biener; Brümmer 2020: 58). Insbesondere Professionellen soll VHT ermöglichen „tägliche Herausforderungen und berufliche Konflikte an Lösungen und Ressourcen orientiert systematisch [zu] analysieren und positiv [zu nutzen]" (Goltsche 2020: 25). Weiter soll videobasiertes Arbeiten Fachkräften die Chance bieten, junge Menschen und ihre Familien in deren Bewältigungsstrategien und Bedürfnissen besser zu verstehen und ein gemeinsames Fallverständnis zu generieren. So könne professionelle Haltung eingenommen und professionelles Handeln entwickelt werden (Biener; Brümmer 2020: 58; Brümmer 2020: 62). Könnte sich also VHT als methodischer Zugang der Beantwortung beschriebener Herausforderungen im Arbeitsfeld annähern? Welche Möglichkeiten bietet sie hierzu an und zeigen diese tatsächlich Wirkung? Die vorliegende Arbeit möchte dieser Spur folgen und fragt sich:

Inwiefern wirkt sich videobasiertes Arbeiten auf das professionelle Handeln von Fachkräften im Arbeitsfeld der stationären Erziehungshilfen aus?

Methodisch schlägt die Bearbeitung der Fragestellung den folgenden Weg ein. So möchte sie zunächst in eine stabile theoretische Fundierung investieren und dabei das Arbeitsfeld, professionelles Handeln sowie die Methode VHT aufbereiten, und sich der

Thematik daraufhin empirisch annähern. Der abschließenden Beantwortung der Forschungsfrage dient hierzu ein qualitatives Forschungsdesign, liegt das Erkenntnisinteresse doch „nicht in der Überprüfung zuvor theoretisch abgeleiteter Hypothesen, sondern in der systematisierenden Exploration und Erschließung" (Schaffer; Schaffer 2020: 47) dieses noch unbeforschten Gegenstandes. Es werden zwei Fokusgruppen mit insgesamt elf Fachkräften aus dem Kontext stationärer Erziehungshilfen durchgeführt, welche aus verschiedenen Positionen und Perspektiven heraus Erfahrungen mit unterschiedlichen Anwendungen von VHT im Arbeitsfeld zusammentragen.

Die Arbeit verläuft also über die benannten zwei Abschnitte, den fundierenden Theorieteil und die anschließende empirische Untersuchung hinweg. Im Theorieabschnitt begibt sich das zweite Kapitel zunächst in das Arbeitsfeld der stationären Erziehungshilfen und klärt dort grundlegendes im Sinne seines Selbstverständnisses sowie seiner Rahmung, seiner Zielgruppe und deren Problemlagen. Um ein möglichst gehaltvolles Bild des Feldes zu erlangen, gibt die Arbeit Einblicke in theoretische und konzeptionelle Leitorientierungen und konkrete methodische Zugänge und Techniken. Das dritte Kapitel nimmt sich anschließend vor, professionelles Handeln zu präzisieren. Nachdem ein kurzer Abriss der Professionsdebatte in das Thema einleitet, werden hierzu professionelle Handlungsmodelle sowie methodisches Handeln und Kompetenzen als Bestandteile beleuchtet. Abschließend wird ein Bild professionellen Handelns in Bezug auf das spezifische Arbeitsfeld der stationären Erziehungshilfen entworfen. Das vierte Kapitel wendet sich der Methode VHT zu, indem es seine Zielsetzung und Methodik klärt, VHT in den Methodenbegriff einordnet, die Genese und Organisation sowie das theoretische Säulenmodell der Methode vorstellt. Jenes wird über die vier Säulen Menschenbild, positiver Lernansatz, Videobilder und Basiskommunikation ausgearbeitet sowie über sein Fundament aus systemischen und bindungstheoretischen Inhalten. Anschließend bewegt sich die Arbeit im fünften Kapitel zu den Praxisanwendungen des videobasierten Arbeitens im Arbeitsfeld der stationären Erziehungshilfen und stellt vor, wie VHT mit Fachkräften, zu diagnostischen Zwecken, im Hilfeplangespräch, mit jungen Menschen und Eltern verwendet werden kann. Auf diesem theoretischen Fundament kann dann die empirische Untersuchung ihren Anfang nehmen und ihr Design über Forschungsinteresse, -stand und -methode hin zu Sampling, Datenerhebung, -aufbereitung und -auswertung darstellen und sie auf ethische Aspekte und Güte hin zu prüfen. Das siebte Kapitel stellt die generierten Forschungsergebnisse vor, gegliedert in Auswirkungen auf das professionelle Handeln, Wirkungszusammenhänge sowie Professionalität innerhalb der Methode. Die Erkenntnisse werden abschließend diskutiert, um die Arbeit mit einem Fazit und Ausblick abschließen zu können.

2 Stationäre Erziehungshilfen

Um die Anforderungen und Merkmale professionellen Handelns im Kontext der stationären Erziehungshilfe nachvollziehen zu können, ist es zunächst notwendig das Arbeitsfeld in seinen Grundzügen zu verstehen. Das vorliegende Kapitel versucht, dieses
über die folgenden vier Unterkapitel hinweg zu skizzieren.

2.1 Selbstverständnis und Rahmenbedingungen

„Das Heim als positiver Lebensort soll frühere oftmals negative oder traumatische Lebenserfahrungen verarbeiten helfen, für günstige Entwicklungs-
bedingungen sorgen, Ressourcen erkennen und auf ihnen aufbauen, den
einzelnen jungen Menschen als Person annehmen und wertschätzen, eine
vorrübergehende oder auf einen längeren Zeitraum angelegte Beheimatung
fördern und die Entwicklung neuer Lebensperspektiven unterstützen."
(2015: 15)

So benennt Günder die Zielsetzung und das Selbstverständnis der stationären Erziehungshilfen (2015: 15). Heimerziehung oder sonstige betreute Wohnformen sind im
§34 SGB VIII in Verbindung mit weiteren Paragrafen des Kinder- und Jugendhilfege-
setzes geregelt. Der junge Mensch hat zunächst „ein Recht auf Förderung seiner Entwicklung und auf Erziehung zu einer eigenverantwortlichen und gemeinschaftsfähigen
Persönlichkeit" (§1). Ist diese „dem Wohl des Kindes [...] entsprechende Erziehung
nicht gewährleistet" (§27), kann Heimerziehung als eine Leistung im Katalog der Hilfen
zur Erziehung „geeignet und notwendig" (§27 Abs.1) werden. Sie soll entweder län-
gerfristig angelegt werden, in die Erziehung in einer anderen Familie überleiten oder
eine Rückkehr des jungen Menschen in seine Familie anstreben (§34). Bei der Wahl
der Fremdunterbringung, haben Familien Wunsch und Wahlrecht (§5), ebenso sind
sie im Hilfeplan zu beteiligen (§36). Gegen den Willen der Sorgeberechtigten kann ein
junger Mensch dann in Obhut genommen werden (§42), wenn eine Kindeswohlgefähr-
dung (§8a) vorliegt. Kinder und Jugendliche, die von seelischen Behinderungen bedroht oder betroffen sind, steht Eingliederungshilfe nach §35a zu. Jungen Volljährigen
steht Heimerziehung bei Bedarf bis zur Vollendung des 21. Lebensjahres zur Verfügung (§41).

Während Heimerziehung bis ins letzte Jahrhundert in größeren Kinderheimen organisiert war, gibt es heute ein differenziertes Leistungsangebot unter der Überschrift des
§34 SGB VIII, welche sowohl Günder, Schierer als auch Rätz, Schröer und Wolff sys-
tematisieren. Es wird in *Wohngruppen* beziehungsweise Außenwohngruppen gegliedert, welche sich im Zuge benannter Dezentralisierung aus großen Heimen in kleine
Wohneinheiten in Form von Wohnetagen oder Einfamilienhäusern aufgliederten und
sich unauffällig und familienähnlich in Wohngebiete einfügten. Dabei handelt es sich
meist um Gruppengrößen von fünf bis acht jungen Menschen, die im Schichtdienst
von pädagogischen Fachkräften betreut werden. (Günder 2015: 76) Zu den *familien-
ähnlichen Wohngruppen*, als weitere Rubrik, gehören beispielsweise Kinderdörfer

sowie Erziehungsstellen (Rätz; Schröer; Wolff 2014: 171). Besonders zu stabilisierende Kinder und Jugendliche werden entweder im Zuhause der Professionellen begleitet oder jene bringen ihren Privathaushalt mit in die Lebensgemeinschaft ein (Günder 2015: 78). Weiterhin bestehen *Intensivgruppen*, welche einen hoch strukturierten, therapeutischen Ort und Alltag inklusive therapeutischer Zusatzleistungen für junge Menschen bietet (Rätz; Schröer; Wolff 2014: 171). Unter *Verselbstständigungsgruppen*, als weitere Kategorie, werden Gruppen für Jugendliche verstanden, welche in ihrer Verselbstständigung bereits so vorangeschritten sind, dass sie nicht mehr über 24 Stunden betreut werden müssen. Der Betreuungsbedarf wird individuell am*an der Jugendlichen ausgerichtet (Rätz; Schröer; Wolff: 171). Selbiges gilt für das *Betreute Jugendwohnen*, bei denen junge Menschen in ihrem eigenen Wohnraum zu einem gewissen Stundenkontingent Unterstützung in bestimmten Lebensbereichen erhalten (Günder 2015: 77). Weiterhin gibt es flexible beziehungsweise *Wochengruppen*, in der sich die Woche für Kinder und Jugendliche in Tage in der Familie und Tage in der Wohngruppe teilt und enge Zusammenarbeit zwischen Eltern und Professionellen stattfindet (Schierer 2017: 33). Diese Form sowie weitere als stationär einzuordnende Gruppenformen sind nicht zwingend als Heimerziehung nach §34 SGB VIII zuzuordnen. Darunter fallen unter anderem auch *Inobhutnahmegruppen* (§42 SGB VIII), *Mutter-/Vater-Kind-Wohnformen* (§19 SGB VIII), *Clearingstellen*, welche die Perspektive von Familien oder die Unterbringung von unbegleitet eigereisten Minderjährigen klären sowie *Notunterkünfte* für junge Menschen, die das Gruppenangebot ablehnen, wie junge Wohnungslose beispielsweise. Zuletzt gehört auch die hinterfragte stationäre Gruppenform der sogenannten *Geschlossenen Unterbringung* in Verbindung mit §1631 BGB aufgeführt. Rund 260 Plätze stehen deutschlandweit in diesem Setting zur Verfügung für Varianten der Selbst- oder Fremdgefährdung (Rätz; Schröer; Wolff 2014: 169).

Unterdessen kann auch eine starke konzeptionelle Ausdifferenzierung und Fortentwicklung beobachtet werden (Rätz; Schröer; Wolff 2014: 170). So bestehen beispielsweise „geschlechtshomogene Gruppen, Gruppen für Jugendliche mit Essstörungen, mit Traumata oder Gruppen für Mädchen und junge Frauen mit sexuellen Gewalterfahrungen" (Schierer 2019: 34).

Die Personalausstattung richtet sich je nach Rahmenvertrag zwischen Leistungstragenden und -erbringenden nach §78f. SGB VIII. Die baden-württembergische Minimalausstattung für Wohngruppen beläuft sich bei sechs bis neun Plätzen auf 3,6 bis 4,3 Vollzeitstellen (KVJS 2021: 17), welche sich meist auf Teilzeitstellen (KVJS 2015: 50) von Erziehenden, Jugend- und Heimerziehenden, Arbeitserziehenden, Heilpädagog*innen, Sozialarbeitenden, Sozialpädagog*innen, Pädagog*innen und sonstige Qualifikationen mit Sondergenehmigung und entsprechend auf Auszubildende, Studierende und Freiwillige verteilen (KVJS 2015: 54). „Hauswirtschaftliche Tätigkeiten, psychologische[r] Fachdienst, Leitungsfunktion bis hin zu individuellen Zusatzleistungen [werden] mit zusätzlichen [Vollkraftstellen] gerechnet" (Schierer 2019: 33)

2.2 Zielgruppe und Problemstellungen

Deutschlandweit werden etwa 126.900 Hilfen in Form von stationären Hilfen nach §34 SGB VIII für Kinder, Jugendliche und junge Volljährige erbracht. Diese Zahlen aus dem Jahr 2020 machen damit einen Anteil von etwa dreizehn Prozent der geleisteten Hilfen zur Erziehung aus. (Statistisches Bundesamt 2022a: o.S.) Heimerziehung, „als eine der intensivsten umfassendsten Formen der Hilfen zur Erziehung" (Behringer 2021: 63), ist entsprechend für junge Menschen indiziert, die „häufig extremen psychosozialen Belastungen ausgesetzt sind" (Schmid 2007: 21). Schmid führt auf, es handle sich unter anderem um

> „zerrüttete Familienverhältnisse, chronische Konflikte innerhalb der Familie, beengte Wohnverhältnisse, inkonsequenter und strafender Erziehungsstil, [...] mangelnde pädagogische Kompetenzen, Trennung der Eltern, frühe Elternschaft der leiblichen Eltern, psychische Störungen [dieser und damit auch ein erhöhtes genetisches Risiko], traumatische Erfahrungen, Kindesmisshandlung, Deprivation, negative Bindungserfahrungen [sowie] mangelnde soziale Unterstützung" (2007: 21).

Weiter lassen sich in den Hauptunterbringungsgründen genehmigter Hilfen des statistischen Bundesamtes die Problemlagen der jungen Menschen ablesen. Die in diesem Jahr herauszugebenden Erhebungen sind noch nicht in Berichtform verfügbar und beschränken sich hierbei auf vorab herausgegebene einzelne Tabellen. (Statistisches Bundesamt 2022: o.S.) Dabei scheinen die prozentualen Anteile an den Gesamtunterbringungen einen Einblick geben zu können, wieso Kinder und Jugendliche faktisch in stationären Erziehungshilfen leben.

„Gefährdung des Kindeswohls (z.B. Vernachlässigung, körperliche, psychische, sexuelle Gewalt in der Familie)	17%
Unversorgtheit des jungen Menschen (z.B. Ausfall der Bezugspersonen wegen Krankheit, [...] Inhaftierung, Tod; unbegleitet eingereiste Minderjährige)	17%
Eingeschränkte Erziehungskompetenz der Eltern [...] (z.B. Erziehungsunsicherheit, pädagogische Überforderung, unangemessene Verwöhnung)	15%
Unzureichende Förderung/Betreuung/Versorgung des jungen Menschen (z.B. soziale, gesundheitliche, wirtschaftliche Probleme)	11%
Belastungen des jungen Menschen durch Problemlagen der Eltern (z.B. psychische Erkrankung, Sucht[...], geistige oder seelische Behinderung)"	10%

Tabelle 1: Hauptgründe für die Unterbringung in eine stationäre Erziehungshilfe 2020, eigene Auflistung angelehnt an Statistisches Bundesamt 2022b: o.S.

Diese Zahlen dürften im Verlauf dieses Jahres vervollständigt werden durch die folgenden weiteren Hauptgründe, hier ergänzend mit den prozentualen Anteilen aus dem Jahr 2016 aufgeführt.

„Entwicklungsauffälligkeiten/seelische Probleme des jungen Menschen (z.B. Entwicklungsrückstand, Ängste, Zwänge, selbstverletzendes Verhalten, suizidale Tendenzen)	10%
Auffälligkeiten im sozialen Verhalten [...] des jungen Menschen (z.B. Gehemmtheit, Isolation, Geschwisterrivalität, Weglaufen, Aggressivität, Drogen-/Alkoholkonsum, Delinquenz/Straftat)	9%
Belastungen des jungen Menschen durch familiäre Konflikte (z.B. Partner[*innen]konflikte, [...] Umgangs-/Sorgerechtsstreitigkeiten, Eltern-/Stiefeltern-Kind-Konflikte, migrationsbedingte Konfliktlagen)	7%
Schulische/berufliche Probleme des jungen Menschen (z.B. Schwierigkeiten mit Leistungsanforderungen, Konzentrationsprobleme (ADS, Hyperaktivität), schulvermeidendes Verhalten [...], Hochbegabung)	6%

Tabelle 2: Ergänzende Hauptgründe für die Unterbringung in eine stationäre Erziehungshilfe 2016, eigene Auflistung angelehnt an Behringer 2021: 62; Statistisches Bundesamt 2018: 39ff.

Dabei sind die aufgeführten Indikationen in seltensten Fällen allein Grund für eine Unterbringung. Die benannten Problemlagen stellen dabei jeweils Zweit- und Drittgründe dar, die ebenfalls zu verschiedenen Anteilen mit zur Aufnahme in einer stationären Hilfe beitragen. (Statistisches Bundesamt 2018: 39ff.)

Vor dem Hintergrund vielfältiger Belastungsfaktoren, in verschiedener Kombination, ordnet Schmid die Zielgruppe als Hochrisikopopulation ein und untersucht deren psychopathologische Auffälligkeit (2007: 21,28). Die knapp 700 Proband*innen – 480 männlich, 209 weiblich – mit durchschnittlich 14 Jahren, wiesen als Gruppe eine Prävalenz psychischer Störungen von knapp 60 Prozent auf (Schmid 2007, 81, 129). Aufgrund der ermittelten Komorbiditätsrate von 37 Prozent, also dem Vorliegen von mindestens zwei psychischen Erkrankungen, schließt Schmid auf ein breites Feld „von komplexen, schwer zu behandelnden Störungsbildern" (2007: 129) im Arbeitsfeld. Je mehr Vorerfahrungen mit beheimatenden Settings, desto höher die Belastung (130). Auch Schleiffer untersucht die psychiatrische Auffälligkeit mithilfe von Selbst- und Fremdeinschätzungen von 72 Jugendlichen (2014: 103). Deren klinische Gesamtverhaltensauffälligkeit von über 50% ist drei Mal höher als die der Stichprobe deutscher, nicht stationär lebender Gleichaltriger. Schmid ergänzt aus seiner Studie, „[ü]ber 30% erreichen derart auffällige Resultate, wie sie weniger als zwei Prozent der Kinder aus der Allgemeinbevölkerung erreichen" (2013: 37).

Bindungstyp	nicht stationär lebende Gesamtbevölkerung *(Durschnitt)*	stationär lebende Jugendliche nach Schleiffer *(n=72)*
sicher	55%	3%
unsicher-vermeidend	23%	35%
unsicher-ambivalent	8%	7%
hochunsicher	15%	55%

Tabelle 3: Vergleich von Bindungsmerkmalen stationär lebender Jugendlicher und nicht stationär lebender Gesamtbevölkerung, eigene Darstellung angelehnt an Schleiffer 2014: 47, 118f.

Ähnlich auffälliges offenbart der Blick auf die Bindungsmerkmale von jungen Menschen in stationären Hilfen, welche in tabellarischer Form und im Vergleich zur Gesamtbevölkerung am prägnantesten dargestellt werden können. Das Kapitel 4.5.2 befasst sich mit Bindungstypen umfassender. Hier sei nur benannt, dass sichere Bindung im Sinne von Urvertrauen ein Schutzfaktor für Menschen darstellt (Brisch 2015: 40), während es sich bei unsicheren und insbesondere hochunsicheren (desorganisierten) Bindungsmustern um bedeutsame psychiatrische Risikofaktoren handelt (Schleiffer 2014: 70ff.).

2.3 Theoretische und konzeptionelle Leitorientierungen

In Gegenwart der vorangegangenen Kapitel, insbesondere in Anbetracht der Pluralisierung und konzeptionellen Ausdifferenzierung der stationären Hilfeformen, stellt sich auch die vorliegende Arbeit die Frage, wie sich diese Vielfalt ordnen lässt (Stahlmann 2000: 75). Die Frage nach theoretisch-konzeptionellen Bezügen wirft also nicht zuletzt die Frage nach dem dennoch gemeinsamen Nenner, den gemeinsamen Standards auf. Gahleitner ordnet zudem ein, dass auch die „Komplexität des Alltags [es schwer mach[t], den immensen Schatz an fachrelevanten Erfahrungen der Professionellen] an Konzepte und Theoriebestände zurückzubinden" (2017: 9). Die folgenden Ausführungen stellen vor diesem Hintergrund ebenso einen Versuch dar, einige Orientierungspunkte zu sammeln.

Zunächst bietet das Konzept der *Lebensweltorientierung*, welche seine Handlungsmaxime durch den achten Jugendbericht für das Feld der Kinder- und Jugendhilfe ausbuchstabiert, nach wie vor zentrale strukturelle und inhaltliche Orientierung für die stationären Erziehungshilfen an (Moch 2016: 77). Im Zentrum stehen dabei die jungen Menschen und ihre Familien in ihrer Lebenswelt, ihren alltäglichen Lebensverhältnissen, samt ihrer Probleme, Stärken und Bewältigungsanstrengungen vor dem

„Hintergrund materieller und politischer Bedingungen Raum, Zeit und soziale Beziehungen [...]. Lebensweltorientierte Soziale Arbeit agiert in diesen Widersprüchen, indem sie darauf abzielt, die lebensweltlichen Potentiale der Adressat[*]innen zu stärken, ihre Defizite zu überwinden und Optionen freizusetzen, also im Medium des Alltags einen gelingenderen Alltag zu ermöglichen und zu erleichtern" (Grunwald; Thiersch 2018: 303)

Hierzu werden die Handlungs- und Strukturmaximen aufgestellt, von denen vor allem „Alltagsnähe, Regionalisierung/Dezentralisierung, [...] Integration/Inklusion [und] Partizipation [...]" (Grunwald; Thiersch 2018: 308) Bedeutung für das stationäre Setting aufweisen. Alltagsnähe oder -orientierung bedeutet zunächst, dass junge Menschen im Kontext ihres Alltagslebens betrachtet werden müssen. Stationäre Hilfen sind dabei nicht nur angehalten, den Alltag der Familie zu verstehen, sondern gestalten darüber hinaus selbst Alltag (Moch 2016: 78ff.). Dezentralisierung, Regionalisierung beziehungsweise Sozialraumorientierung sind in erster Linie dafür verantwortlich, dass stationäre Hilfen in Form von unauffälligen Wohneinheiten in den Lebenszusammenhängen der Familien postiert sind. Die Handlungsmaxime zielt darüber hinaus auf die Vernetzung und Verortung innerhalb der örtlichen Ressourcen, wie beispielsweise die Nachbarschaft und Vereine des Stadtteils. (Grunwald; Thiersch 2018: 308; Stahlmann 2000: 76) Integration und Inklusion sind weiterhin als Beschäftigung mit Normalität zu sehen. Es geht darum, verschiedene Lebensentwürfe der Familien zu respektieren und dennoch eine gewisse Anschlussfähigkeit an die Gesellschaft anzustreben (Hansbauer; Merchel; Schone 2020: 63).

Inklusion – dies wurde bereits in der Einleitung aufgegriffen – dürfte als Konzept und Prinzip zunehmend eigenständige Bedeutung gewinnen, vor dem Hintergrund des Jugendstärkungsgesetzes, welche die Aufnahme stationärer Hilfen von Kindern mit und ohne Behinderung vorsieht (BMFSFJ 2021: o.S.).

Ähnliches, neues Gewicht erfährt die Maxime und das Prinzip der Partizipation im Rahmen von stationären Erziehungshilfen. Als Teil der Lebensweltorientierung plädiert es dafür, dass Nutzer*innen und Professionelle gemeinsam Hilfeformen sowie Hilfealltag ausgestalten (Hansbauer; Merchel; Schone 2020: 63).

Gahleitner beschäftigt sich derweil mit weiteren Leitorientierungen, allem voran dem pädagogisch-therapeutischen Milieu (2017: 22). Das ursprünglich von Bettelheim geprägte Konzept versucht, alle Dimensionen des Alltags belasteter Kinder und Jugendlicher, bewusst und mit der Intention der Ganzwerdung beziehungsweise Persönlichkeitsentwicklung zu gestalten (Krumenacker 1998: 38). Den Alltag hält Bettelheim dabei für bedeutsamer sowie wirksamer als einzelne Therapiesitzungen (Krumenacker 1998: 116 nach Bettelheim; Sander 1979: 219). Er soll abgestuft und ausgewählt sein, also Komplexität reduzieren und die jungen Menschen nur Erfahrungen aussetzen, die sie bewältigen können (Krumenacker 1998: 125ff.). Weiterhin senden Architektur, Räume und Ausstattungen stumme, unbewusste Botschaften an Kinder. So müssen beispielsweise stabile Möbel Halt, Sicherheit und Aushalten ausstrahlen. (137ff.) Ebenso wird auf die Organisationsstruktur als Dimension des Konzeptes wert gelegt, welche auch stille Botschaften sendet. Einheitlichkeit, Autonomie, Solidarität und Gemeinschaft unter der Mitarbeitenden, wirken als Antwort auf die gespaltenen Persönlichkeiten der Kinder positiv ein. (146ff.) Er fordert konsequente Empathie, sowie die Überbefriedigung von Bedürfnissen; Kinder müssen auf diese Weise erst wieder entdecken, dass Leben lebenswert sei (126). Deshalb kommt auch den nicht-alltäglichen Ereignissen besondere Bedeutung zu. Feste im Jahresverlauf, sogenannte ‚magische Tage‘, sind ermutigende Sinnbilder für Neubeginne; ihr überreichliches Zelebrieren wirkt der Hauptangst der Kinder entgegen, nicht geliebt oder verlassen zu werden. (128ff.) Selbst wenn stationäre Konzepte heute nicht das sehr strikte, ursprüngliche Konzept verfolgen, so ist ihnen gemein, dass sie ein entwicklungsförderliches, heilsames Alltagsgeschehen zu gestalten versuchen und um die Auswirkungen von Alltagsdetails wissen (Gahleitner 2017: 30).

Weiterhin bildet *Traumapädagogik* eine Leitorientierung der stationären Erziehungshilfe, traumasensible Konzeptionen werden gefordert. Dabei ist zunächst eine traumasensible Haltung einzunehmen, im Verstehen um traumatische Erlebnisse innerhalb der Biografie der Kinder und Jugendlichen (Gahleitner 2013: 47).

> „Eine Besonderheit der Traumapädagogik liegt [weiterhin] darin, dass man aus der Wirkung von traumatischen, emotional invalidierenden Umwelten logisch ableiten kann, was die Kinder und Jugendlichen an einem Ort benötigen, an dem sie Sicherheit und Geborgenheit erfahren sollen und können" (Schmid 2013: 57)

Entsprechend folgen aus früheren Erlebnissen von Unberechenbarkeit die unbedingte Berechenbarkeit der Betreuenden, der vorherigen Isolation wirken Beziehungsangebote entgegen und der früheren Geringschätzung folgt nun unbedingte Wertschätzung. Auf die Missachtung ihrer kindlichen Bedürfnisse folgt nun Bedürfnisorientierung, auf das traumatische ausgeliefert sein, wirkt nun die korrigierende Erfahrung der Mitbestimmung und Partizipation ein. Die Gestaltung eines solchen sicheren Ortes, so die Zielsetzung, ermöglicht den jungen Menschen, ihre Symptome bald aufgeben zu können. (Schmid 2013: 57)

Weiterhin orientiert sich das stationäre Setting an *Bindungs- und Beziehungstheorie*. Gahleitner nimmt hierzu auch wie folgt Bezug.

> „[Im] nachsozialisierenden Rahmen [ist] Lebensweltorientierung [ein] bedeutsamer Anteil, funktioniert in stationären Einrichtungen [...] aber nur mithilfe einer – für die Adressat[*innen] häufig mühsam völlig neu zu erwerbenden – Bindungs- und Vertrauensbeziehung" (2017: 39).

Bindungs- und Beziehungssensibilität ist von Betreuenden gefordert, welche die gemeinsame Arbeit erst ermöglicht. Nur auf der Basis der Beziehung, können „emotional korrigierende Erfahrungen" (Gahleitner 2017: 20) eröffnet werden. Schleiffer bestätigt, dass stationäre Hilfe korrigierende Bindungserfahrungen anbieten kann, sodass sich unsichere sowie desorganisierte Bindungsmuster Richtung sicher-autonomer verschieben können und beschreibt, wie den jeweiligen Herausforderungen der Muster professionell begegnet werden muss (2014: 241ff.).

In Verbindung mit bindungstheoretischem Wissen, nimmt in den letzten Jahren auch der Fachdiskurs um das *Mentalisierungskonzept* im Rahmen der stationären Erziehungshilfe zu (Behringer 2021: o.S.). Betreuende sind im Auftrag der korrigierenden Bindungserfahrung in ständiger Kommunikation mit jungen Menschen und begleiten deren Erlebniswelt empathisch (Gahleitner 2017: 44). Dies hilft jenen, ihr „eigenes Handeln zu interpretieren und eigene emotionale Reaktionen zu verstehen. [Es geht] über Empathie hinaus, denn es meint auch, sich in sich selbst einzufühlen und nicht nur in die andere Person." (Behringer 2021: 9) Insgesamt gilt die Mentalisierungsfähigkeit, die es im stationären Kontext zu fördern gilt, als bedeutsamer Resilienzfaktor (11).

Diese kurze Sammlung könnte beliebig um weitere Konzepte und fundierende Theorien ergänzt werden. So wären beispielsweise die Erlebnispädagogik, Systemtheorie (Günder 2015: 279, 384) sowie das Konzept der Neuen Autorität (Omer; Schlippe 2010: o.S.) aufzuführen. Für einen Eindruck reichen die Ausführungen aus, lassen sie doch bereits durchschimmern, welche Anforderungen an das professionelle Handeln betreuender Fachkräfte im stationären Setting gestellt sind.

2.4 Methodische Zugänge und Techniken

Wie steht es derweil um das methodische Handeln in stationären Erziehungshilfen? Auch hier soll keine umfassende Übersicht angeboten werden, sondern vielmehr anhand von drei ausgewählten Beispielen ein Eindruck methodischen Arbeitens entstehen. Hierbei offeriert sich traditionell die Unschärfe zwischen den Kategorien Methoden, Techniken, Verfahren sowie Konzepten (von Spiegel 2021: 69). Auf eine Klärung wird hier verzichtet, aber im Kapitel 4.2 näher eingegangen.

Zunächst hat sich – verbunden mit der dahinterliegenden Systemtheorie – das *systemische Arbeiten* in der stationären Praxis etabliert (Hanswille 2020: 395). Dies bedeutet zunächst die grundlegende Miteinbeziehung des Familiensystems, in das auffälliges Verhalten, das Symptom, eingebettet ist. Systemisches Arbeiten ist dabei in verschiedenen Settings möglich, wie beispielsweise im Einzelsetting, im Elterngespräch oder im Familiengespräch. (405ff.) Als zugehörige Interventionen und Techniken werden die folgenden als Beispiele aufgeführt.

> „Joining, diverse Fragetechniken (Ausnahmefragen, Wunderfrage, Skalierungsfragen, hypothetische Fragen etc.), Skulpturen und Aufstellungen mit Menschen und/oder Gegenständen/Symbolen, Reframing, Metaphern, Externalisieren, Reflecting Team, Rituale, Timeline-Arbeit, die Arbeit mit Tieren und Puppen, Genogrammarbeit, die Arbeit mit inneren und äußeren Systemen, die Arbeit an und mit Grenzen etc." (Hanswille 2020: 406)

Darüber hinaus sollen Professionelle der stationären Erziehungshilfe auch verwandte methodische Ansätze nutzen, wie beispielsweise hypnosystemische Techniken, Sandspieltherapie, Psychodrama, videobasierte Verfahren, künstlerische Methoden sowie Körpertherapie (Hanswille 2020: 406; Günder 2015: 281).

Als eine ebenfalls auf systemischen Inhalten basierende Methode, kann weiterhin die *Systemische Interaktionstherapie* aufgeführt werden. Ein Blick auf SIT lohnt sich als Beispiel auch vor dem Hintergrund, dass sich einige stationäre, überwiegend therapeutische Einrichtungen, der ganzheitlichen Elternarbeit sowie familientherapeutischen Ansätzen verschreiben (Günder 2015: 278). Biene, der Begründer der Methode, stellt in der Begegnung von Familien mit dem Erziehungshilfesystem bestimmte Muster fest (Euteneuer 2020: 16). Dabei befinden sie sich die Eltern jeweils entweder im

- Abgabemuster: ‚Mein Kind ist schwierig, ich kann nichts mehr tun, es müssen nun Expert*innen an mein Kind und es verändern‘,
- Kampfmuster: ‚Es gibt kein Problem. Wir wehren uns gegen die Jugendhilfe und bleiben so lange im Widerstand, bis sie uns wieder in Frieden lässt‘,
- Scheinkooperation: Elternteile, die nur oberflächlich kooperieren, insgeheim aber nicht überzeugt beziehungsweise im Kampf- oder Abgabemuster sind, oder
- Kooperationsmuster: ‚Ich als Elternteil bin zuständig für unser familiäres Problem und mein Kind. Ich will mit Unterstützung etwas verändern‘. (16f.)

Ziel ist es, dass Professionelle das Muster erkennen und die drei ersten in Kooperation umzuwandeln versuchen, was sich Musterdiagnose und Musterarbeit nennt (17, 24). Dann geht es mithilfe verschiedener Techniken, wie unter anderem „Problemtrancearbeit, Pacing und Leading, Hypnotalk, Zielplakate[n], Rollenspiele[n], Elterngruppen [oder] verabredete[n] Rückmeldungen" (Euteneuer et al 2020: 24) um das Erreichen der individuellen, erzieherischen Ziele. Um diese Familienaktivierung zu realisieren, können ganze Familien im stationären Setting aufgenommen werden, wobei sich die übliche Aufnahmedauer auf sechs Monate beläuft (Günder 2015: 280ff.).

Abgesehen von diesen beiden methodischen Beispielen, weist die stationäre Erziehungshilfe *störungs- oder auffälligkeitsspezifische Techniken* auf. Dies schildert Günder am Beispiel aggressiven Verhaltens und Gewalt von stationär lebenden Kindern und Jugendlichen. Die von ihm befragten Fachkräfte zählten als Intervention zu dieser Verhaltensauffälligkeit unter anderem „Einzelgespräch, Gruppengespräch, […], Verstärkerprogramme/[v]erhaltenstherapeutische Maßnahmen, Wiedergutmachungsrituale, Strafe/Sanktionen, Anti-Aggressionstrainings, Entspannungsverfahren [sowie das] Aufstellen neuer Regeln" (Günder 2015: 217) auf.

3 Professionelles Handeln im Kontext der stationären Erziehungshilfen

Nachdem das vergangene Kapitel einen umreißenden Einblick in das Feld stationärer Erziehungshilfen ermöglichte und bereits Aufträge an Professionelle durchschimmern ließ, möchte sich die Arbeit im Folgenden genauer mit diesem Anforderungsprofil beschäftigen. Zur Beantwortung der Forschungsfrage ist es wichtig, genau zu klären, was professionelles Handeln innerhalb der Sozialen Arbeit sowie im Arbeitsfeld der stationären Erziehungshilfe bedeutet.

3.1 Von der Semi-Profession zur reflexiven Professionalität

Becker-Lenz et al benennen, dass es „auf die Frage, was Professionalität in der Sozialen Arbeit bedeutet, [...] divergierende[.] und zum Teil deutlich miteinander in Widerspruch stehende[.] Positionen" (2011: 9) gebe. Ein einheitliches Verständnis oder Leitlinien von professionellem Handeln bestehen daher noch nicht (2011: 9). Der Professionalisierungsdiskurs war zunächst geprägt vom Versuch, Soziale Arbeit beziehungsweise Sozialpädagogik am soziologischen Professionsbegriff zu bemessen (Dewe; Otto 2018: 1191). Die an ‚alten' Professionen wie Jura und Medizin entwickelten Kriterien, fordern 1) eine spezielle Expertise, 2) eine akademische Ausbildung, 3) ein alleiniger Zuständigkeitsbereich, 4) die Betrauung für Aufgaben mit großer Bedeutung, 5) größtmögliche Autonomie, 6) große Entscheidungsbefugnisse und 7) ein Ethikkodex (Heiner 2004: 15f.; Staub-Bernasconi 2013: 26). Weil Soziale Arbeit, insbesondere ihr Abhängigkeitsverhältnis von Arbeitgebenden, die Kriterien nur bedingt erfüllt, wurde sie aus diesem Professionsverständnis heraus als Semi-Profession, bescheidene oder sich noch entwickelnde Profession betitelt (Staub-Bernasconi 2013: 26ff.; von Spiegel 2021: 40). Im Anschluss daran wurde für eine Abgrenzung vom normativ geprägten Professionsbegriff plädiert, hin zu einem eigens entwickelten Professionsverständnis (Dewe; Otto 2018: 1203; von Spiegel 2021: 41). Die neue Perspektive lenkt den Blick

1. „auf den Aspekt der Handlungslogik professionalisierter sozialer Berufspraxis,
2. auf den Aspekt des Wissens und Könnens der Akteur[*innen] in Handlungsfeldern der Sozialen Arbeit,
3. auf den Aspekt der Bedeutung von Reflexivität für die Bewältigung professioneller Aufgaben." (Dewe; Otto 2018: 1203)

Mit dem Begriff der reflexiven Professionalität wird also ein neues Professionsverständnis herausgebildet, „das sich nicht mehr am Vorliegen der überlieferten professionstypischen Merkmale, sondern stattdessen die tatsächlichen Arbeitsvollzüge, also das professionelle Handeln selbst, als Ausgangspunkt der Betrachtung bestimmt" (Dewe; Gensicke 2018: 9). Er

„arbeitet den besonderen Handlungsmodus personenbezogener sozialer Dienstleistungsberufe heraus. Dabei wird verfügbares Wissen, der jeweilige soziale Kontext und der Umgang mit ihnen als Ressource professionellen Handelns verstanden" (Dewe; Gensicke 2018: 1).

Diesem Blick möchte die vorliegende Arbeit folgen, weshalb sie sich bewusst für den Terminus ‚professionelles Handeln' unter dem Dach dieses reflexiven Professionalitätsverständnisses entscheidet. Wie professionelles Handeln skizziert werden kann, wird Teil des folgenden Kapitels sein.

3.2 Modelle professionellen Handelns

Von Spiegel beschreibt professionelles Handeln in drei Bausteinen (Maykus 2020: 27), welche sich an der alltagssprachlichen Unterscheidung ‚Kopf, Herz und Hand' orientieren (von Spiegel 2020: 66). Die Dimensionen Wissen, Können und Haltung sind im professionellen Handeln als gleichrangige Größen zu begreifen (Maykus 2020: 27).

Fachkräfte greifen in ihrem Handeln zunächst also auf die Dimension des professionellen *Wissens* zurück (von Spiegel 2021: 84). Dieses umfasst wiederum vier Elemente. *Beschreibungswissen* ist zunächst vonnöten, um Problemlagen und Situationen angemessen beschreiben zu können. Dazu braucht es ein Wissen darum, dass verschiedene Wirklichkeitskonstruktionen bestehen, es braucht beobachtende Methoden und Verfahren, die den relevanten Kontext mehrperspektivisch, kontextorientiert und systematisch erfassen können. (87) *Erklärungswissen* umfasst die Kenntnis von wissenschaftlichen und Alltagstheorien, um Problemlagen zu erklären. Hierzu sind zunächst Grundlagenkenntnisse vonnöten, sowohl aus den Bezugsdisziplinen als auch arbeitsfeldspezifisches Wissen (87f.). Kenntnisse über Organisationen, Gesetze, Finanzierungsgrundlagen sowie über die Wechselbeziehung zwischen Gesellschaft und Individuum gehören ebenso dazu (88). Unter *Wertwissen* sind Kenntnisse über professionseigene sowie arbeitsfeldbezogene Wertorientierungen und Leitlinien zu fassen, sowie das Wissen um Zusammenhänge zwischen Biografie und Moralentwicklung von Individuen (89). Von *Veränderungswissen* wird gesprochen, wenn es um die Kenntnis von arbeitsfeldbezogenen Methoden, von Teamarbeitstechniken, von betriebswirtschaftlichen sowie Evaluations- und Forschungsmethoden geht. Darüber hinaus sind Fachkräfte nach ihrer methodischen Grundausstattung angehalten, ihr Repertoire entsprechend ihres Arbeitsfelds zu erweitern (89f.)

Die Dimension der professionellen *Haltung* verweist auf die Annahme, dass hinter jeder professionellen Handlung eine Haltung steht. Berufliche Haltung erfordert zunächst *reflexive Arbeit*, im Sinne der Reflexion eigener Berufswahlmotive, individueller Werte, sowie der eigenen Gefühlswelt und Biografie (von Spiegel 2021: 90f.). Weiterhin soll sich die Haltung an *sozialarbeiterischen Wertestandards* orientieren. Hierzu zählen Partizipation, Wertschätzung, Ressourcenorientierung, Achtung der Würde und Autonomie des Gegenübers sowie die Akzeptanz von dessen Lebenswirklichkeit. (92) Weiterhin ist Fachkräften der *reflektierte Einsatz* von Haltungen nahegelegt. „Der Einsatz der Person als Werkzeug erfordert es, wichtige berufliche Wertestandards zu habitualisieren und sie [...] ,methodisch' einzusetzen" (von Spiegel 2021: 93). Es soll eine berufliche Identität entwickelt werden, konzeptionell geforderte Haltungen sowie die Handlungsmaximen der Einrichtung sollen reflektiert und die eigene Identifikation damit geprüft werden (93).

Zur Dimension des professionellen *Könnens* zählen zunächst Kompetenzen im *dialogisch-kommunikativen Handeln* (von Spiegel 2021: 93). Es braucht in dieser Kategorie die Fähigkeit, tragfähige Arbeitsbeziehungen aufzubauen, lebensweltliche Unterstützungssysteme zusammenzustellen, das Gegenüber dialogisch zu verstehen und in Aushandlungsprozesse mit ihm zu gehen, sowie die Fähigkeit mediatorisch zwischen Systemen zu vermitteln. (94) Weiter geht es um Fähigkeiten „zum *Einsatz der Person als Werkzeug*" (von Spiegel 2021: 95), welche Selbstbeobachtung und -reflexion, Empathie und Ambiguitätstoleranz gegenüber Widersprüchlichkeiten sowie Lebensweisen beinhalten. Die Beherrschung von *grundlegendem, methodischen Werkzeug* stellt weiterhin Teil des Könnens dar und umfasst die Kompetenz, Wissen zu beschaffen, anzueignen und verschiedene Bestände situationsspezifisch zusammenzuführen (95f.). Die Fähigkeit, *Prozesse effizient sowie effektiv* zu gestalten, als nächstes Können, braucht die Kompetenz zum konzeptionellen Arbeiten, zur Dokumentation, Selbstevaluation und Optimierung der Organisation (96f.). Weiter wird die Fähigkeit zur *organisationsinternen Zusammenarbeit* benötigt, im Sinne der Kompetenz, entsprechend der inhärenten Rolle darin zu handeln, im Team und innerhalb kollegialer Fallberatung zu arbeiten (97f.). Und zuletzt ist vermittelndes, vernetzendes, *interinstitutionelles und kommunalpolitisches Handeln* gefragt. Es geht unter anderem um Kompetenzen zur kommunalen Berichterstattung, zur Verhandlung innerhalb Leistungs-, Entgelt- und Qualitätsvereinbarungen und zur Kooperation (bei gleichzeitiger Konkurrenz um Ressourcen). (98f.)

Heiner macht unterdessen den Vorschlag, grundlegende Kriterien professionellen Handelns auf ein empirisches Fundament zu stellen (2004: 155). Sie möchte dieses Modell nicht an beruflichem Status oder dem Beherrschen von bestimmten Methoden messen, sondern vielmehr am beruflichen Selbstverständnis, der beruflichen Identität und Expertise, im Sinne von „spezifische[m] Wissen und Können, das zur Bewältigung der beruflichen Aufgaben nötig ist" (Heiner 2004: 155) ausrichten. Im Rahmen ihrer Untersuchung von Professionellen stellt sie vier *Handlungstypen* von Sozialarbeitenden und damit vier Handlungsmodelle und zugehörige Selbstverständnisse heraus (2004: 91f.). In den Ausführungen befragter Fachkräfte blickt sie unter anderem auf deren Einstellung zum eigenen Hilfeangebot und zum anderen auf die Einstellung gegenüber den Adressat*innen und erachtet diese als zwei zentrale Dimensionen des beruflichen Selbstverständnisses. Hierbei erkennt sie zunächst das sogenannte *Dominanzmodell*. Es zeichnet sich durch ein negatives Klient*innenbild aus, welchem die Fähigkeit zur Entwicklung und Problemlösung abgesprochen wird. Ihr Hilfeangebot nehmen sie selbst als qualifiziert wahr; dass es nicht wirksam ist, hängt in ihren Augen aber mit fehlendem Willen oder anderer Charakteristik des Gegenübers zusammen. Entsprechend diesen Einstellungen handeln sie wenig partizipativ und ermutigend.

(Heiner 2004: 92ff.) Weiterhin beschreibt Heiner das *Aufopferungsmodell* beruflichen Handelns. Jene halten ihre Hilfe für qualifiziert und schreiben auch ihrem Gegenüber Ressourcen zu. Allerdings halten sie ihr Angebot trotzdem für wirkungslos. Sie versuchen aktiv Verweigerung und Problemen ihrer Klient*innen entgegenzuarbeiten sowie strukturellen und sozialpolitischen Defiziten. Damit, so Heiner, überfordern sie sich systematisch und drohen zusammenzubrechen, vorausgesetzt sie beginnen nicht damit, kleinere Ziele zu setzen und Unterstützung anzunehmen. (Heiner 2004: 97f.) Das *Servicemodell*, als dritter Typ, bezeichnet Fachkräfte, die defizitär auf ihr Gegenüber schauen oder sich sehr distanziert zu ihm äußern. Ihr Angebot hingegen halten sie für wirksam und qualifiziert. Ihr Engagement richtet sich derweil ebenso wenig auf die Adressat*innen als Persönlichkeiten oder die Beziehung zu ihnen, sondern auf den Fortbestand und die Weiterentwicklung der angebotenen Hilfeleistung. (Heiner 2004: 98)

Einzig als professionelles Handeln einzustufen ist nach Heiner das sogenannte *Passungsmodell*, in dem Fachkräfte von ihrem Angebot und dessen Wirksamkeit überzeugt sind, dabei allerdings immer wieder Weiterentwicklung und die individuelle Anpassung auf das Gegenüber als notwendig erachten. Sie bemühen sich stetig um eine ‚Passung' zwischen Angebot sowie Hilfesystem und dem zu begleitenden Menschen und dessen Bedürfnissen. (Heiner 2010: 411f.) Dabei gelingt es ihnen, dem Gegenüber Ressourcen und Entwicklungspotenziale zuzuschreiben, gegebenenfalls auch unabhängig von deren Kompetenzen. Sie sind in der Lage, noch so unscheinbare positive Merkmale zu erkennen und zu wertschätzen. (2010: 413) Ihnen gelingt,

> „trotz aller Rückschläge immer noch einen Funken von Veränderungswillen [zu] entdecken; dass sie von den Impulsen ihrer Klient[*innen], das Leben besser in den Griff zu kriegen, ausgehen und an eine bessere Zukunft glauben – nicht zuletzt weil sie auch die merkwürdigsten Lebenswege noch als einen (missglückten) Versuch der Selbstverwirklichung deuten können" (Heiner 2010: 413f.)

Und so investieren sie konsequent in die Motivationsarbeit (413). Dies hängt auch damit zusammen, dass sie ihre Klient*innen nicht als Opfer der Umstände sehen, sondern deren autonome Lebensführung zu fördern versuchen. Hierfür und um der Asymmetrie der Hilfebeziehung entgegenzuwirken, nutzen sie die Wege Partizipation und Beziehung. (Heiner 2004: 110f.)

> „Dem entwicklungsoffenen, ressourcenorientierten und partizipativen Vorgehen der professionell agierenden Fachkräfte entspricht ein exploratives und tentatives Vorgehen, das durch behutsame Annäherung und bewusste Zurückhaltung versucht, das Vertrauen der Klient[*innen] zu gewinnen, sie emotional zu stützen und zugleich durch diese Zurückhaltung zur Förderung ihrer Autonomie und Eigenverantwortung beizutragen" (Heiner 2004: 111)

Die Verantwortung für den produktiven Beziehungs- und Interaktionsprozess sehen Professionelle dabei bei sich liegen. Die Beziehung sowie die Interventionen im Prozess werden kontinuierlich reflektiert und evaluiert. (Heiner 2004: 110f.)

Auf Basis dieser Studie sowie weiterer theoretischer Überlegungen skizziert Heiner darüber hinaus ein „arbeits- und tätigkeitsfeldübergreifendes Modell professionellen Handelns" (Heiner 2010a: 429), in dem sie sechs Anforderungskomplexen der Sozialen Arbeit jeweils Kontinuen zwischen zwei Handlungspolen zuordnet, auf dem sich Professionelle zur Bewältigung der beruflichen Anforderungen positionieren können (Heiner 2010a: 429f.). Ihre Positionierung geschieht fallspezifisch, situationsabhängig und gut begründet (431). Die Ausführungen erscheinen wesentlich für die Fragestellung, sind allerdings nicht in Heiners Ausführlichkeit zu beleuchten. Die vorliegende Arbeit möchte sich auf die Übersicht der Anforderungen und Kompetenzen beschränken.

„Berufliche Anforderungen in der Sozialen Arbeit im gegebenen Kontext	Erforderliche Kompetenz: Fähigkeit der angemessenen Positionierung zwischen folgenden Polen möglicher Interventionen
Reflektierte Parteilichkeit und hilfreiche Kontrolle in der Vermittlung zwischen Individuum und Gesellschaft	• Orientierung an gesellschaftlichen Anforderungen und individuellen Bedürfnissen • Hilfe und Kontrolle • Selbst- und Fremdbestimmung • Druck und Anreiz • Inklusion und Exklusion
Entwicklung realisierbarer und herausfordernder Ziele angesichts ungewisser Erfolgsaussichten in unterstrukturierten Tätigkeitsfeldern	• Offenheit und Strukturierung • hohe und niedrige Anforderungen • Fern- und Nahziele • Leistungs- und Wirkungsziele • Prozess- und Ergebnisqualität
Aufgabenorientierte, partizipative Beziehungsgestaltung und begrenzte Hilfe in alltagsnahen Situationen	• Aufgaben- und Personorientierung • Symmetrie und Asymmetrie der Beziehung • Flexibilität und Konsequenz • Verantwortungsübernahme und -übergabe • Zurückhaltung und Engagement • Nähe und Distanz
Interinstitutionelle/ multiprofessionelle Kooperation bei unklarem und/ oder umstrittenem beruflichen Profil	• Eigenverantwortliche Fachlichkeit und abhängige Zuarbeit • Spezialisierung und umfassende Zuständigkeit • Aufgabenerledigung und -delegation • Konsenssuche und Konfrontation • Profilierung und Zurückhaltung

Weiterentwicklung der institutionellen und infrastrukturellen Rahmenbedingungen eines sozialstaatlich abhängigen Berufes	• Gemeinwohl- und Organisationsinteresse • Organisations- und Klient*inneninteresse • Klient[*in]- und systembezogene Arbeit • Innovation und Konsolidierung
Nutzung ganzheitlicher Deutungsmuster als Fundament entwicklungsoffener Problemlösungsansätze auf wissenschaftlicher Basis angesichts komplexer Problemlagen und der prinzipiellen Ergebnisungewissheit der meisten Interventionen	• Generalisierende und spezifizierende Aussagen • Lineare und zirkuläre Erzklärungsmuster • klient[*i]nnen- und interventionsbezogene Reflexion • […] defizitbezogenes und ressourcenorientiertes Klient[*i]nnenbild • erfahrungsbasierte Intuition, wissenschaftliche Fundierung und systematische Reflexion"

Tabelle 4: „Rahmenmodell zur Analyse und Planung professionellen Handelns in der Sozialen Arbeit" nach Heiner 2010a: 430f.

3.3 Methoden und Kompetenzen als Bestandteil professionellen Handelns

Nachdem ein grundsätzliches Verständnis von professionellem Handeln geschaffen wurde, möchte das vorliegende Kapitel dieses mit den Begrifflichkeiten des methodischen Handelns sowie professioneller Handlungskompetenzen in Verbindung bringen. Der Methodenbegriff an sich, wird dabei an späterer Stelle (Kapitel 3.2) aufgemacht. Zu ersterem bietet zunächst von Spiegel eine Bestimmung an.

„Methodisches Handeln beschreibt eine besondere Art und Weise der Analyse, der Planung und der Auswertung des beruflichen Handelns, die sich vom laienhaften Alltagshandeln unterscheidet. E[s] bezieht sich auf den gesamten Prozess des beruflichen Arbeitens und realisiert sich im Einsatz der eigenen ‚Person als Werkzeug'. Methodisch zu handeln heißt, die spezifischen Aufgaben und Probleme […] zielorientiert, kontextbezogen, kriteriengeleitet sowie strukturiert und gleichzeitig offen zu bearbeiten. […]" (von Spiegel 2020: 61)

Von Spiegel spricht sich weiterhin dafür aus, methodisches Handeln nicht technologisch zu begreifen – als Werkzeug (68) – sondern vielmehr als collagenhaftes und eklektisches Handeln zu betrachten. „Theorie- und Methodenelemente [werden experimentell] in jeder Handlungssituation anders kombiniert" (von Spiegel 2021: 105). Methodisches Handeln ist weiterhin auch nicht als ‚Set' von Methoden und Kompetenzen zu begreifen, und dennoch verwendet von Spiegel den Begriff des Werkzeugkastens als Teil methodischen Handelns (2021: 107). Jene sind je nach Arbeitsfeld verschieden aufgebaut und ausgestattet (107) – ein Beispiel für eine solche Ausstattung mit Methoden und Techniken zeigte Kapitel 2.4.

Als Ordnungsprinzip methodischen Handelns wird derweil überwiegend auf Phasen- und Schrittmodelle zugegriffen, wie es unter anderem Müller anbietet (von Spiegel 2021: 107). Dies erachtet die ursprünglich aus dem therapeutischen Kontext bekannten Schritte Anamnese, Diagnose, Intervention und Evaluation für hilfreich innerhalb mehrperspektivischer Arbeit in komplexen Handlungssituationen (Müller 2017: 71). Die *Anamnese* dient dazu, Informationen zu generieren, vorzusortieren und dennoch offen für neue Zusammenhänge zu sein (77). Hiervon nicht immer trennscharf zu unterscheiden ist zweitens die *Diagnose*, welche den Schritt des Fallverstehens, der Deutung des Problems und die Entdeckung erster Bearbeitungsschritte umfasst (79). *Intervention* beschreibt als dritter Schritt ganz allgemein immer ein Dazwischengehen zwischen Gegenüber und Problem (80). *Evaluation* als vierter Schritt bedeutet derweil nicht nur eine Art Auswertung zum Ende der Hilfe, sondern ist in Form von Selbstevaluation immer wieder am Prozess beteiligt (81). Insgesamt gilt, dass die Systematik solcher Abfolgen in der Praxis offen verstanden werden muss: ein Überlappen, Vor- und Zurückgehen innerhalb der Schritte ist oft notwendig und sinnvoll (von Spiegel 2021: 107).

Heiner formuliert zum methodischen Handeln der Sozialen Arbeit indes, dass es folgende Merkmale erfüllen muss. Es soll

a) *ressourcenorientiert* sein, sodass Potenziale mindestens genauso viel Aufmerksamkeit geschenkt wird wie Problemen.

b) *mehrdimensional* sein, also alle Problemlagen des Gegenübers berücksichtigen, wenngleich sie nicht alle gleichwertig bearbeitet werden können.

c) *mehrperspektivisch* denken, also mehrere Sichtweisen aus dem professionellen und nicht-professionellen Umfeld des Gegenübers miteinbeziehen.

d) *vernetzend* sowie koordinierend zwischen diesen verschiedenen Akteur*innen wirken.

(Mehrperspektivisch, mehrdimensional und vernetzend könnten nach Heiner derweil auch unter der Überschrift ‚Ganzheitlich‘ vereint werden.) (Heiner 2004: 42f.)

e) *alltagsorientiert* sein, ihre Interventionen sind dabei häufig Teil von Alltagstätigkeiten, wie beispielsweise Spazieren, und versuchen, den Alltag zu einem gelingenderen zu machen (Heiner 2004: 43 nach Grunwald; Thiersch 2004: 23).

f) *umfeldbezogen* sein, indem es soziales Umfeld mitdenkt und einbezieht.

g) *partizipativ* sein, den Dialog mit dem Gegenüber sowie nach Lösungen suchen und sich auf gegebenenfalls auch längere Aushandlungsprozesse einlassen. (Heiner 2004: 43)

Neben Methoden und methodischem Handeln sind auch Kompetenzen Teil des professionellen Handelns. Heiner benennt, „[a]ls Fachbegriff verweist ‚Handlungskompetenz‘ im Unterschied zu ‚Fähigkeit‘ auf komplexe und zugleich bedeutende Anforderungen" (2010b: 51). So würde man beispielsweise von Erziehungskompetenz, nicht aber von ‚Tröste‘- oder Hausaufgabenhilfe-Kompetenz sprechen. Handlungskompetenz ist weiterhin durch diesen „Bezug auf komplexe Sachverhalte […] ein sehr abstraktes Konzept, das viele Fähigkeiten begrifflich bündelt." (Heiner 2010b: 51). Dabei stellt die Kompetenz, im Unterschied zum professionellen Handeln als Umsetzung und

Performanz, nur ein Potenzial, eine Handlungsoption dar. Dabei unterliegen ihr drei Bedeutungsdimensionen:

1. *Zuständigkeitsdimension*: Sie verweist auf die Berechtigung sowie Verpflichtung in einem bestimmten Feld tätig zu werden.
2. *Qualifikationsdimension*: Sie verweist auf die bereits benannte Fähigkeit, in komplexen und bedeutsamen Aufgaben tätig zu werden.
3. *Motivationsdimension*: Sie verweist auf die Bereitschaft, die Kompetenz auch einzusetzen. (Heiner 2010b: 51)

Zudem bietet Heiner ein weiteres Handlungskompetenz-Modell neben von Spiegel an. Sie gliedert zunächst in bereichsbezogene und prozessbezogene Kompetenzmuster auf. Zu den *bereichsbezogenen Kompetenzmustern* gehören die folgenden.

- *Selbstkompetenz* beschreibt die reflexiven Kompetenzen zur eigenen Person, die Fähigkeiten zur Selbstregulation und -beobachtung, zur Metaperspektivübernahme, zur Reflexion eigener biografisch bedingter Denk- und Deutungsmuster sowie Gefühle, Motivationen und Haltungen.
- *Fallkompetenz* betitelt die Fähigkeiten in Bezug auf das Klient*innensystem, die direkte Arbeit mit dem Gegenüber, dessen Problemen, Ressourcen und Umfeld.
- *Systemkompetenz* bezieht sich auf die indirekte Arbeit mit Klient*innen, das Bewegen und Kooperieren innerhalb in ihrer eigenen Organisation und anderen Organisationen, wie beispielsweise im Schul- oder Rechtssystem. Dabei geht es darum, Adressat*innen in der Wahrnehmung ihrer Rechte zu unterstützen. Fallübergreifend geht es auch um die Verbesserung der Hilfesysteme und deren Lücken. (Heiner 2010b: 62ff.)

Diese Bereiche sind mit *prozessbezogenen Kompetenzmustern* in Beziehung zu setzen, im Sinne von Fähigkeiten, die in diesen Feldern zum Einsatz kommen müssen. Es geht dabei um wiederum drei grundlegende Muster, welche entsprechend ihrer zeitlichen Abfolge innerhalb eines zirkulären Prozesses abgebildet werden (Heiner 2010b: 66).

1. *Planungs- und Analysekompetenz*, welche als Teilkompetenzen oder Kompetenzformen Beobachtungs-, Recherche-, Erklärungs- sowie Prognosekompetenz erfordern und sich allem voran in den Anwendungsbereichen „Diagnostik, Fallanalyse, Situationsanalyse, Sozialraumanalyse, Konzeptionsentwicklung, Hilfeplanung, Projektentwicklung [und] Interventionsplanung" (Heiner 2010b: 66) zum Einsatz kommen.
2. *Interaktions- und Kommunikationskompetenz*, welche als Teilkompetenzen Wahrnehmungs-, Präsentations-, Rezeptions-, Mitteilungs-, Einfühlungs-, Strukturierungs-, Fokussierungs-, Deutungs- und Organisationskompetenz bedeuten. (66) Sie finden in „Anleitung, Information, Beratung, Alltagsbegleitung, Alltagsstrukturierung, Gruppenleitung, Verhandlung, Gesprächsführung, Mediation [sowie] Moderation" (Heiner 2010b: 66) Anwendung.
3. *Reflexions- und Evaluationskompetenz* meinen ausformuliert unter anderem Dokumentations-, Datenanalyse-, Introspektions- und Interpretationskompetenz in

„Selbstreflexion, Entwicklungsdokumentation, Fallreflexion, Begutachtung, kollegiale Beratung [und] Supervision [...]" (Heiner 2010b: 66)

Dabei sind die verschiedenen Prozesskompetenzen für sich unverzichtbar für professionelles Handeln, je nach Zeitpunkt im Verlauf des Interventions- oder Hilfeprozesses aber unterschiedlich bedeutsam, sie werden von den Fachkräften zu „bestimmten Aktivitäten zu komplexen Handlungsstrategien kombiniert" (Heiner 2010b, 69)

3.4 Merkmale professionellen Handelns in stationären Erziehungshilfen

Hansbauer, Merchel und Schone vermerken für professionelles Handeln innerhalb der Kinder- und Jugendhilfe und somit auch für die stationäre Erziehungshilfe, dass es sich um ein sowohl teils kompliziertes, als auch komplexes Tätigkeitsprofil handelt (2020: 97). Komplizierte Tätigkeiten – dies trifft sicher nicht auf alle Tätigkeiten innerhalb der stationären Erziehungshilfe zu – meinen Prozessketten, welche mehrere Handlungsschritte verlangen, die präzise ausgeführt werden müssen (99). Komplexe Tätigkeiten – und dies trifft insbesondere zu – meinen, dass „das Ergebnis solcher Prozesse des Einwirkens nur bedingt vorhersagbar ist und man deshalb nie genau weiß, ob das Ergebnis der ursprünglichen Absicht entsprechen wird" (Hansbauer; Merchel; Schone 2020: 99). Vor dem Hintergrund vor insbesondere komplexen Situationen schlagen sie, angelehnt an Abbott, vier Schritte professionellen Handelns vor (103f.), welche an jene von Müller erinnern, allerdings auf den Kontext konkretisiert werden.

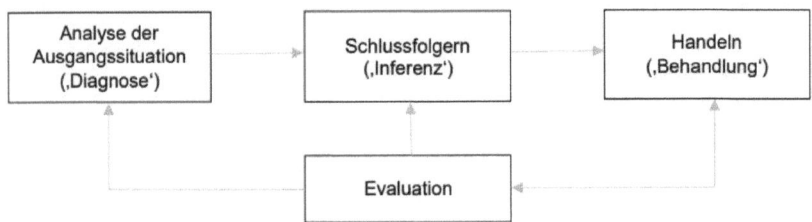

Abbildung 1: Phasenmodell professionellen Handelns nach Hansbauer; Merchel; Schone 2020: 107

Die Situationsanalyse zu Beginn, die *Diagnose*, scheint Müllers Schritte der Anamnese und Diagnose zusammenzufassen. Mithilfe von partizipativen Methoden und Verfahren sollen Informationen gewonnen und eingeordnet werden. In den Erziehungshilfen wird dieser Schritt auch Fallverstehen genannt. (104) In stationärer Erziehungshilfe sind vor allem drei Dimensionen offen, die geklärt werden müssen.

1) *Fragen nach der individuellen Selbstdeutung*: Wie versteht das Kind sein Dasein? Wie platziert es sich im Familiensystem? Welche Erfahrungen, Entbehrungen und Schlüsselereignisse gab es? Welche jetzigen Befürchtungen resultieren daraus?

2) *Fragen nach Handlungsmustern*: Welche Reaktionen und Bewältigungsstrategien nutzen die Jugendlichen als Antwort auf die herausfordernden Umstände?

3) *Fragen nach gesellschaftlichen Rahmenbedingungen*: Wie war die Beschäftigungssituation in der Familie, das Wohnumfeld, der Sozialraum, die finanzielle und Freizeitsituation? Wie ist die bisherige schulische Sozialisation? (255)

Inferenz beschreibt als weiterer Schritt

> „eine besondere Art des schlussfolgernden Denkens, basierend auf einer spezifischen Definition von Realität, mit dem Ziel eine plausible Beziehung zwischen Diagnose und Behandlung mittels Exklusion (‚was ist es wahrscheinlich nicht‘) und Konstruktion (‚was ist es wahrscheinlich‘) herzustellen". (Hansbauer; Merchel; Schone 2020: 105)

Dabei hat das Schlussfolgern eine Balance zwischen zu abstrakter und zu simpler Verkoppelung der beiden zu achten (106). Im Übrigen ist Inferenz nach den Autoren eine Kennzeichnung professionellen Handelns: „Nur da, wo schlussfolgerndes Denken notwendig ist, weil es sich um eine komplexe Aufgabe handelt, macht es überhaupt Sinn, von einer professionellen Tätigkeit zu sprechen" (Hansbauer; Merchel; Schone 2020: 106). In diesem Schritt stellt sich die stationäre Erziehungshilfe die Frage, welche Handlungsstrategien und Förderelemente angezeigt sind (256). Unter *Behandlung* – dies beschreiben die Autoren auffallend knapp – ist die Hilfe zu verstehen, die auf Diagnose und Schlussfolgerung folgt. Wenn eine solche Hilfe wenig erfolgreich sein sollte, soll von Neuem mit den vorherigen Schritten begonnen und die Intervention entsprechend neu gewählt werden. (105ff.) Bezüglich stationärer Hilfen ‚behandeln‘ die Professionellen per se durch den pädagogisch-therapeutischen Ort, welcher im Kapitel 2.3 beschrieben wurde. Das Wohngruppensetting übernimmt als Hauptteil der Behandlung die Funktionen a) *Sozialisation*, hin zu einer gemeinschaftsfähigen, autonomen Persönlichkeit, b) *Platzierung* (Welche Ansprüche habe ich an das Leben, welche die Gesellschaft an mich?), c) Freizeit im Sinne der Eröffnung von Erlebnisräumen durch Hobbies, Sport, Urlaub und d) *soziale Reproduktion* als physische sowie psychische Regeneration (253). Gleichzeitig sind individuelle Interventionen für die Bewältigung persönlicher Probleme Teil des Behandlungsschrittes. (257f.) Den letzten Schritt bildet wiederum die methodengeleitete sowie systematische *Evaluation*, als eine Form der Rückkoppelung zwischen den anderen Schritten (siehe Abbildung). Für das stationäre Setting bedeutet dies auch die Evaluation von Teilprozessen, wie beispielsweise der Hilfeplanung. (107)

Nach dieser phasenorientierten Perspektive auf professionelles Handeln in den stationären Erziehungshilfen, bietet Gahleitner weitere wichtige Aspekte von Professionalität im benannten Arbeitsfeld an. Da jene bereits in den ausgeführten Leitorientierungen durchschimmerten, sollen sie hier nur knapp aufgegriffen werden. Die Ausführungen zu professionellem Handeln in Kapitel 3.2 und 3.3 haben Gültigkeit und Gahleitners Ausführungen sollen hier nur arbeitsfeldspezifisch ergänzen. In ihren Befragungen ehemaliger stationär Betreuter kristallisierten sich die folgenden drei professionellen Kompetenzen als besonders essentiell heraus (Gahleitner 2017: 33):

1. *Bindungs- und Beziehungskompetenz:* Weil Bindung und Beziehung die Schlüsselfaktoren im Hilfeprozess stationärer Arbeit sind, müssen Professionelle positive Beziehungsangebote und korrigierende Bindungserfahrungen anbieten können (35ff.). Jene sind vor allem durch gelingende Interaktion und Mentalisierungskompetenz der Fachkräfte zu gestalten (43f.). Darüber hinaus greifen hier insbesondere von Spiegels Bestimmungen zur Person als Werkzeug (2021: 83)

2. *„Traumasensibilität als zentrale Problem- und Fachkompetenz"* (Gahleitner 2017: 48): Der fachkompetente Umgang mit Belastungen der Kinder und Jugendlichen ist nicht auf therapeutische Elemente beschränkt, sondern muss von den Professionellen mitten im Alltag umgesetzt werden – im Verstehen und Handeln. (48f.)

3. *Psychosoziale Vernetzungskompetenz:* Ein tragfähiges Netzwerk muss von den Professionellen im Dialog mit den jungen Menschen aktiviert, stabilisiert und erweitert werden, über die Grenzen der Einrichtung hinaus (62ff.). Auch interinstitutionelle, enge Abstimmung der Professionellen soll positive Entwicklungsräume für sie eröffnen (79).

4. Uns zuletzt ergänzt Gahleitner selbst die drei Kompetenzen um ein ihr essentiell erscheinendes Thema – die *Trauma- und Beziehungssensible Diagnostik* als Kompetenz (81ff.). Damit greift sie den Handlungsschritt der Diagnose auf und benennt ihn wiederum als Fallverstehen. Sie kritisiert die Kluften zwischen verschiedenen Berufsgruppen, wenn es um die Entwicklung eines gemeinsamen Fallverstehens geht und fordert eine interprofessionelle und mehrdimensionale Diagnostik für Kinder und Jugendliche der stationären Erziehungshilfe. (83) Sie schlägt hierfür die Rahmung anhand der drei folgenden Dimensionen vor.

a) Klassifikatorische Diagnostik soll störungsspezifische Zuordnung von Symptomen ermöglichen und gleichzeitig biografisch-soziale Merkmale berücksichtigen. Hierzu biete beispielsweise der Kinder- und Jugendbereich des ICD-10 bereits ein multiaxionales, diagnostisches System, welches mit psychosozialen Umständen verbindet und so Raum für den interdisziplinären Austausch bildet.

b) *Biografische Diagnostik* soll mithilfe von Techniken der Biografiearbeit, wie Lebensfluss, Ich-Buch, Lebens-Panorama, mit den Kindern und Jugendlichen begangen werden. Heutige Symptomatik ist immer nur vor dem Hintergrund der Lebenserfahrungen zu betrachten. Das herauszulesende Selbstkonzept, welches in medizinischer Diagnostik unberücksichtigt bleibt, ergänzt die Analyse (90).

c) *Lebensweltdiagnostik* soll mithilfe von unter anderem Persönlichkeitstests, Genogrammarbeit, Netzwerkdarstellungen oder Aufstellungen die Lebens- und Beziehungswelt sowie die Innenwelt und Identität der jungen Menschen betrachten (91ff.).

3.5 Institutionelle und personale Merkmale professionellen Handelns

Im vorliegenden Kapitel soll weiterhin der Erkenntnis Rechnung getragen werden, dass professionelles Handeln ausschließlich im Kontext von organisationalen Bedingungen, interorganisationaler Kooperation sowie der örtlichen Infrastruktur betrachtet und reflektiert werden kann (Hansbauer; Merchel; Schone 2020: 110).

„Die Person als Werkzeug braucht eine kollektive Unterstützung durch die Organisation, die berufliche Haltungen flankiert und stabilisiert [...]. Die Institution kann [...] einen sichernden, unterstützenden Rahmen bieten, dessen Verfahren und Routinen – zumindest, wenn sie fachlich gut durchdacht und strukturiert sind – [...] entlastend und stützend wirken." (von Spiegel 2021: 83)

Schwabe und Thimm lösen die Bedeutung institutioneller Rahmung mit der Aufstellung von Qualitätsdimensionen professionellen Handelns in stationären Erziehungshilfen ein, die sie im Rahmen der ‚Qualitätsagentur Heimerziehung' durch 31 Visitationen in deutschen Wohngruppen ermitteln (2018: 8). Aus Rahmengründen sollen im Folgenden nur die nicht bereits anderweitig aufgegriffenen Dimensionen aufgeführt werden. Das Modellprojekt buchstabiert unter anderem die folgenden aus.

Konzeptqualität: Grundlage des professionellen Handelns in der Einrichtung soll ein fundiertes Konzept, samt „Leitbild, Menschenbild, Zielen, Zielgruppen, Methoden, Verfahren [...] präzisiert durch Teilkonzepte, Schlüsselprozess-Vorgaben [und] Arbeitshilfen" (Schwabe; Thimm 2018: 72) für Mitarbeitende sowie Kooperationspartner*innen bereithalten. Aus ihnen lassen sich „orientierende Regeln für professionelles Verhalten ableiten, die als sichernde ‚Geländer' für die Gestaltung der beruflichen Arbeit dienen" (von Spiegel 2021: 83). Auch Hansbauer, Merchel und Schone benennen die Notwendigkeit von konzeptioneller Orientierung (2020: 55f.), weshalb sich bereits Kapitel 2.3 und 2.4 mit einem Überblick über solche beschäftigten.

„Individuelle Haltungen von Fachkräften, die in jedem professionellen Handeln wirksam werden, werden von konzeptionellen Leitorientierungen der Profession mitgeprägt; die konzeptionellen Leitorientierungen bilden einen Spiegel, vor dem sich professionelle Akteur[*innen] methodisch und in ihrer normativen Haltung legitimieren sollen." (Hansbauer; Merchel; Schone 2020: 55)

„Individuelle, biografiesensible Hilfe- [...] und Erziehungsplanung" (Schwabe; Thimm 2018: 129): Sie wird fortlaufend weiterformuliert, fremde und eigene Ziele werden kenntlich gemacht und deren Durchführung durch standardisierte Verfahren (Planungsgespräch, Auswertungsgespräch, Vorbereitungsbogen) sichergestellt. Bedürfnisse, Wünsche, Kapazitäten und Entwicklungsstand des jungen Menschen fließen hinein, werden vor dem Hintergrund seiner Biografie begriffen und passenden Angeboten zugeführt. (129f.)

Familienbezugsgestaltung: In der Eltern- und Familienarbeit – dies ist in Kapitel 2.4 bereits angeklungen – gibt es verschiedene Intensitäten, zusammengefasst in drei Arbeitsformen, die praktiziert werden können (Schulze-Krüdener; Homfeldt 2013: 255). Kontaktpflege, als erste Form, versucht über regelmäßige Telefonate, Besuche und Einladungen zu Festen, die Kooperation mit Eltern zu fördern oder zu intensivieren (Günder 2015: 242). Intensivere Formen, zweitens, sind beispielsweise Elterntrainings sowie -beratung, die planvoll und methodisch gestaltet werden. Als dritte Form sind familientherapeutische Interventionen zu nennen. Je intensiver die Familienarbeit, desto höher muss die professionelle Qualifikation, gegebenenfalls über entsprechende Weiterbildung, die finanzielle sowie die personale Ausstattung sein. (Günder 2015: 278ff.) Als professioneller Grundstandard muss intensitätsübergreifend

> „ein Arbeitsansatz [gesichert sein], der davon ausgeht, dass Eltern das ihnen Bestmögliche tun[. Dieser ermöglicht], dass Mitarbeite[nde] auch mit Eltern arbeiten (können), deren Erziehungs- und Sozialverhalten als problematisch betrachtet wird." (Conen 2007: 69)

Bildung und schulische Förderung: In seiner Studie stellt Crain fest, dass die „Schullaufbahn [befragter Jugendlicher] vor dem Heimeintritt durchwegs gefährdet war" (2012: 237). Ob in angeschlossenen Heimschulsettings oder in Zusammenarbeit mit externen Schulen – die stationären Hilfen sollen durch positive Zusammenarbeit mit Lehrkräften, durch passgenaue schulische Unterstützung sowie motivierende und hilfreiche Impulse möglichst erfolgreiche, schulische Entwicklung anstreben. Sie selbst soll überdies Ort von informellen Bildungsangeboten sein. (Schwabe; Thimm 2018: 163)

Kinderschutz: Dieser ist aktiv und präventiv zu gestalten. Die Wohngruppe soll ein sicherer Ort und Schutzraum für Kinder und Jugendliche sein. Ihr Recht auf Schutz muss insbesondere durch Beteiligungs- und Beschwerdeverfahren, Schutzkonzepte (Schierer 2022: 22) mit standardisierten Präventions- und Interventionsschritten, Information, Beratung von innen und außen gesichert werden. Zudem muss der respektvolle Umgang, Achtsamkeit für weitere Übergriffe und Sensibilität in der Begleitung von Opfern auf professioneller Seite gegeben sein, um Retraumatisierungen in der stationären Hilfe zu verhindern. (Schwabe; Thimm 2018: 176f.)

Umgang mit Krisen und Konflikten: Diese sollen zunächst als Entwicklungschance und als dem Leben eigen begriffen werden (Schwabe; Thimm 2018: 196). Gewaltvollem Handeln junger Menschen wird auf drei Präventionsebenen begegnet: Auf Ebene der Primärintervention soll der Entstehung von Gewalt vorgebeugt werden, über Beteiligungsverfahren, (Selbst-)Verpflichtungen, genügend Betreuungskapazität, attraktive Beschäftigungen, Gruppenreflexion und ausreichend Angebote zum ‚Auspowern'. (Schwabe 2019: 174) Wenn sich Gewaltbereitschaft zuspitzt, setzt die Sekundärprävention ein, zu dem absolvierte Deeskalationsfortbildungen der Mitarbeitenden gehören, sowie Krisenmanagementkonzepte der Einrichtung und Rufbereitschaftsverfahren (175). Die Tertiärprävention „dient der Aufarbeitung, Sanktionierung und Wiedergutmachung fremdschädigender [...] Verhaltensweisen" (Schwabe 2019: 176). Der

Vorfall wird in standardisierter Weise dokumentiert, je nach Art des Ereignisses an externe Stellen gemeldet sowie mit Beteiligten nachbearbeitet und entsprechende Interventionen, wie eine Reflexionsauszeit in einer anderen Gruppe beispielsweise, eingeleitet (176).

Dokumentation: Es gibt festgelegte Verfahren auf allen Einrichtungsebenen, nützliche Dokumente und Medien zur Dokumentation. (Schwabe; Thimm 2018: 226)

Interne Kooperation und Teamarbeit: Auch Teamarbeit und Kollegialität zwischen stationär arbeitenden Professionellen hat Bedeutung für das professionelle Handeln (Henn 2020: 47ff.). Ein gutes Team ist in der Lage, folgende Hauptaufträge zu erfüllen. Sie gestalten a) gemeinsame Standards und den pädagogischen Rahmen für die Gruppe. Sie arbeiten b) über Planung, Durchführung und Evaluation hinweg gemeinsam und abgestimmt an Einzelfällen. Sie organisieren c) die anfallenden organisatorischen Aufgaben, wie Dienstplan, Finanzen, Veranstaltungen, wobei Zuständigkeit und Rollen geklärt sind. (Schwabe; Thimm 2018: 249) Sie übernehmen füreinander d) sozial-emotionale Aufgaben „[wie] Entlastung, Anerkennung, Unterstützung, Ermutigung, Kontrolle, Feedback. [Bestenfalls gelingt] eine Atmosphäre von Wertschätzung, Offenheit und Grundsolidarität" (Schwabe; Thimm 2018: 249f.). Idealerweise entstehen über die Aufgaben hinweg gemeinsame Ziele und Haltungen und über verschiedene Erlebnisse hinweg ein Gemeinschaftsgefühl. (249f.)

Leitung: Die Leitungsperson verfügt über die geforderten emotionalen, sozialen und sachlichen Kompetenzen, ihr Leitungshandeln wird von den Beteiligten regelmäßig reflektiert. Sie nimmt ihren Auftrag der Personalentwicklung systematisch wahr. (267)

Organisationskultur: Dieser Aspekt, den Hansbauer, Merchel und Schone unter anderem beschreiben, soll hier nochmals explizit aufgerufen werden: Abseits ihrer formalen Aufgaben, wie beispielsweise das Verfolgen des gemeinsamen Ziels, die glaubhafte, professionelle Repräsentation nach außen und Orientierung nach innen (2020: 130), pflegt die Organisation auch eine informelle Struktur, eine Organisationskultur mit Umgangsformen, Gewohnheiten und Alltagspraxen:

> „[Diese] ist nicht nur für die Motivation, das Sich-Wohlfühlen der Mitarbeitenden in einer Organisation bedeutsam, sondern [hat] auch unmittelbare Auswirkungen auf die Qualität der Leistungserbringung [und] das fachliche Handeln […]. [Sie] stellt einen wichtigen Sozialisationsfaktor für alle Organisationsmitglieder dar, […] prägt deren Verhalten, deren Blick auf Aufgaben und Anforderungen […]" (Hansbauer; Merchel; Schone 2020: 131)

Vollständig wird dieses Bild von professionellem Handeln in stationären Erziehungshilfen zuletzt aber nur, wenn personengebundene Voraussetzungen miteingebunden werden. Nicht umsonst ist die Rede davon, dass in der Sozialen Arbeit – und dies dürfte in der stationären Erziehungshilfe insbesondere gelten – mit der eigenen Person als Werkzeug gearbeitet wird (von Spiegel 2020: 61). So stellen Schwabe und Thimm einen Katalog solcher personaler Eigenschaften auf (2018: 91), die Böttger als ehemalige Betreute weitgehend zu bestätigen scheint (2017: 41). Professionelle brauchen zunächst „Freude am Zusammensein mit jungen Menschen – man muss sie (nicht immer, aber immer wieder) mögen können und sich zumindest von einer Altersgruppe oder einem Typ von Kind oder Jugendlichen immer wieder faszinieren lassen" (Schwabe; Thimm 2018: 91). Weiterhin bedarf es einer möglichst stabilen Gesundheit sowie Belastbarkeit, die bei chaotischen Situationen und anderen Anforderungen (wie beispielsweise möglichst guter Schlaf in der Nachtbereitschaft) unterstützen. Ein Maß an Humor sowie Selbstironie, die Fähigkeit, mit unterschiedlichsten Menschen in Kontakt zu kommen, nennen sie ebenso wie die Fähigkeit des Abschaltens, sodass Themen möglichst nicht mit nach Hause genommen werden (Böttger 2017: 41; Schwabe; Thimm 2018: 91). Weiterhin ist eine gute Emotionsregulationskompetenz und die Fähigkeit, sich gegebenenfalls für unangemessene Gefühlsausdrücke zu entschuldigen, wichtig. (Schwabe; Thimm 2018: 91) Um sich an wichtigen Stellen durchsetzen zu können, ist darüber hinaus ein „gewisses auch körpersprachliches Auftreten [beziehungsweise] Standing" (Schwabe; Thimm 2018: 91) im Sinne von Mimik, Gestik und Körperhaltung vonnöten. Und zuletzt wird aufgeführt, dass Professionelle über praktische Kompetenzen, wie beispielsweise Kochen, Sport, Fahrradreparatur, verfügen sollten. Bestenfalls bringen sie auch besondere Hobbies oder Fähigkeiten mit in den Gruppenalltag ein, um die Kinder und Jugendlichen zu begeistern. (Böttger 2017: 41; Schwabe; Thimm 2018: 91)

4 Grundlagen der Methode VHT

Nachdem nun das Arbeitsfeld sowie professionelles Handeln beleuchtet wurden, kann sich die Arbeit ihrem Hauptthema, dem VHT, zuwenden. Das vorliegende Vorhaben unterliegt der Annahme, je besser es die Wirkprinzipien der Methode begreift, desto besser kann es im Anschluss die Forschungsergebnisse verstehen und in Zusammenhang bringen. Der Beschreibung der Methodik, Geschichte und Organisation sowie ihrer Einordnung in den Methodenbegriff und in theoretische Hintergründe, wird deshalb im Folgenden genügend Raum eingeräumt.

4.1 Zielsetzung und Methodik des VHTs

Um VHT kennenzulernen, ist es zunächst notwendig eine Vorstellung seiner Zielsetzung und Herangehensweise zu bekommen. In seiner Grundform definiert sich VHT als „[...] kurzzeitige, intensive Form der Hilfestellung für Familien, die zu Hause stattfindet, wobei mit Bildern gearbeitet wird, die die Kommunikation innerhalb der Familien demonstrieren, um so die gesamten Familienfunktionen positiv zu beeinflussen" (Dekker 1999: 97). Ziel dieses klassischen VHTs ist dabei

„die (Wieder-)Aktivierung der individuellen Ressourcen im Sinne positiver Kapazitäten von Eltern und Kind. Folglich kann sich der negative Kreislauf zugunsten eines positiven Kontaktes entwickeln. [Dieser] lässt positive Entwicklungen im Sinne einer gelungenen Erziehung und einer gesunden sozial-emotionalen Entwicklung von Eltern und Kind in Wechselseitigkeit zu. VHT kann […] praktische Fertigkeiten vermitteln und die Fähigkeit zur Problemlösung entwickeln und aktivieren" (Schepers; König 2000: 17)

Die Methodik des VHTs verläuft dabei in vier Schritten. Als Intake, Erstgespräch (Schepers; König 2000: 28) oder *Klärung der Hilfefrage* (Gens 2020a: 15) lässt sich der erste Schritt betiteln. In einem ersten Treffen mit dem Gegenüber soll in die Methode eingeführt und eine Hilfefrage entwickelt werden. Hierzu entwickelte Gens wiederum eine ausführliche sechsschrittige Erarbeitung einer solchen. Beginnend mit dem verstehenden Empfangen der Problemsituation, über die Entwicklung eines Wunschbildes, der Würdigung bisheriger Lösungsversuche, der Entscheidung des Gegenübers zu noch einem Versuch und letztlich der Formulierung, welche positiv und eigenaktiv sein soll (Was kann ich dafür tun, dass …?) (Gens 2016a: 66). Die *kurze Videoaufnahme* von fünf bis zehn Minuten einer alltäglichen (zunächst möglichst einfachen) Situation, wie zum Beispiel eine Essenssituation, eine Spielsituation, eine Bettgehsituation oder ähnliches, bildet den zweiten Schritt des Prozesses (Räder 1999: 80). Im dritten Schritt der *„Bildanalyse mit Bildschnitt und Präsentationskonzept"* (Gens 2020a: 15) werden mithilfe des Video-Kontaktschemas (siehe Kapitel 4.3.4) gelungene Kontakte, Ressourcen und (Teil-)Antworten auf die Hilfefrage zu einem anregenden Bildschnitt zusammengefügt (siehe Kapitel 4.3.3) (Wels; Jansen; Kreuzer 2000: 276). Den vierten Schritt bildet die *Rückschau* (Goltsche; Rössel 2009: 9), in der der Videoschnitt gemeinsam angesehen und analysiert wird. Beratende unterstützen hier das Lernen am eigenen Modell mit aktivierenden Fragen, sodass die Lösungen selbst erkannt werden können (siehe Kapitel 4.3.2 und 4.3.3) (Wels; Jansen; Kreuzer 2000: 276).

Schepers und König stellen dem Viererschritt noch den des *Screenings* voran, in welchem zuerst geprüft werden soll, ob das Gegenüber überhaupt für ein VHT infrage kommt. Sie benennen unter anderem, dass Erwachsene mit bestimmten psychiatrischen Erkrankungsbildern auf den Einsatz von Videokamera und der damit verbundenen empfundenen negativen Selbstkonfrontation oder Bedrohlichkeit reagieren können, was ein VHT-Prozess ausschließe. (2000: 17, 27) Darüber hinaus sehen sie ein sogenanntes *Follow-up* nach drei, sechs, zwölf und 24 Monaten vor (2000: 31), eine Art Nachsorgekontakt bei Familien, in der mithilfe einer weiteren VHT-Einheit nochmals bestärkt wird und gegebenenfalls neue Fragestellungen ermittelt werden (Goltsche; Rössel 2009: 10).

Mehrere solche Kreisläufe beziehungsweise Wechsel von Aufnahme, Schnitt und Rückschau bilden als Einheiten den VHT-Prozess. Jener dauert laut Fachliteratur unterschiedlich an. Während die klassische Form im Zuhause der Familie zwischen sechs und neun Monate andauern soll (Schepers; König 2000: 30), sieht das englischsprachige Äquivalent drei bis vier Einheiten als Maß an (Kent County Coucil o.J: o.S). Kennedy fasst zusammen, dass es die richtige Beratungsdauer aufgrund der unterschiedlichen Komplexität der anzugehenden Probleme des Gegenübers, nicht gibt. Wohl aber sei Untersuchungen zufolge den Prozessen gemein, dass die ersten beiden Einheiten die größten Entwicklungseffekte erzielen. (Kennedy 2011: 31)

Auch abschließend nochmals zu benennen ist, dass es sich bei den vorangegangenen Ausführungen um VHT in seiner klassischen Form handelt (Goltsche; Rössel 2009: 10). Welche weiteren Möglichkeiten des videobasierten Arbeitens es gibt und inwiefern sie sich methodisch gestalten und von dieser klassischen Form gegebenenfalls unterscheiden, wird in Kapitel 5 behandelt.

4.2 Einordnung in den Methodenbegriff

VHT scheinen viele Namen gegeben zu werden. Es ist die Rede von VHT als Beratungsform (Gens 2020, 10; Goltsche 2020: 23). Das zugehörige Kontaktstudium (siehe 4.3) ordnet VHT als Coaching ein (SPIN DGVB o.J.: o.S.). VHTs englisches Äquivalent VIG, Video Interaction Guidance, wird von seinen Praktizierenden teils als Therapie betitelt (Kennedy 2011: o.S.). Ab der Ebene von VHT-Ausbilder*innen wird der Supervisionsbegriff ins Spiel gebracht (SPIN DGVB 2017: 14f). Und dabei ist auch noch nicht abschließend geklärt, ob es sich bei VHT um eine Methode, ein handlungsleitendes Konzept, ein Verfahren oder eine Technik handelt. Das vorliegende Kapitel möchte sich einer solchen Einordnung annähern.

Rund um die Klärung des Methodenbegriffs versucht der Fachdiskurs überwiegend zwischen den Kategorien, Konzept, Verfahren, Methode und Technik zu differenzieren (Kreft; Müller 2020: 20). Recht unumstritten wirken dabei die Größenverhältnisse: Das Konzept, als größter Rahmen professionellen Handelns und bildet „unverzichtbare[.], beschreibende[.], klärende Vorarbeit für das nachfolgende methodische Handeln" (Kreft; Müller 2020: 21). Sie enthalten Theorieelemente, die soziale Probleme oder Phänomene ganzheitlich zu verstehen versuchen (Stövesand; Stoik 2013: 19). Methoden, als nächstkleinere Einheiten „sind mehr oder weniger differenziert planbare, geregelte und zielorientierte sowie konsequent und reflektierend zu verfolgende ‚Wege' des Problemlösens" (Stimmer 2012: 25). Kreft und Müller plädieren dafür, den in ihren Augen inflationär genutzte Methodenbegriff nur für die drei amerikanischen beziehungsweise klassischen Methoden zu nutzen: Einzelhilfe, Soziale Gruppenarbeit und Gemeinwesenarbeit (2020: 23). „Alle anderen Versuche, die Regeln der Kunst für einen bestimmten Teilbereich der Sozialen Arbeit zu beschreiben, sollten als Verfahren bezeichnet werden" (Kreft; Müller 2020: 22). Techniken bilden die kleinste Einheit. Sie sind „als Antworten auf Detailprobleme auf dem komplexen Weg der Identifikation [hin zur Lösung] eines Problems" (Galuske 2013: 32) anzusehen und unterscheiden sich von Methoden hinsichtlich ihrer Komplexität. Methoden sollten ganze Sets an Techniken umfassen. (31) Von Spiegel konstatiert, dass es traditionell verschiedene Auffassungen des Methodenbegriffs gebe, die nebeneinander existieren und trotz vielerlei Ordnungsversuche zu Verkürzung und Verwirrung führen (2021: 69). Die vorliegende Arbeit gibt sich die Erlaubnis, dem Vorschlag von SPIN DGVB zu folgen und VHT als

Methode in die Begrifflichkeiten einzuordnen. Die folgende Abbildung stellt angelehnt an Galuskes Einteilung ein Versuch dessen dar.

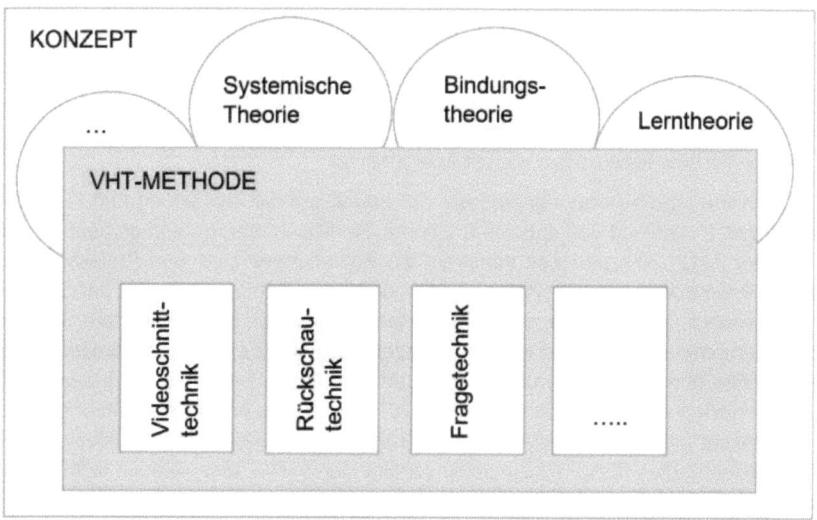

Abbildung 2: Verortung im Methodenbegriff, eigene Darstellung angelehnt an Galuske 2013: 332

Das hinter VHT liegende Konzept – welches unter diesem Titel offenbar noch nicht ausgestaltet wurde – beinhaltet mehrere zusammenspielende Theorieelemente, Zielsetzungen und verschreibt sich dem Phänomen Interaktions- und Beziehungsprobleme (Gens 2020a: 11). Als Methode – oder wenn Kreft und Müller darauf bestehen: als Verfahren innerhalb der Methoden Einzelhilfe und Gruppenarbeit – wird VHT an sich eingeordnet. Sie beinhaltet wiederum verschiedene Techniken, im VHT könnten hier die Film- und Schnitttechnik, die Hilfefrageentwicklung (Gens 2020a: 15) sowie weitere Teilvorgänge innerhalb der Methode fungieren.

Zur weiteren Einordnung von VHT zwischen Beratung, Therapie, Supervision und Coaching, bieten die Begriffsbestimmungen von Stimmer eine Annäherung an – auch wenn hier die Einordnung nur aufblitzen und nicht abschließend geklärt werden kann. Als Beratung ist „ein spezifisch strukturierter, klientenzentrierter und zugleich problem- und sachorientierter kommunikativer Verständigungsprozess [zu verstehen]" (Stimmer 2012: 128). Dieser soll methodisch, theoretisch, wissenschaftlich und empirisch bezüglich seiner Wirkung begründet sein. Dabei sei Beratung als ein Kontinuum zwischen Auskunft und Therapie zu begreifen, welche ganz allgemein die Vermittlung oder Wiederbelebung von Wissen und Handlungskompetenzen haben, wie in der folgenden Abbildung von Stimmer. (128) Aus einer Beratung kann sich nach dem Autor

eine Therapie entwickeln, je nach therapeutischem Ausbildungsgrad der*des Beraten-
den oder durch die Vermittlung in therapeutische Hilfe (129).

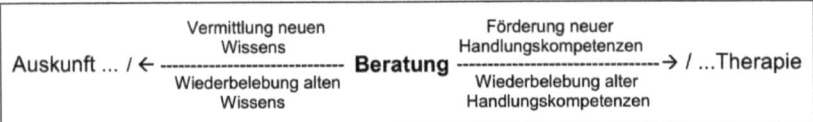

Abbildung 3: Beratungskontinuum nach Stimmer 2012: 128

„Supervision ist ein Beratungsprozess, der primär auf die Gestaltung und Reflexion
beruflicher Rollen und den dabei auftretenden Konflikten und Problemen bezogen ist"
(Stimmer 2012: 289) und zielt damit auf die Beziehungen zwischen Professionellen
und a) ihren Klient*innen, b) ihrem Team und c) der Institution (289). Mit der Supervision verwandt und ebenfalls als Beratungsform anzusehen ist das aus dem Sportjar-
gon übernommene Coaching als „unterstützend begleitender Beratungsprozess, dessen Inhalte überwiegend berufliche Anliegen sind, […] private Aspekte [aber grundsätzlich nicht ausschließt" (Stimmer 2012: 291). Es sieht in erster Linie Führungskräfte
als Adressat*innen an und sich selbst als Instrument der Personalentwicklung. (291).
Was bedeutet dies für VHT? Zunächst scheint sich VHT – dies spiegelt sich auch in
der unterschiedlichen Betitelung der Fachliteratur wider – auch auf dem Kontinuum
zwischen Auskunft und Therapie zu bewegen. Es besteht ebenfalls aus den beiden
Elementen der Vermittlung und Wiederaktivierung von Wissen, im Sinne der Wiederaktivierung eines positiven Blickes und der Wissensvermittlung über kindliche Bedürfnisse beispielsweise, und der Förderung von Kompetenzen, im Sinne des Trainierens
von Basiskommunikationselementen und Erziehungskompetenzen (siehe Kapitel
4.4.2 und 4.4.4). Womöglich hängt die Positionierung auch bei VHT davon ab, welches
Anliegen und welche Bereitschaft, in die Tiefe zu gehen, das Gegenüber mitbringt und
andererseits, welche therapeutische Qualifikation der*die Beratende mitbringt. Theunissen, der bestimmte Methoden aus ihrem Wesen heraus zwischen Beratung und
Therapie einordnet, tut dies auch im Fall von Marte Meo (2021: 223ff.) – was eine
ähnliche Einordnung von VHT nahelegt. Die Einordnung in Coaching und Supervision
könnte derweil vom Setting abhängen. Die Einzelberatung von Fach- und Führungskräften mithilfe von VHT kann vor diesem Hintergrund berechtigt als VHT-Coaching
betitelt werden, genauso wie die Begleitung von Teams, insbesondere von VHT-Aus-
bildungsgruppen, als VHT-Supervision bezeichnet werden kann. Die Einsatzmöglichkeiten werden im Verlauf des fünften Kapitels konkretisiert. Das vorliegende Kapitel
möchte derweil mit dem Verweis enden, dass die differenzierte Auseinandersetzung
mit den Titeln von VHT und den Kriterien der jeweiligen Formen noch ausstünde.

4.3 Historisch-organisationale Einordnung

Angestoßen durch den technologischen Fortschritt in puncto Videoaufzeichnung entwickelte sich VHT in den 1970er Jahren auf zweierlei Bahnen. So ermöglichte sie dem
Humanethologen Trevarthen erste Bild-für-Bild-Analysen im Rahmen seiner

Forschung über die Interaktion zwischen Müttern und Babys zu erstellen (siehe Kapitel 4.3.4). Parallel und sich später hierauf stützend, begründete sich aus der Praxis einer Kinder- und Jugendhilfeeinrichtung in De Widdonck in den Niederlanden die Nutzung von Videobildern zur Elternaktivierung. (Schepers; König 2000: 12f.) Die Begründer*innen Harrie Biemans und Maria Aarts, entwickelten gemeinsam die sogenannte O-RION-Methode und später hieraus die beiden Richtungen Video-Home-Training und Marte-Meo (Bremeyer 2020: 8). Mit dem staatlichen Auftrag, VHT in den Niederlanden als Hilfeform zu implementieren, gründete Biemanns SPIN (Stichting Promotie Intensieve Thuisbehandeling Nederland) (Gens 2020: 10).

Die durch kleine und portable Kameras gewachsene Möglichkeit, Familien im ‚Home' aufzunehmen und hilfreich vor Ort zu unterstützen, verlieh der Methode zunächst ihren Namen, während heute bewusst der Titel ‚VHT' genutzt wird, um dem gewachsenen Adressat*innenkreis Rechnung zu tragen. (Gens 2020a: 11) Die Einsatzbereiche haben sich im Verlauf weiterentwickelt und ausdifferenziert (Goltsche; Rössel 2009:10), auch über die Grenzen der Kinder- und Jugendhilfe hinaus. VHT wird zu diagnostischen Zwecken, für Prozesse mit Fach- und Führungskräften, mit Teams, in Schule, Kindertagesstätte, Frühförderung, Pflege und Altenhilfe, Eingliederungshilfe und als Kursangebot praktiziert (SPIN DGVB o.J.c: o.S.). Dabei scheint VHT sich auf Ebene der Praxis zunehmend neue Settings anzueignen, wie beispielsweise das Feld der Lese-Rechtschreibschwäche (Gaida 2016: 33), die Paarberatung (Fiung 2020: o.S.), das Bewerbungstraining (Sanne 2009: 127ff.), sowie der Fach- und Hochschulkontext mit angehenden Pädagog*innen (Schlömer 1999: 281; Balzer et al 2021: o.S.). VHT findet sich überdies auch international wieder, die Urform VHT wird – meist unter der Überschrift VIG unter anderem in den USA, Finnland, Tschechien, Rumänien, Dänemark und Ungarn praktiziert (CVIG o.J.: o.S.). Kennedy erwähnt weiterhin Praktizierende in Griechenland, Equador, Frankreich, Mexiko, Australien und Malta (2015: 34). Am Beispiel von Großbritannien zeigt sich, ähnlich wie in Deutschland, dass mehrere Linien nebeneinander bestehen können. Dort besteht die Methode als VIG (Video Interavtion Guidance) (Kennedy 2011: 22) zu der der Ansatz des VERP (Video Enhanced Reflective Practice) zählt (Kennedy; Landor; Todd 2015: 19), darüber hinaus gibt es VIPP (Video-Feedback-Intervention zur Förderung positiver Elternschaft), eine ebenfalls in den Niederlanden entstandene Videoschule (The Tavistock an Portman NHS Foundation Trust o.J.: o.S.).

Nach Deutschland übertrug sich die Methode in den 1990er Jahren, sodass SPIN Deutschland sowie erste Landesverbände gegründet wurden. SPIN DGVB e.V., die Deutsche Gesellschaft für Videobasierte Beratung, organisiert sich als gemeinnütziger Verein über die Organe einer Geschäftsführung, einer jährlichen Hauptversammlung, einem Vorstand und den Gremien „Ausbildungskommission, Zertifizierungskommission, Fachbeirat [und] Masterclass-Treffen" (SPIN DGVB o.J.a: o.S.). Sie vertritt VHT nach außen und bezweckt die Qualitätssicherung, Weiterentwicklung, Vernetzung zugunsten der „Förderung und Verbreitung der videobasierten Beratungsmethode VHT" (SPIN DGVB 2020: 1). Die wachsende Gesellschaft zählt über tausend ausgebildete VHT-Professionals (SPIN DGVB o.J.a: o.S.). Die aktuell insgesamt sechs

Landesverbände stellen über 30 VHT-Ausbilder*innen zur Verfügung, welche wiederum von derzeit sechs ernannten Masterclass-Ausbilder*innen ausgebildet werden (SPIN DGVB o.J.a: o.S.).

SPIN DGVB e.v. bietet die VHT-Ausbildung in Form von vier Weiterbildungsmodulen an. In einem eintägigen Basiskurs können Grundinformationen erworben werden, während das Practitioner-Modul sämtliche Grundlagen und Fertigkeiten vermittelt. Das Guide-Modul vertieft diese und ermöglicht bereits eigene Analysen und Anwendungen im Arbeitsfeld, während das Coach-Modul die Beratungskompetenz und die eigene Gestaltung von VHT-Prozessen schult. (SPIN DGVB 2017: 6ff.) Vom Practitioner-Modul an gehe es für angehende VHT-Professionals darum, ins „eigene Tun [zu kommen und durch erfahrene VHT-Ausbilder*innen] motivierend begleitet [zu werden]" (SPIN DGVB o.J: o.S.). Von Beginn an arbeiten die Auszubildenden daher an eigenem Videomaterial aus ihrer Praxis und sind in ständiger Supervision (SPIN DGVB 2017, 6ff.). Seit 2017 ist die etwa zweijährige Ausbildung auch in Form eines Master-Kontaktstudiengangs zu erwerben, welches mit 22 ECTS in Masterstudiengängen in Europa anrechenbar ist (SPIN DGVB o.J: o.S.).

Seit 2018 ist VHT Mitglied der DGSF (Deutsche Gesellschaft für Systemische Therapie, Beratung und Familientherapie), anerkannte systemische Beratungsform sowie in der Fachgruppe ‚Videobasierte Beratung' gemeinsam mit unter anderem Marte Meo organisiert (Gens 2020b: 185; DGSF o.J.: o.S.).

4.4 Das theoretische Gerüst: Das VHT-Säulenmodell

Wels, Jansen und Kreuzer formulieren, dass VHT insbesondere in seiner Entstehung „durch reflektierende Erfahrungsprozesse entwickelt [wurde]" (2000: 277). Eine Fundierung durch theoretische Bezugspunkte wurde in einem zweiten Schritt angegangen. Zu strukturieren versuchten unter anderem Schepers und König jene Bezüge, indem sie sie den drei Überschriften Home, Training und Video zuordneten. Darüber hinaus beschrieben sie den theoretischen Rahmen in einem Eckpfeilermodell, welches sich aus Ethologie, Kommunikationswissenschaften, Psychologie sowie Pädagogik speist. (2000: 55ff.) Die vorliegende Arbeit möchte, der reflexiven Weiterentwicklung aus der Praxis folgend, die VHT-Theorie entlang eines Säulenmodells beschreiben, welches aus der Ausbildung von VHT-Professionals mittlerweile Eingang in die Fachliteratur zu finden scheint und eine Möglichkeit zur Strukturierung bietet. VHT basiert, wie in der Abbildung sichtbar, zunächst auf vier Säulen (Kröner 2016: 116; Pala 2018: o.S.).

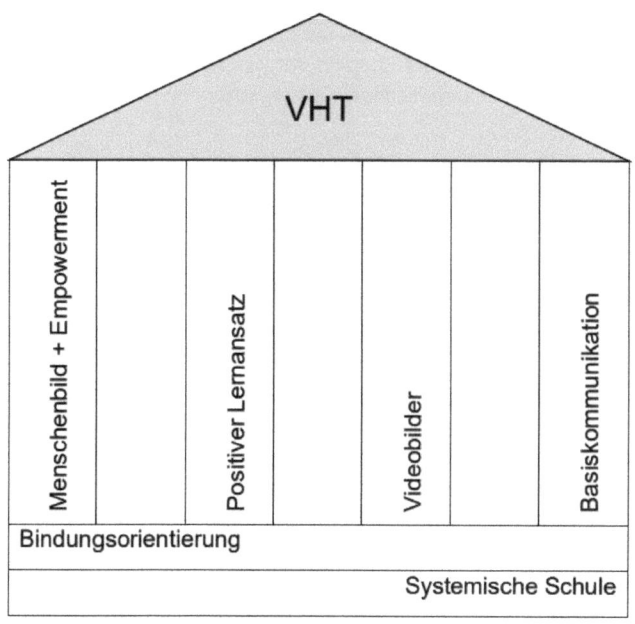

Abbildung 4: Säulen des VHTs, eigene Darstellung in Anlehnung an Pala 2018: o.S.

4.4.1 Erste Säule: Menschenbild und Empowerment

Die erste Säule des VHTs stellt dessen humanistisches Menschenbild dar, eng verwoben mit dem Empowermentansatz, der Ressourcen- und Lösungsorientierung, zu welchen sich die Methode weiterhin bekennt.

Die Suche nach dem Menschenbild des VHTs scheint zunächst zu offenbaren, was bereits Leist feststellt; es wird angedeutet aber nicht weiter konkretisiert (2003: 233). Dennoch trägt sie aus verschiedenen Aufsätzen die Annahmen des VHTs zusammen, dass „1. Väter und Mütter […] den Wunsch [haben], gute Eltern zu sein [,] 2. Sie […] die grundsätzliche Fähigkeit dazu [haben,] 3. Kinder und Eltern […] nicht den negativen[,] sondern den positiven Weg wählen, wenn er ihnen offen steht" (Leist 2003: 233). Weiter stellt sie fest, dass VHT eine Nähe zur Klient*innenzentrierten Gesprächstherapie nach Rogers aufzuweisen scheint (2003: 207), welcher neben unter anderem Maslow eine*n der Pionier*innen der humanistischen Psychologie darstellt. Jener benennt Kongruenz, bedingungslose positive Zuwendung, empathisches Verstehen und Akzeptanz als bedeutende Haltungen sowie Wirkfaktoren von Gesprächen (Rogers 2006: 276f.). Begleitung, die unter diesen Bedingungen stattfindet, ermöglicht dem Menschen sich zu verwirklich, denn

„[er] besitzt die Fähigkeit und hat die Tendenz, sein Selbstkonzept zu reorganisieren, [so]dass es kongruenter mit der Ganzheit seiner Erfahrung wird, so dass [er] sich von einem Zustand der psychischen Fehlanpassung zu einem Zustand der psychischen Ausgeglichenheit entwickelt" (Rogers 2009: 55).

Die humanistische Schule schreibt dem Individuum also eine sogenannte Aktualisierungstendenz zu, ein Streben nach Selbstverwirklichung und sinnvoller Weiterentwicklung. Er ist dabei in seiner Ganzheit und Einzigartigkeit zu betrachten – um nur einige wenige Aspekte der Humanistischen Schule zu benennen. (Helle 2019: 67f.)

Weiterhin soll Empowerment Teil der Haltung im VHT sein (Gens 2020a: 14). Ohne ausführlich auf die Genese und Axiome des Ansatzes eingehen zu können, sei hier eine Definition von Herringer zur Verfügung gestellt:

„Empowerment beschreibt Mut machende Prozesse der Selbstbemächtigung, in denen Menschen in Situationen des Mangels, der Benachteiligung oder der gesellschaftlichen Ausgrenzung beginnen, ihre Angelegenheiten selbst in die Hand zu nehmen, in denen sie sich ihrer Fähigkeiten bewusst werden, eigene Kräfte entwickeln und ihre individuellen und kollektiven Ressourcen zu einer selbstbestimmten Lebensführung nutzen lernen. (2020: 20)

Von den vier Anwendungsebenen des Empowerments, mit einzelnen Personen, mit Gruppen, Institutionen und Gemeinde (Stimmer 2012: 160ff.), scheint VHT die beiden ersten zu bespielen. Nach Gens verfolgt VHT das handlungsleitende Konzept mit seinem Aktivierungsprinzip, welches sie wie folgt zusammenfasst. Selbstbefähigung beginnt für sie bereits im Formulieren der Hilfefrage, welche sich an den Wünschen und Zielen der Adressat*innen orientiert. Durch aktivierende Fragen in der Rückschau, lässt VHT das Gegenüber weiterhin seine Lösungen selbst entdecken. (Gens 2020: 14) Sind die eigenen Kompetenzen und Ressourcen via Bildmaterial erst einmal wiederentdeckt, erhofft sich die Methode einen „'Ausstrahlungseffekt' […]: Eltern und Fachkräfte bekommen den Mut, sich neuen Aufgaben zu stellen oder Liegengebliebenes anzupacken" (Gens 2020: 14). VHT formuliert für sich den Vorsatz ,Aktivieren statt kompensieren', was ter Horst in seiner Grafik verdeutlicht. „Mit zunehmender Dauer und zunehmenden Fähigkeiten der Familien sollen die kompensierenden Hilfen ab- und die aktivierenden Anteile der Hilfe […] zunehmen" (2009: 16).

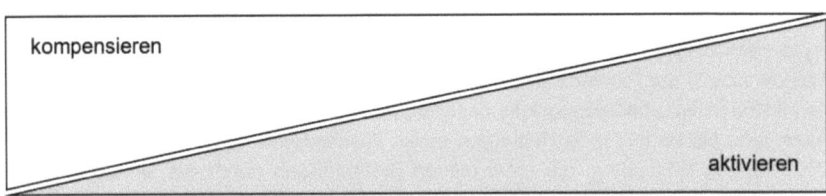

Abbildung 5: Aktivierungsprinzip des VHTs nach ter Horst 2009: 16

Diesem Aktivierungsprinzip unterliegen auch jeweils die fünf Interventionsfelder, welche VHT in Form eines Trajektplans in der Begleitung des Gegenübers skizziert (AIT; Eliëns 2020: 52f.; Dekker 1999: 104).

> „I. Basiskommunikation in der Familie [beziehungsweise] Gruppe
> II. Tägliches Familien- und Gruppenleben
> III. Entwicklung der Kinder
> IV. Entwicklung der [Erziehenden]
> V. Gesellschaftliche Integration/Teilhabe" (ter Horst 2009: 17)

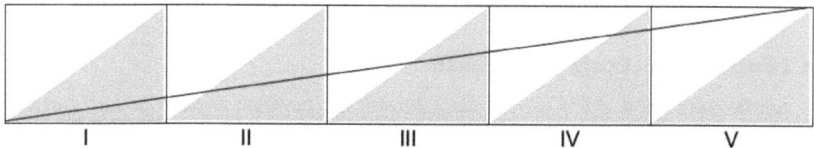

Abbildung 6: Prinzip ‚aktivieren statt kompensieren' im Trajektplan nach AIT; Eilens 2020: 53

Aus den beiden vorangegangenen Ansätzen geht weiterhin die Annahme hervor, dass „alle Menschen Ressourcen haben, die es zu entdecken und zu entwickeln gilt" (Gens 2020a: 14), welche auch VHT betont. Ressourcenorientierung meint die Kernüberzeugung, dass Ressourcen Potenzial bedeuten und dass jeder Mensch welche besitzt (Webers 2020: 230). Sie zu stärken heißt, den Fokus „auf jedes Quäntchen gelingendes Leben aufmerksam zu machen, [den] Blick auf Bewältigtes, auf Fähigkeiten, auf kleine Erfolgserlebnisse zu lenken" (Schwing; Fryszer 2013: 50). Eng hiermit zusammen hängt die Lösungsorientierung, zu deren Beschreibung sich Leitsätze und Prinzipien der lösungsorientierten Kurzzeittherapie eignen. Es gelten unter anderem die Grundsätze „Was nicht kaputt ist, muss man auch nicht reparieren. [...] Das, was funktioniert, sollte man häufiger tun. [...] Wenn etwas nicht funktioniert, sollte man etwas anderes ausprobieren" (de Shazer, Dolan 2013, 23ff.). Hierzu könnten bereits kleine Schritte große Veränderungen einleiten. Für Helfende ergibt sich, nach früheren Lösungen zu suchen, nach Ausnahmen des Problems zu fahnden – in der Annahme, dass kein Problem durchgehend besteht –, Fragen zu stellen anstatt Anweisungen zu geben und jene zukunftsgerichtet zu formulieren. (2013: 24ff.) Gerade letzteres löst VHT durch sein professionelles Rollenverständnis ein: „[VHT] does not propose that professionals teach parents how to interact with their children, but rather how to learn from their own experience, leading them to reflection" (Dantas dos Santos; Brazorotto 2017:3).

Eine Einordnung von Cross und Kennedy scheint auch dieses Kapitel zusammenfassen zu können: „What all these approaches have in common is ‚hope' for a better future' (Cross; Kennedy 2011: 79). Der Rückblick auf die vergangenen Ausführungen erlaubt den Eindruck, dass die erste Säule auch insgesamt als Säule der Grundhaltungen im VHT oder als VHT-Philosophie betitelt werden könnte. Auch Kennedy und Landor formen eine solche Art Säule von Werten und Überzeugungen, welche hier abschließend und zusammenfassend aufgeführt werden kann. Zu deren ‚values' zählen sie „Respect, Trust, Hope" und ferner „Compassion, Cooperation, Appreciation, Connections [and] Empathy" (2015: 20). Als ‚beliefs' führen sie folgende auf:

- „Everybody is doing the best they can at the time
- All people, even in adverse situations, have the capacity to change
- People have an innate desire to connect with others
- People must be actively involved in their own change process
- Affirmation and appreciation of strengths is the key to supporting change
- Recognition an empathetic regard for what people are managing builds trust" (Kennedy; Landor 2015: 20)

4.4.2 Zweite Säule: Positiver Lernansatz

Die zweite Säule des VHTs wird in der Literatur als positiver Ansatz bezeichnet und meint, „ausschließlich mit Bildern gelungener Situationen zu arbeiten und diese [...] aktivierend und ressourcenorientiert auszuwerten. Dies ist ein unverzichtbarer Grundsatz" (Gens 2020a: 11). Diese Haltung rührt von der Überzeugung, dass dies nachhaltiger, motivierender, aktivierender sei und größeren Lernerfolg herbeiführe, als negatives Feedback (11). Um diese Säule von der ersten Säule zu differenzieren, gibt sich die vorliegende Arbeit die Erlaubnis, sie als ‚positiver Lernansatz' zu betiteln, um ihr die zugrundeliegenden Lerntheorien des VHTs zuordnen zu können. Schepers und König legen VHT unter anderem Banduras sozial-kognitive Lerntheorie zugrunde und transferieren, inwiefern VHT das von ihm beschriebene Lernen am Modell einlöst (2000: 95f.).

Nach Bandura werden die meisten Verhaltensweisen der Menschen durch Beobachten eines Modells erlernt, was Lernprozesse im Übrigen auch verkürzt und vereinfacht. Diese Beobachtungsprozesse sind in die vier folgenden Teilprozesse aufgegliedert (Bandura 1979: 31f.). Im *Aufmerksamkeitsprozess* geht es darum, das Modell aufmerksam zu beobachten. Auf welche Details selektiv geachtet wird, hängt von beobachtender Person ab. Und ob sie überhaupt beobachtet, hängt davon ab, wie motivierend beziehungsweise gewinnend das Modell für den*die Lernende*n ist. (Bandura 1979: 33) VHT sucht in dieser Phase, die Aufmerksamkeit auf relevante und gelingende Momente zu fokussieren (Schepers; König 2000:96). Im Behaltens- beziehungsweise *Erinnerungsprozess* wird das Beobachtete codiert in Vorstellungen und Symbolen im Gedächtnis abgespeichert, wobei Wiederholung diesen Speicherschritt verstärken kann (Bandura 1979: 34f.). VHT arbeitet vor diesem Hintergrund auch mit regelmäßigen Rückschauen und darin mit Wiederholung und Vertiefung des Gelernten (Schepers; König 2000:96). Im dritten Schritt, der *motorischen Reproduktion,* geht es darum, die codierten Beobachtungen in angemessenes Handeln zu übersetzen und umzusetzen. Dabei werden die Nachbildungen immer wieder nochmals korrigiert. Im *motivationalen Prozess*, dem vierten Teilprozess, beobachtet Bandura, dass „Modellierung durch Bekräftigung des Nachbildungsverhaltens zunimmt" (1979, 38). Hierzu scheint VHT bereits Vorstufen des erwünschten Verhaltens zu würdigen, indem es

Teilschritte in dessen Richtung benennt, es verstärkt also bereits früh positiv, um sein Gegenüber zu motivieren (Montag 2022, o.S.).

Nun nutzt VHT eine spezielle Form des Modelllernens, das Lernen am eigenen Modell. Hierzu greift die Methode auf Dowricks Konzept des *Video-Self-Modelings* zu (Gens 2020a: 18). Der Clou ist nach Dowrick, – Banduras Modellernen im Hinterkopf – dass die lernende Person und die attraktive Modellperson, „object and subject, are the same person" (Dowrick 2011: 31). „[O]bserving a self model should provide an opportunity to register or encode [future] behaviour and to recognize one's potential to reach a valued goal" (Dowrick 2011: 31). Dabei unterscheidet er zwei Varianten des Video-Self-Modelings, das Positive Self Review und das Feedforward (34). Jene haben sich auch in der Anwendung von VHT als die beiden wesentlichen Vorgehensweisen etabliert, unter den Namen Feed Back und Feed Forward (Gens 2016b: 51). Erstere Gangart spiegelt bereits entwickelte Kompetenzen und Ressourcen positiv zurück, um sie zu verankern, zu verstärken und in stärkerer Frequenz anzuwenden (Dowrick 2011: 34). Das Feed Forward schafft Zukunftsbilder im Sinne von ‚So wird es aussehen, wenn Du Dein Ziel erreichst'. Es stellt „Videofragmente so zusammen, dass sie das gewünschte Verhalten beziehungsweise die gewünschte Situation bereits abbilden". (Gens 2016b: 51) Dowrick untersuchte in mehreren Settings, wie unter anderem im Schulkontext oder bei Kindern mit Beeinträchtigungen, wie das wiederholte Ansehen solcher kurzer Videozusammenschnitte eines erwünschten, eigenen Verhaltens sich auswirkt. Er stellte schnelle, effiziente und große Erfolge des Gegenübers fest, auch im Vergleich zu anderen (mitunter psychotherapeutischen) Verfahren. Diese Wirksamkeit schreibt er der Selbstwirksamkeitstheorie von Bandura zu. (Dowrick 2011: 30ff.)

Abseits der Theorien zum Modelllernen, nutzt auch VHT selbst jenes Konzept der *Selbstwirksamkeit*. Es gehe im VHT ganz zentral darum, dass das Gegenüber sich mithilfe der gelungenen Videobilder (wieder) als selbstwirksam erlebt (Heimbürger 1994: 11). Es beschreibt eine Kompetenzerwartung beziehungsweise Selbstwirksamkeitsüberzeugung von Menschen, als eine Art optimistische Gewissheit, dass entgegenkommende Herausforderungen durch eigene Fähigkeiten bewältigt werden können. Dies kann durch vier Quellen gesteigert werden. Als stärkste Quelle fördern eigene Erfahrungen und Erfolgserlebnisse die Selbstwirksamkeitserwartung. (Franzen 2021: 32, 45) VHT hält diese fest, macht sie groß und verstärkt sie am Bildmaterial (Breier 2016: 14). Die zweitstärkste Quelle ist die stellvertretende Erfahrung, im Sinne des Modelllernens (Franzen 2021: 46), welches VHT wie bereits beschrieben ebenso bespielt. Die dritte Quelle stellen sprachliche Überzeugungen dar: Wenn andere ihr Zutrauen in die Fähigkeiten der Person aussprechen, kann dies ebenso die Kompetenzerwartung fördern (Franzen 2021: 47). VHT löst diese verbale Ermutigung durch seine konsequent zutrauende und bestärkende Haltung ein (Breier 2016: 15). Viertens entsteht Selbstwirksamkeit da, wo eine Person sich nicht durch Stressgefühle angesichts der Herausforderung abschrecken lässt, sondern sie neu bewertet (Franzen 2021: 47). Die VHT-Rückschau in wohlwollender Atmosphäre ermöglicht eine solche Neubewertung aus der Ruhe heraus und mit Distanz (Breier 2016: 15).

Im Lernprozess sollen darüber hinaus Prinzipien des Shapings gelten, im Sinne eines schrittweisen Lernens und Umstrukturierens (Schepers; König 2000: 97) – näher wird dies in der Fachliteratur des VHTs allerdings nicht beleuchtet oder zumindest dessen Herkunft benannt. Darüber hinaus wird die Attributionstheorie von Heider, Kelley oder Försterling als weitere Lerntheorie aufgeführt, auf die sich VHT stützt. VHT ermögliche über Re-Attribution, also über positive Neubewertung von Verhaltens- und Ursachenzuschreibungen, Verhaltensänderungen. (Schepers; König 2000: 99ff.) Ohne auf diese Ansätze ausführlicher eingehen zu können, seien sie hier im Zuge der Vollständigkeit zumindest benannt.

4.4.3 Dritte Säule: Einsatz von Videobildern

Der Einsatz von Video als Medium ist zentral im VHT. Dabei fungiert es in erster Linie als Feedbackinstrument, nur in speziellen Rahmen (siehe Kapitel 5.4) als Diagnostikinstrument. (Schepers; König 2000: 108) Vor diesem Hintergrund ist die Qualität der Aufnahmen entscheidend (Schepers 1999: 125). Dem VHT-Professional stehen auf Ebene der Aufnahme verschiedene Techniken zur Verfügung: Während der Longshot, das Filmen eines größeren Spektrums, das Verfolgen von gesamten Interaktionssituationen einfängt, lenkt der Medium-shot den Fokus auf die Gefilmten, sodass ihre verbale und nonverbale Kommunikation und Beziehung näher betrachtet werden kann. Das Close-up nimmt einzelne Personen von Nahem auf und erlaubt so eine detaillierte Bildanalyse. Die Entfernung korreliert tendenziell mit der emotionalen Erregung des Gegenübers und macht sie so zu einem Element, das VHT-Professionals auch gezielt einsetzen können. (Schepers; König 2000: 42) Weiter stehen normaler Winkel, Vogelperspektive und Froschperspektive zur Verfügung. Auch dies können Professionelle für ihre Intervention nutzen, um Gefilmte gezielt groß und stark zu zeigen oder klein und weniger dominant. (43) Eine besondere Form des Filmens stellt die sprechende Kamera dar, hier geben Filmende bei Bedarf kurze wohlwollende Impulse, um in eine gelungene Interaktion zu begleiten (Gens 2020a: 19).

Die Aufnahmen werden außerhalb des Adressat*innenkontaktes zu einer passgenauen Präsentation (siehe Kapitel 1.1, 4.4.2, 4.4.4) zusammengeschnitten (Gens 2020a: 17). Hier stehen wiederum normaler Bildlauf, Zeitlupe und Zeitraffer zur Auswahl, wobei gerade zweiteres sich für die Mikroanalyse eignet und Emotionen befördert (Schepers; König 2000: 43). Standbilder im Sinne von Momentaufnahmen gliedern die Präsentation, halten die gelungensten Momente fest und werden teilweise als ‚Reminder' in ausgedruckter Form mitgegeben (Montag 2022, o.S.). Darüber hinaus wird teils mit Musik unterlegt, auch sie ermöglicht, Liebe, Spaß, Stolz und ähnliches hervorzuheben und schafft Tiefe, Genussmomente und emotionale Verankerung (Gens 2016b: 57).

Abseits des Blicks auf Videotechnik, stellt sich die Frage nach der Wirkung von Bildern. Sowohl VHT, als auch Marte Meo, führen Hüther an (Bünder; Sirringhaus-Bünder; Helfer 2015: 41; Gens 2016b: 55), welcher die Wirkung von Bildern im Gehirn anhand von ansprechenden Metaphern für Laien veranschaulicht, wie beispielsweise in

„Bedienungsanleitung für ein menschliches Gehirn" (Hüther 2016: o.S.). Die (Fach-) Öffentlichkeit warnt eindringlich vor Hüthers stark vereinfachten Darstellungen und verkürzten Schlussfolgerungen (von Wartburg 2014: 13ff.). Niklaus-Loosli greift neurobiologische Aspekte zwar auf, allerdings in Bezug auf die Interaktion vor Ort (2020: 32; 2019a: 181ff.). Das englischsprachige Äquivalent des VHTs betrachtet Neurobiologie ebenso unter dem Aspekt des Intersubjektivität (Cross; Kennedy 2011: 64ff.). Anstatt an dieser Stelle den Versuch zu starten, fachfremd die neuropsychologischen Wirkungszusammenhänge zwischen positiven Bildern und Lernen zu ergründen, möchte die vorliegende Arbeit vielmehr mit dem Hinweis auf diese Lücke dienen. Angesichts der vorgestellten Versuche, jene zu erklären, ist zu vermuten, dass die Fachliteratur Interesse an Erklärungen hat. Solche müssen aber mit aktuellen, validen, theoretischen und empirischen Erkenntnissen bestückt werden. Die vorherrschenden Wirkungsvermutungen seien dennoch benannt. Sowohl Gens (2016b: 55ff.), Cross und Kennedy (2011: 64f.), als auch Dowrick (2011: 34) führen das Spiegelneuronensystem an, „eine spezielle Form von Neuronen[,] im Präfrontallappen des Gehirns[, welche] nicht nur [feuern], wenn [Personen] selbst bestimmte Handlungen ausführen, sondern auch, wenn sie andere beim Ausführen einer Handlung beobachten" (Bayram; Zaboura 2006: 174). Beobachtendes Gehirn simuliert die motorische Aktion des Gegenübers (gegebenenfalls auf dem Bildschirm: „So erfahre ich in mir, was im[*in der] Anderen abläuft" (Bayram; Zaboura 2006: 180). Positive Anblicke und Bilder können mentale Zustände des Genusses bei Beobachtenden erzeugen (175).

Unabhängig der offenen Frage nach Wirkungszusammenhängen und Evidenzbasierung, scheinen im VHT feste Annahmen über Videobilder zu bestehen, die im Folgenden zusammengetragen werden sollen.

- „Ein Bild sagt mehr als tausend Worte" (Brümmer 2020: 63; Montag; Pala 2018c: o.S. nach Tucholsky 1926), wird in mehreren Kontexten immer wieder zitiert. Bilder sind *aussagekräftiger* als Worte und können Botschaften in konzentrierter Form darstellen (Schepers; König 2000: 110). Folgendes Beispiel scheint dies zu konkretisieren:

  > „Es ist ein Unterschied, ob ein[*e] Mitarbeiter[*in] beschreibt, dass das Kind sich wimmernd […] in den Schlaf schaukelt, […] oder ob eine kurze Videosequenz [davon] gezeigt wird. Plötzlich werden die Not dieses Kindes und sein Schmerz für alle Betrachte[nden] offensichtlich und selbst erfahrbar." (Brümmer; ter Horst 2009: 40)

- Bilder lösen *Emotionen* aus (Brümmer; ter Horst 2009: 39), sie lösen Spannung beziehungsweise Aufregung aus, fördern das eigene Erleben und die aktive innere Beteiligung des Gegenübers (Schepers 1999: 119; Schepers; König 2000: 118).
- Bilder und damit zusammenhängende Erkenntnisse prägen sich besser ein (Brümmer; ter Horst 2009: 39), bleiben in *Erinnerung* und können leichter wieder abgerufen werden (Schepers, König 2000: 111).
- Bilder sind konkret und *verständlich*, im Sinne von „annähernd unmissverständlich" (Schepers 1999: 119), kennen „keine doppelten, verborgenen Botschaften" (Wels; Oortwijn 1994: 96), bieten größtmögliche Neutralität und Objektivität (Wels;

Oortwijn 1994: 96; Schepers; König 2000: 111) und Übersetzungskraft. Insbesondere dann, wenn Sprachbarrieren (wie beispielsweise Fachsprache), kognitive und psychologische Barrieren (wie beispielsweise Widerstände) Hilfeprozesse hemmen. (Schepers; König 2000: 110f.)

- Bilder eröffnen *Gesprächs- und Reflexionsräume*. Sie helfen, über deren Bedeutung zu sprechen (Schepers 1999: 119) und ermöglichen den Betrachtenden einen schnellen, konkreten Zugang zum Thema (Brümmer; ter Horst 2009: 39). Es besteht eine zweite Chance, zuvor übersehenen Details der Interaktion Aufmerksamkeit zu schenken (Schepers; König 2000: 119), sie neu zu bewerten und einen Perspektivwechsel vorzunehmen (Gens 2020a: 10)

Und „gerade weil Bilder so ein mächtiges und starkes Instrument darstellen, müssen sie sachgerecht ausgewählt und präsentiert werden" (Brümmer; ter Horst 2009: 40). Dies wird auch als Begründung dafür angeführt, dass keine Videoszenen gezeigt werden dürfen, die vom Gegenüber „als misslungen erfahren werden könnten. Diese würden Noradrenalin und Cortisol freisetzen, die kurz- und langfristig zu Widerstand, Flucht oder Aggression führen" (Gens 2020a: 19), was Entwicklung verhindert. Es scheint also eine besondere Verantwortung mit der Nutzung von Bildmaterial einherzugehen. Auch König warnt vor der Nutzung des Videomaterials, welches nicht im Interesse des Gegenübers steht – dies könne die Arbeitsbeziehung zur*m Professionellen gefährden (König 1999: 133). Sie ist es, welche sich 1999 den rechtlichen Grundlagen von Videobildern annimmt und darauf aufbauend den ethischen Fragen, die sich für VHT ergeben. Dabei schneidet sie unter anderem die Themen Freiwilligkeit und Datenschutz an, sowie die Fragen ‚Was darf gefilmt werden?' und ‚Wie wird mit nachteiligen Aufnahmen umgegangen?'. (König 1999: 130ff.) Da sich die Veröffentlichungsmöglichkeiten von Bildmaterial seit der Jahrtausendwende stark verbreitet haben, scheint eine erneute Auseinandersetzung hier angezeigt zu sein.

4.4.4 Vierte Säule: Basiskommunikation

Zur Analyse der Videobilder braucht es die vierte Säule des VHTs, die Basiskommunikation. Jene gründet auf humanethologischen Erkenntnissen von vor allem vier Autor*innen, welche in den 1960er und 1970er Jahren durch die Möglichkeit von Videotechnik Mutter-Kind-Interaktionen beforschten (Wels; Jansen; Kreuzer 2000: 277). So stellte Trevarthen durch seine Forschungsreihe heraus, „that young infants could engage with affectionate speech and take part in conversational games by exciting and reacting to the emotive responses of a partner" (2011: 200) Sein Konzept der Intersubjektivität beschreibt unter anderen, dass bereits ein Säugling über ein Repertoire an Ausdrucksformen verfügt, auf das ein*e Erwachsene*r sensitiv reagiert und sich so beide aktiv, gefühlvoll und rhythmisch aufeinander einstimmen (Schepers; König 2000: 58f.). Papoušek und Papoušek stützen dies, indem sie Eltern und Babys sich einander ergänzende Verhaltensbereitschaften zuschreiben und die elterliche Früherziehung als unbewusst und intuitiv einordnen (Papoušek 1994: 31f.). Sterns Forschungen bekräftigen und ergänzen, dass das Repertoire des Babys ein angeborenes ist, kein erlerntes. Darüber hinaus ordnet er ein, dass Kleinkinder stimuliert und aktiviert werden wollen. (Stern 2006: 91ff.) König und Schepers fassen deren Erkenntnisse in drei Axiome zusammen:

- „Das Kind ergreift ständig spontane Initiativen, um Kontakt zu den Bezugspersonen aufzunehmen.
- Die Bezugspersonen bestätigen den Empfang der Initiativen regelmäßig.
- Die Bestätigung ruft neue Initiativen hervor, sodass Austausch stattfinden kann" (2000: 58)

Zudem gründet VHT und sein Blick auf Interaktion und Beziehung auf der Annahme, „dass jeder Mensch als soziales Wesen geboren wird [und] das Bedürfnis nach Kontakt hat" (Schepers; König 2000 nach Jacobson 1980: 65).

Abseits der ethologischen Erkenntnisse, scheint sich VHT auch auf kommunikationstheoretische Aspekte von Watzlawick und Jacobson zu stützen. So gilt nach ersterem der bekannte Grundsatz „Man kann nicht *nicht* kommunizieren" (Watzlawick 2016: 15) und „Man kann sich nicht *nicht* verhalten" (Watzlawick 2016, 13). Jedes Verhalten, von beiden Interaktionspartner*innen, ist aufeinander bezogen, einander beeinflussend und vor diesem Hintergrund für VHT bedeutend (Schepers; König 2000: 66f.). Dabei haben die Botschaften aneinander sowohl inhaltliche Aspekte, als auch Beziehungsaspekte und verlaufen auf verbale und nonverbale Weise (Watzlawick 2016: 13; 32), um nur einen Teil von Watzlawicks Axiomen anzuschneiden, welche VHT in seiner Betrachtung von Interaktion und Beziehung stützen (Schepers; König 2000: 68f.). Auch Jacobson schreibt in seinem Modell Kommunikation verschiedene Funktionen zu, relevant für VHT sind aber in erster Linie seine Ausführungen zur sogenannten phatischen Funktion von Kommunikation. Nach ihm verläuft diese über Grundmuster im Sinne von Kontaktritualen ab, welche kontakteröffnende, kontaktaufrechterhaltende und kontaktabschließende Funktionen übernehmen. (64f.)

Abseits dieses Kontaktritual bilden die Basiskommunikationsprinzipien das Werkzeug und nach Räder „das fachlich-inhaltliche Zentrum von VHT" (1999: 78). Jene wurden von den VHT-Pionier*innen in De Widdonck erstmals 1987 in ihre heute verbreitete Form gegossen. In tabellarischer Form wurde aus intensiver Videoanalyse heraus eine phänomenologische Auflistung von gelingenden und nicht gelingenden Kontaktmerkmalen gegenübergestellt. Hieraus wurden die sogenannten Basiskommunikationsprinzipien formuliert, also alle Aspekte, die aufeinander aufbauend in eine gelingende Kommunikation münden. (Gens 2016c: 41) Sie können nach Kreuzer „als Regeln verstanden werden, die VHT in der Familie verankern will" (1999: 380) und sind mit geringfügigen Abweichungen wie folgt in den VHT-Fachwerken vorzufinden:

1. *Initiativen folgen*: Erwachsene sind aufmerksam und verfolgen die Signale des Kindes mit freundlichem Gesicht, freundlicher Stimme und entspannter, zugewandter Körperhaltung.
2. *Empfang bestätigen*: Sie bestätigen Initiativen des Kindes, indem sie nicken, ‚ja' oder ‚mhm' sagen, mitmachen oder das Gesagte kurz wiederholen. Dies tun sie wiederum mit freundlichem Ausdruck.

3. *Zustimmendes Benennen*: Sie benennen die Interaktion zustimmend, benennen, was sie beim Gegenüber wahrnehmen, was um das Kind herum passiert und was sie selbst bewegt.
4. *Aufmerksamkeit verteilen*. Sie schauen in die Runde, sorgen für die Einhaltung der Reihenfolge, lassen jede*n gleichmäßig drankommen und beziehen in den Kreis mit ein.
5. *Positives Lenken und Leiten*. Sie geben Anleitung, Rückmeldung und Struktur, zeigen alternatives und erwünschtes Verhalten auf, regen zur Meinungsbildung an und verhandeln Absprachen. (Held 2009: 82; Schepers; König 2000: 35f.; Räder 1999: 78f.)

Diese Kontaktprinzipien, welche aus der Beobachtung von Eltern und maximal zwölfjährigen Kindern entstand, entwickelte Biemans weiter zu einem Video-Kontakt-Schema, welches auch Jugendliche und Erwachsene in ihrer Interaktion erfassen sollte (Gens 2016c: 43). Es verläuft wiederum über Kommunikationsbündel und ordnet ihnen jeweils eine Entwicklungsstufe in Altersjahren zu (Biemans 1994: 90). Welche Prinzipien welchem Entwicklungsschritt zugeordnet werden, kann der präzisen Darstellung des Video-Kontakt-Schemas im Rahmen der folgenden Abbildung entnommen werden. Gens plädiert für die Nutzung dieses Schemas in Abgrenzung zu anderen Auflistungen, da es sich unbegrenzt für weitere Zielgruppen einsetzen ließe und selbst kleinste Schritte in eine logische Reihenfolge bringe (2016c: 50).

BÜNDEL	MUSTER	ELEMENTE
1. Initiative und Empfang (0-6 Jahre)	aufmerksam sein	Anschauen Zuwenden Freundlicher Gesichtsausdruck Freundlicher Tonfall Freundliche Körperhaltung
	sich einstimmen	Folgen Kopfnicken „ Ja"-sagen Zustimmend benennen Mitmachen
2. Austausch in der Runde (6+)	Kreis bilden	in die Runde schauen in den Kreis einbeziehen Empfang bestätigen
	an die Reihe kommen lassen	du bist dran, ich bin dran, jeder ist gleichermaßen dran
	kooperieren	Zusammen handeln einander helfen
3. Gemeinsam beraten (12+)	Meinungsbildung	Meinung - äußern - annehmen - austauschen - untersuchen
	Inhalte	Themen - vorschlagen - ausarbeiten - verändern
	Beschlüsse fassen	Absprachen - vorschlagen - vereinbaren - verändern
4. Mit Konflikten umgehen (16+)	Gegensätze benennen	Absichten untersuchen
	Kontakt wiederherstellen	Zurückführen zu 1-2-3
	verhandeln	Standpunkte feststellen Regeln vereinbaren

Abbildung 7: Video-Kontakt-Schema: Merkmale gelungener Kommunikation nach Harrie Biemans 1994: 90

Die Basiskommunikationsprinzipien lassen sich im Übrigen dem Kontaktritual ange-lehnt an Jacobson inhaltlich zuordnen, so wie es beispielsweise Schepers und König tun.

Kontaktritual	Basiskommunikationsprinzip
1. Kontakt eröffnen	1. Initiativen folgen
	2. Empfang bestätigen
2. Kontakt aufrechterhalten	3. Zustimmendes Benennen
	4. Aufmerksamkeit verteilen
3. Kontakt abschließen	5. Positives Lenken und Leiten

Tabelle 5: Zuordnung der Basiskommunikationsprinzipien in das Kontaktritual nach Schepers und König 2000:39

Stimmen sich Interaktionspartner*innen in einen wechselseitigen positiven Austausch ein, durch die Anwendung der Basiskommunikationsprinzipien zum Zweck der drei obigen Axiome, „entsteht eine angenehme Interaktionsatmosphäre, in der die Synchronisation zwischen [den Partner*innen] zunehmend abgestimmter verlaufen kann" (Schepers; König 2000: 58). Dies wird im VHT Ja-Serie genannt. Hierin sieht Heimbürger den Anfang in einen positiven Beziehungsaufbau (1994: 11). Stroucken beschreibt weiter, dass sich Ja-Serien durch wachsende Entspannung, leichtere Initiativen, ein aufeinander Eingehen und Unterstützen beider Interaktionspartner*innen auszeichnen. Die Kommunikationssignale würden wie ein ständiges „Ja" zueinander sein, sodass der Umgang nicht zuletzt von beiden Seiten genossen werden kann. (Stroucken 1994: 13) Gegenteilig steht es um das negative Äquivalent, die Nein-Serie. „When communication has broken down, [people] sometimes give up making initiatives as there is either little contact, or one or both are making strong discordant initiative, that are either ignored or responded to in the ‚no-cycle'" (Kennedy 2011: 24). Kommunikation im Nein-Zirkel sind mit negativen Gefühlen der Interagierenden verbunden. Es wird Nein zueinander gesagt, von Abwenden und Wegsehen, unfreundlichem Tonfall bis hin zu auch abwertenden oder korrigierenden Kommentaren. (Schepers 1999: 115; Stroucken 1994: 13) VHT versucht durch das Sichtbarmachen von Elementen aus der Ja-Serie und durch das Aufmerksam machen auf Signale des Gegenübers wieder in den Yes-Circle zu überführen (Heimbürger 1994: 11; Kennedy 2011: 24).

4.5 Das weitere Fundament: Systemische Schule und Bindungstheorie

Das theoretische Grundgerüst von VHT baut neben den bereits beschriebenen Säulen auch auf ein Fundament in Form von der systemischen Schule sowie der Bindungstheorie (Gens 2020a: 14). Diese beiden Bezüge sollen das vorliegende Hauptkapitel abschließen.

4.5.1 VHT als systemische Beratungsmethode

Auch wenn VHT sich offiziell erst 2018 als systemische Methode unter dem Dach der DGSF ausweist, scheint seine Geschichte mit der systemischen Perspektive schon alt zu sein. So ordnen Schepers und König ein, dass VHT zu einem Zeitpunkt entstanden ist, in der sich die Fachwelt um systemisches Gedankengut drehte (2000: 53). Sie führen Bertalanffy und dessen Merkmale der Systemtheorie an. Im Sinne dessen Merkmals der Ganzheit beschäftigt sich VHT nicht mit einzelnen Mitgliedern eines Systems, sondern blendet das Ganze und den Kontext mit ein. Und zwar in deren wechselseitiger Interdependenz, denn „die Teile sind voneinander abhängig [und j]ede Veränderung eines Teils bringt Veränderung im gesamten System" (Schepers; König 2000: 53). Hiermit sprechen sie das VHT-Grundverständnis an, dass (Familien-)systeme wie Mobiles zu begreifen sind (Montag; Pala 2018a: o.s.; von Schlippe; Schweitzer 2016: 366), welche sich durch den Windhauch von lebenszyklischen Ereignissen (180) immer wieder verändern müssen, um ihr Gleichgewicht (die Homöostase) wiederherzustellen (93). Symptome, wie beispielsweise auffälliges Verhalten eines Kindes in Familien- oder Hilfesystem, haben grundsätzlich einen Sinn, bilden einen Lösungsversuch ab (Schwing; Fryszer 2013: 11) und weisen wie eine Art Signal auf Störungen in der Kommunikation des Systems (von Schlippe; Schweitzer 2016: 150, 101) hin.

Was macht VHT abseits dessen zu einer systemischen Beratungsmethode? Selbst seit seiner Anerkennung als solche von der DGSF scheint diese Frage bis auf wenige Gedanken von Gens (2020b: 186f.) noch nicht tiefergehend in Verbindung mit systemischem Fachwissen und dessen Vokabular gebracht worden zu sein. Jene deutet die Hinwendung des VHTs zu einem zirkulären Kausalitätsverständnis an, weg von verkürzten linearen Ursache-Wirkungs-Ketten (187). Zirkuläres Denken, im Sinne des Verstehens von Verhalten in kreisförmiger Wechselseitigkeit (von Schlippe; Schweitzer 2016: 205f.), scheint VHT also ebenso zu eigen zu sein. Zudem spricht sie Neutralität und Allparteilichkeit an, zwei weitere zentrale Haltungen systemischer Beratung (Gens 2020b: 186f.). Ersteres ist dann gelungen, wenn Beratene sich unklar sind, auf wessen Seite und zu welchen Ideen der*die Beratende steht. Allparteilichkeit meint die Fähigkeit Beratender, für alle Beratenen gleichgewichtig Partei zu ergreifen. (von Schlippe; Schweitzer 2016: 205f.). Wie steht es um die übrigen Säulen systemischer Beratung? Um eine Vielfalt von Sichtweisen auf das Beratungsthema zu bekommen, ist beispielsweise die Hypothesenbildung wichtiges systemisches Werkzeug. Bongard und Dahm-Heuer scheinen auch dies als Teil des VHTs zu begreifen, speziell im videobasierten Fallverstehen. „[Hypothesen], unterliegen der kontinuierlichen Überprüfung [und sind Teil eines] dynamische[n] Annäherungsprozess[es]" (Bongard; Dahm-Heuer 2020: 78). Sie werden aus den Videoaufnahmen gewonnen und ermöglichen immer wieder neue angepasste Perspektiven (77f.). Weiterhin scheint VHT auch einen systemischen Umgang mit Wirklichkeitskonstruktionen zu verfolgen. Von deren sogenannter Verflüssigung wird gesprochen, wenn Interventionen verengten Sichtweisen entgegensteuern möchten (Sirringhaus-Bünder 2011: 239). Es scheint sich hierbei um nichts anderes zu handeln, als um den viel benannten Perspektivwechsel und das Ziel einer gewissen „Umstrukturierung der Wahrnehmung" (Gens 2020a: 19). Hierzu werden nicht zuletzt auch systemische Techniken genutzt, wie beispielsweise zirkuläres Fragen („Wie geht es Ihrem Gegenüber dabei? Wie könnte das zusammenhängen?" (Gens 2016b: 53)) und Reframing im Sinne von Umdeutung am Bildmaterial (57).

Das Auflegen einiger systemischer Beratungsmerkmale auf die Methode VHT legt den Eindruck nahe, dass diese ohne merkliche Vorbehalte als systemische Beratungsmethode betitelt werden kann. Von Schlippe ist es, der den systemischen Ansatz der Videoberatung – hier in Form von Marte Meo – infrage stellt. Kernpunkt seiner Irritation ist, dass sie Vorstellungen und sogar ‚Checklisten' gelingender Kommunikation aufstellen. „Kann es so etwas geben wie die ‚gute', die ‚richtige' Kommunikation, wo es doch Kernpunkt systemischer Erkenntnistheorie ist, dass es nicht möglich ist, Aussagen zu machen, die ‚objektiv' und ‚richtig' sind?" (von Schlippe 2011: 242f.). Er wirft außerdem auf, ob die Einordnung als psychoedukativer Ansatz nicht passender wäre. Auch wenn VHT sich zum Ziel setzt, den Expert*innenstatus innerhalb der Beratung abzugeben und nicht direktiv sein möchte (Dantos dos Santos; Brazorotto 2017: 3), ist dies sicher auch für VHT ein zu prüfender Punkt. Dies scheint insgesamt für VHT als systemische Beratungsform zu gelten. Eine vertiefte Auseinandersetzung erscheint nach diesen kurzen Blitzlichtern lohnenswert.

4.5.2 Bindungs-, Bedürfnis- und Feinfühligkeitsorientierung

Weiterhin orientiert sich VHT an der Bindungstheorie und damit zusammenhängend mit dem Feinfühligkeitskonzept und dessen Fokus auf die Bedürfnisse des Gegenübers. Unter *Bindung* ist zunächst ein

> „lang andauerndes affektives Band zu ganz bestimmten Personen [zu verstehen], die nicht ohne weiteres auswechselbar sind, deren körperliche, psychische Nähe und Unterstützung gesucht wird, wenn [zum Beispiel] Furcht, Trauer, Verunsicherung, Krankheit, Fremdheit […] in einem Ausmaß erlebt werden, das nicht mehr selbstständig regulierbar ist" (Seiffge-Krenke 2004: 60).

Damit fasst Seiffge-Krenke die wichtigsten Merkmale von Bindungsbeziehungen zusammen, welche Bowlby als Pionier der Bindungstheorie aufstellt (2021: 23). Bindungsverhalten ist im Kleinkindalter besonders gut zu beobachten, den Menschen allerdings ein Leben lang eigen (Bowlby 2021: 23). Dem Bindungsverhalten steht dabei in Wechselwirkung das Explorationsverhalten des Kindes gegenüber. Neben seinem Bindungsbedürfnis und seinem damit verbundenen Suchen nach Nähe und Geborgenheit, entwickelt ein Kind zunehmend das entgegenstehende Bedürfnis, seine Außenwelt zu erkunden. (Brisch 2015: 38f.) Seine Bindungsperson fungiert hier als eine Art sicherer Hafen (Ainsworth; Wittig 2021: 113). Auf die Signale des Kindes reagiert sie idealerweise mit *Feinfühligkeit*. Das von Ainsworth entwickelte Konzept beschreibt Feinfühligkeit als „die Fähigkeit, das Befinden und die Bedürfnisse des Kindes a) wahrzunehmen, b) richtig zu interpretieren und c) prompt und d) angemessen darauf zu reagieren (Spangler; Reiner 2017: 33). Je feinfühliger der*die Erwachsene auf die Zeichen des Kindes reagiert, desto höher ist die Bindungsqualität (Brisch 2015: 36f.). Aus den Erfahrungen heraus, wie ihre Bindungspersonen für gewöhnlich auf ihre Bedürfnisse reagieren, verinnerlichen bereits Babys internale Arbeitsmodelle, welche das Verhalten beider Bindungspartner*innen vorhersagbarer macht (Brisch 2015: 37).

Diese Arbeitsmodelle, sind „in ständigem Gebrauch und werden ununterbrochen angewandt" (Neubert 2016: 30). Anfänglich noch flexibel, verfestigen sie sich mit zunehmendem Alter in Bindungsrepräsentationen und der*die Bindungssuchende erwartet seine Bindungserfahrungen nicht nur, sondern reproduziert sie auch mit neuen Gegenübern (Neubert 2016: 31).

Ainsworth und Wittig untersuchten in ihrem Fremde-Situation-Test Mütter und Babys in deren Bindungsverhalten und konnten aus ihren Beobachtungen vier Verhaltensmuster, entsprechend vier Bindungstypen, herauskristallisieren (2021: 112ff.). Sicher gebundene Babys, Kinder, Jugendliche und Erwachsene, haben die Erfahrung gemacht, dass feinfühlig auf ihre Bedürfnisse eingegangen wird. Ihr Bindungsstil kann lebenslang als Schutzfaktor angesehen werden (Brisch 2015: 40). Unsicher-vermeidende Menschen meiden es, Bindungsbedürfnisse zu zeigen, weil deren Bindungsperson nicht (zuverlässig) feinfühlig darauf reagierte (Neubert 2016: 37). Unsicher-verstrickte oder auch -ambivalente Personen sind sich nicht sicher, ob ihre Bindungsperson erreichbar beziehungsweise hilfreich ist und neigen zu Klammerverhalten, was ihre Exploration hemmt. Eine vierte Kategorie fasst desorganisierte, widersprüchliche Bindungsverhaltensweisen zusammen (Grossmann; Grossmann 2014: 160), welche unter anderem mit Sorge gegenüber der Bindungsperson (Neubert 2016: 41) und unverarbeiteten Traumata assoziiert werden (Brisch 2015: 95). Insgesamt sind Zusammenhänge zwischen Bindungsqualität und Psychopathologie zu erkennen, was beispielsweise Brisch darlegt (2015: 93ff.).

Nun bedient sich VHT offenbar nicht nur des Wissens über die Bindungstheorie, sondern begegnet ihr auf weiteren Ebenen. Einerseits scheint die Tatsache, dass Bindungsbedürfnis, -verhalten und -beziehung den Menschen „von der Wiege bis zum Grab eigen [sind]" (Bowlby 2021: 23) das Vorgehen der Methode zu legitimieren, den Blick gezielt darauf zu richten. Der Annahme Schleiffers folgend, dass es – zweitens – möglich ist, korrigierende Bindungserfahrungen zu ermöglichen, hin zu einer Verschiebung Richtung sicherer Bindung als Schutzfaktor (2014: 168ff., 241ff.), begründet das Ziel des VHT dazu, Bindung und Beziehung gezielt zu fördern. Und dies löst die Methode – drittens – über den Weg der Feinfühligkeitsförderung ein (Schepers; König 2000: 82). Während die frühe Fachliteratur diese Zusammenhänge noch nicht stringent herausstellte (Held 2009: 63; Schepers; König 2000: 76ff.), bietet die Ausbildungsliteratur konkrete Schlüsse an. So begreifen Montag und Pala beispielsweise Basiskommunikation, insbesondere in seinen ersten beiden Bündeln der Initiativenverfolgung und Empfangsbestätigung, als Feinfühligkeit selbst (2018b: o.S.). Indem also – viertens – Basiskommunikation und insbesondere der Blick auf das Bedürfnis bei Fürsorgepersonen geschult wird, wird Feinfühligkeit geschult. Hierzu initiiert VHT in seinem Vorgehen nicht zuletzt bindungsrelevante Situationen zwischen Kind und Erwachsenen (Montag; Pala 2018b: o.S.). Weiter postulieren Gens (2019: 1), Brümmer und Biener, es gehe im VHT darum, Bindung als „das unsichtbare Band sichtbar [zu] machen" (o.J.: 1).

Dies tut es nicht nur im schulenden, bestärkenden Sinne, sondern darüber hinaus auch – fünftens – videodiagnostisch (Schepers; König 2000: 76). Auch wenn sich VHT nicht als Ausführerin des videogestützten Fremde-Situation-Test sieht oder Videoaufnahmen anschließend mit Ainsworths Feinfühligkeitsskala (2021: 411ff.) auswertet, so nutzt sie doch „mikroanalytische Methoden [, um die interaktive Abstimmung mithilfe] Mimik, Gestik, Berührung, Augen- und Blickkontakt" (Brisch 2015: 112) und dadurch Feinfühligkeit und Bindungsqualität zu untersuchen (Biener; Brümmer 2020: 52). Es könnte sich somit in die beispielsweise von Brisch vorgestellten Verfahren der Bindungsdiagnostik einreihen (2015: 112ff.).

Sechstens, generiert die Bindungstheorie und das dazugehörige Feinfühligkeitskonzept die *Bedürfnisorientierung* des VHTs. Die Methode betont in seiner Herangehensweise, nicht das Verhalten des Gegenübers in den Blick zu nehmen, sondern vielmehr den Fokus auf die dahinterliegenden Bedürfnisse zu richten. Insbesondere auffälliges Verhalten ist vor diesem Hintergrund als Ausdruck innerer Not zu verstehen, als Signal dafür, dass aktuelle Grundbedürfnisse nicht befriedigt sind. (Montag; Pala 2018c: o.S.) VHT stellt sich im Prozess kontinuierlich die Frage, was das Gegenüber braucht (Reekers 2009: 58 Montag; Pala 2018b: o.S.). Die Grundbedürfnisse nach Maslow spielen vor diesem Hintergrund einen weiteren Orientierungspunkt dar (1978: 74ff.). VHT vertritt damit verknüpft auch die Auffassung Rosenbergs und seinem Konzept der achtsamen beziehungsweise gewaltfreien Kommunikation, welches besagt, dass Gefühle den Weg zu erfüllten und unerfüllten Grundbedürfnissen weisen (Rosenberg 2004: 26).

5 VHT im Kontext der stationären Erziehungshilfen

Nachdem vergangenes Kapitel einen tiefgehenden Einblick in die Methode VHT und ihre theoretische Rahmung bot, möchte das folgende seinen Blick auf die praktische Ebene lenken und die Anwendung im konkreten Arbeitsfeld der stationären Erziehungshilfe. Entstand VHT ursprünglich im Kontext stationärer Erziehungshilfe (Bremeyer 2020:8), so entwickelte sie sich dennoch – wie im vorangegangenen Kapitel sichtbar wurde – in erster Linie als ambulante Hilfeform weiter und jene beansprucht den Großteil der Fachliteratur. ‚VHT stationär' bildet sich in vergleichsweise wenigen Artikeln ab, sodass folgende Ausführungen mitunter durch Übertragungen aus anderen Handlungsfeldern auf den stationären Kontext erarbeitet werden müssen.

In stationären Hilfen scheinen offenbar verschiedene Anwendungen von VHT zu bestehen, welche von VHT zur Fachkräfteentwicklung, zu diagnostischen Zwecken, im Hilfeplangespräch, mit Kindern und schließlich mit Eltern reichen (Brümmer; ter Horst 2009: 42). Diese Anwendungssettings sollen dem vorliegenden Kapitel seine Struktur vorgeben. Vorab allerdings soll mithilfe einer Grafik ein Überblick über das videobasierte Arbeiten im Arbeitsfeld gewonnen werden. Angelehnt an Biener und Brümmer, stellt sich folgende Abbildung die Frage, in welchen Kontexten Videoaufnahmen (gräulich hinterlegte Felder) entstehen und in welchem Rückschausetting jene genutzt werden (2020:58). Es scheint sich zunächst eine Trennung vornehmen zu lassen in die

Nutzung von Bildern rund um den individuellen Hilfeprozess eines jungen Menschen und seiner Familie einerseits und Videoarbeit für Fachkräfte und deren Entwicklung andererseits. Genaue Zusammenhänge werden im Rahmen der Unterkapitel beleuchtet.

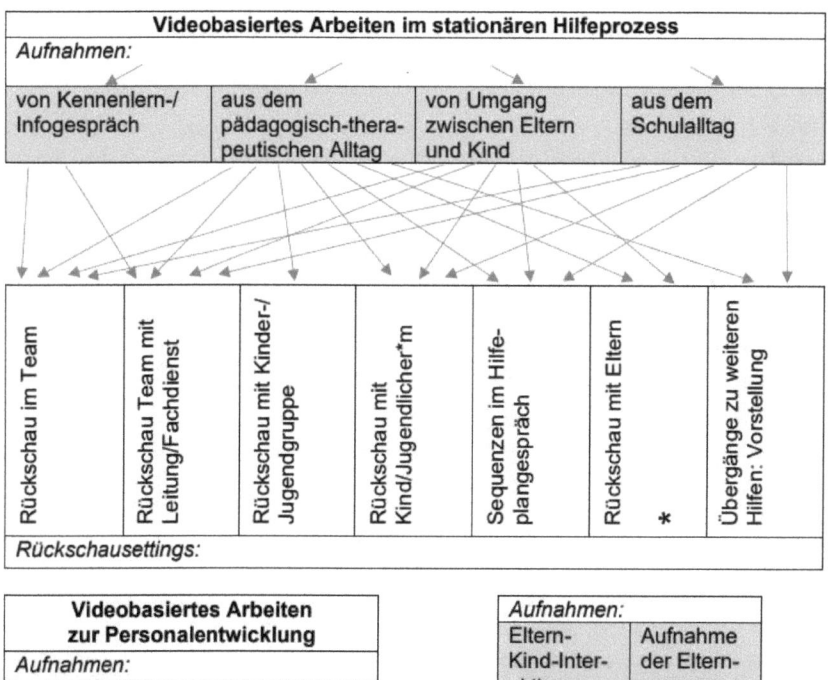

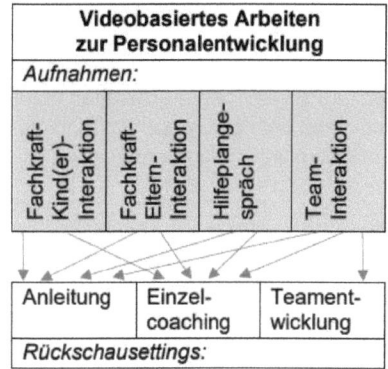

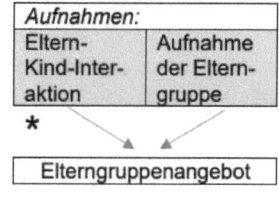

Abbildung 8: Videobasiertes Arbeiten im Kontext der stationären Erziehungshilfen, eigene Darstellung angelehnt an Biener; Brümmer 2020: 58

5.1 VHT mit Fachkräften

Zunächst soll VHT auf Ebene der stationär arbeitenden Fachkräfte betrachtet werden. Innerhalb der Grafik blicken folgende Ausführungen also auf den separaten Block ‚Videobasiertes Arbeiten zur Personalentwicklung'. Für professionelle Entwicklung von Fachkräften, in Anleitung, Einzelcoaching oder als Teamsupervision, können entsprechend den Pfeilen Aufnahmen aus Teaminteraktionen und Hilfeplangesprächen genutzt werden. Darüber hinaus auch Aufnahmen, welche betreffende Fachkräfte im Alltag mit den Kindern zeigen oder in Kommunikation mit Eltern.

Mit der Zielgruppe der Fachkräfte befindet sich die Arbeit in englischsprachiger Literatur auf dem Gebiet der VERP, der Video Enhanced Reflective Practice, als eine Schule des VIG (Kennedy; Landor 2015: 18). Videobasiertes Arbeiten mit Fachkräften, ob als VHT oder VERP, lässt sich zunächst wie folgt präzisieren.

„[It] is a method of professional development that focuses on enhancing attuned interactions[. It] supports individuals or groups to reflect on and develop their communication skills with their clients [through] the review […] of short video clips of one's own professional practice. The focus is on the practitioner's goal for change." (Kennedy; Landor 2015: 18f.)

Dabei kann sich die Methode flexibel an den individuellen Bedürfnissen des Gegenübers ausrichten. Dies gilt für das Rückschausetting, welches bedarfsgenau einzelne Fachkräfte, bestimmte Fachkraft-Konstellationen, Kernteams und multiprofessionelle Großteams einschließen kann. Und es gilt für den Prozess, hier kann sich VHT an sich verändernde Situationen, neue Fragestellungen und Parallelprozesse anpassen. (Goltsche 2020: 24ff.) Dabei besteht die Praxis, dass die kurzen Videoaufnahmen aus dem professionellen Alltag vom VHT-Professional gemacht wird (Goltsche 2020: 26) oder die Fachkraft selbst dies übernimmt (Kennedy; Landor 2015: 19). Auch der Prozess mit Fachkräften beginnt in einem Erstgespräch, welches die genaue Fragestellung bestimmt, bevor sich Aufnahme und Rückschau abwechseln. Fachkräften genügen laut Goltsche im Vergleich zum Familiensetting oft bereits drei bis fünf Einheiten und auch ihnen kann ein Follow-up nach sechs Monaten angeboten werden. (Goltsche 2020: 26).

Wie bereits angedeutet, kann VHT zunächst als *Einzelcoaching* von Fachkräften genutzt werden, welche „tägliche Herausforderungen und berufliche Konflikte an Lösungen und Ressourcen orientiert systematisch analysieren und meistern möchten" (Goltsche 2020: 25). Halm sieht im Einzelcoaching insbesondere die Möglichkeit, im Sinne von Selbsterfahrung, Kompetenzerweiterung und Schulung, die Fähigkeiten der Fachkraft bewusst zu machen und zu stärken (1999: 293f.). Darüber hinaus eignet sich das Setting, um neue Mitarbeitende einzuarbeiten und anzuleiten (Halm 1999: 293f.), gerade jene „may be searching for security and support" (Van Rosmalen; Kennedy 2015: 56). Als besonders zu beachten ist im Fachkraftprozess, dass das Gegenüber ebenfalls Fachlichkeit in den Prozess mitbringt, weswegen es als selbst verantwortlich für sein VHT angesehen wird. Darüber hinaus sind institutionelle Rahmenbedingen in Zusammenarbeit und Videoanalyse zu berücksichtigen, weil sie professionelles Handeln beeinflussen. Eine selbstkritische Haltung gegenüber dem eigenen beruflichen Handeln ist weiterhin charakteristisch, sodass der*die VHT-Professional achtsam intervenieren muss. Auch um mögliche Hemmfaktoren, im Sinne von Unsicherheit bezüglich dem gefilmt und vermeintlich bewertet zu werden oder Konkurrenzdenken, müssen VHT-Professionals wissen. (Halm 1999: 293f.) Weiterhin eignen sich Einzelprozesse speziell für *Führungskräfte* (SPIN DGVB o.J.d: o.S.). So halten beispielsweise Bach und Jacob fest, „Führen ist das Führen guter Beziehungen" (2020: 132) und schätzen ein, dass videobasierte Beratung Leitende dabei unterstützen kann, ihre Interaktion mit Mitarbeitenden zu analysieren, zu reflektieren und ihre Leitungs- und Kommunikationskompetenzen auszubauen (134f.). Gelingende Führungsinteraktion könne sich auf die Fachkraftzufriedenheit, deren Motivation, Arbeitsgesundheit und Leistungsfähigkeit positiv auswirken (133).

Darüber hinaus eignet sich VHT offenbar für die *Anleitung angehender Fachkräfte*. Für Auszubildende, Studierende sowie Praktikant*innen bietet sich hier einerseits ein Input oder eine Einführung in die Methode und insbesondere der Videoanalyse an (Elmer; Grundmann 2020: 148; Schlömer 1999: 285). Weiterhin kann auch hier die Form des Einzelsettings, ein eigener VHT-Prozess zu verschiedenen Zeitpunkten der Ausbildung Anwendung finden (Schlömer 1999: 281). Zur Indikation bestehen die unterschiedlichen Ideen, weit entwickelte „Auszubildende[…] weiter [zu] stärken, diejenigen mit vielen Lernpunkten [zu] unterstützen, ganz auf Freiwilligkeit [zu] setzen oder auch mal jemandem einen solchen Beratungsprozess [zu] ‚verordnen'" (Elmer; Grundmann 2020: 150). Das eigene pädagogische Handeln, Verhaltensweisen von Kindern und Jugendlichen sowie die Beziehung zu ihnen kann „viel anschaulicher, bewusster, objektiver und genauer" (Schlömer 1999: 283) für die Lernenden werden. Der Fokus liege darauf, sie in ihrem Lernprozess wertzuschätzen, bereits entwickelte Stärken und Fähigkeiten sichtbar zu machen und ihre Entwicklung zu würdigen (Elmer; Grundmann 2020: 150). So wird ihr professionelles Selbstbewusstsein gestärkt und auch mit Unzulänglichkeiten kann entspannter umgegangen werden (151).

Und zuletzt sei auch die Möglichkeit des VHTs mit einer Gruppe von Professionellen im Sinne von Teamsupervision zu beleuchten (Halm 1999: 295). VHT im Auftrag der *Teamentwicklung* scheint unter anderem Feyrer zu betreiben, welcher Teams über einen mehrmonatigen Prozess begleitet und schwerpunktmäßig deren Teamsitzung als zentralen Interaktions- und Treffpunkt mit VHT supervidiert. Wie wünschen wir uns Moderation? Wie werden Beschlüsse miteinander gefasst? (Feyrer 2020: o.S.) Was gelingt schon gut in unserer Besprechungskultur? Was benötigt das Team noch für eine gelingende Kommunikation? (Goltsche 2020: 25) Über Aufnahmen aus Teaminteraktionen hinaus, gibt es auch die Möglichkeit, Bilder aus dem pädagogischen Alltag zu nutzen, etwa wenn sich einzelne Mitarbeitende ein Feedback des Teams zum eigenen Handeln einholen möchten (Brümmer; ter Horst 2009: 44). Im Graubereich zwischen VHT zur Teamentwicklung und VHT zu diagnostischen Zwecken (siehe Kapitel 5.2) liegt wohl auch die Nutzung von VHT zur Entwicklung von fallunspezifischen, gemeinsamen Haltungen für den pädagogisch-therapeutischen Alltag. Auf Grundlage von Bildern aus dem Gruppenalltag können Reflexionsräume entstehen über die dort gelebten Werte und Kultur und für gemeinsame Strategien und Ideen (Forster 2015: 128ff.). Weitere Zwecke scheinen zu sein, emotionalen Support in besonders herausfordernden Gruppensituationen zu erfahren (Van Rosmalen; Kennedy 2015: 57), sich als Team zu stärken und Wertschätzung zu kultivieren (Forster 2015: 133ff.), wie in diesem Praxisbeispiel: „Staff reffered to seeing each other's strengths and what they were able to learn from differences in practice" (Forster 2015: 134). Auch die folgende Erfahrung konnte offenbar mit videobasierter Teamsupervision gemacht werden:

> „Several participants mentioned that their relationships within the team had strengthened as a result of this intervention, enabling them to be more open to each other […] [T]hey had become ‚closer‘, and […] there was […] now a shared vision for the whole [service]" (Jarvis; Lyon 2015: 42)

Ohne ausführlich weitere Annahmen über VHT zur Personalentwicklung aufzubereiten, welche im Fachdiskurs beschrieben werden, soll doch noch ein aktueller Gedanke benannt werden. So wird dieser Anwendung des VHTs von Harms-Maier und Niklaus-Loosli besondere gesundheitsfördernde Bedeutung zugesprochen im Sinne der Burnoutprävention (Harms-Maier 2020: 108; Niklaus-Loosli 2019: 136). Videobasiertes Arbeiten wird dabei auf theoretischer Ebene mit Salutogenese, auf praktischer Ebene mit Entschleunigung durch Basiskommunikation (Niklaus-Loosli 2019b: 136ff.) und Wiedereingliederung ins Berufsleben (Harms-Maier 2020: 108) in Zusammenhang gebracht.

5.2 VHT zu diagnostischen Zwecken

Ebenso überwiegend Fachkräfte betreffend, ist VHT zu diagnostischen Zwecken. Auf der Grafik befinden sich die dazugehörigen Felder unter der Überschrift des Videobasierten Arbeitens im stationären Hilfeprozess, weil sie im Vergleich zum Vorangegangenen auf die individuelle Hilfe eines konkreten jungen Menschen zielen. Aufnahmen aus dem Kennenlerngespräch, dem pädagogisch-therapeutischen Wohngruppenalltag, von Eltern-Kind-Interaktionen und dem Schulalltag des Kindes oder Jugendlichen können in verschiedenen Settings auf Fachkraftebene diagnostisch genutzt werden. Sowohl im Kernteam, als auch im multiprofessionellen Großteam mit etwa Leitung und/oder therapeutisch-beratendem Fachdienst und nicht zuletzt an Übergängen zwischen Hilfesettings.

VHT zu diagnostischen Zwecken – auch benannt als VHT im Diagnostikprozess (Biener; Brümmer 2020: 51), Videobasiertes Arbeiten in der Fallsupervision (Bünder; Sirringhaus-Bünder; Helfer 2015: 340) sowie Videobasiertes Fallverstehen (Bongard; Dahm-Heuer 2020: 74) – meint zunächst

> „Mitarbeite[nde] in der ressourcenorientierten Videoanalyse – mit dem Fokus auf Kommunikations- und Interaktionsmuster, Entwicklungsstand, Stärken und Förderbedarf des jeweiligen Kindes oder Jugendlichen – zu schulen und die Ergebnisse in der interdisziplinären Zusammenarbeit zu nutzen." (Brümmer; ter Horst 2009: 37)

Dabei sind zunächst die folgenden Intentionen zusammenzutragen.

- Auch in Abgrenzung zu VHT zur Personalentwicklung, macht sich Videomaterial zu diagnostischen Zwecken auf die Suche nach *Bedürfnissen*, Bedarfen und die sogenannten ‚special needs‘ der Kinder und Jugendlichen (Bünder; Sirringhaus-Bünder; Helfer 2015: 340). Jene werden in der Rückschau „anschaulich bearbeitbar" (Bünder; Sirringhaus-Bünder; Helfer 2015: 340). In der Nutzung von Videobildern ist also immer die eine Frage im Zentrum „Was braucht das Kind?" (Reekers 2009: 52) beziehungsweise ‚Was braucht unser Gegenüber?‘ Wenn für alle Fachkräfte klarer wird, was die Kinder und Jugendlichen eigentlich brauchen, würden mitunter „Situationen, in denen [sie] ausrasten, [minimiert werden]" (ter Horst; Brümmer 2009: 48).
- Weiterhin stellt ein Schwerpunkt dar, *Ressourcen* und Stärken ausfindig zu machen und herauszuarbeiten (Goltsche 2020: 29; Reekers 2009: 59). Biener und Brümmer betonen die Notwendigkeit, „auf die besonderen Stärken, Talente und Ressourcen von traumatisierten Kindern zu schauen, mit denen ein Ausgleich zu den belastenden Situationen geschaffen werden kann. Was macht den Kindern Spaß? Was können sie besonders gut? [...] Wann zeigt sich bei ihnen Lebensfreude und Glück?" (2020: 55) Die Beschäftigung mit Ressourcen auf Bildmaterial sorge für eine gemeinsame ressourcenorientierten Haltung zum jungen Menschen im Team (Reekers 2009: 55).
- Über die Suche nach den guten Gründen hinaus, wirft VHT zu diagnostischen Zwecken den Blick auch auf die *Qualität der Bindungsbeziehung* (Bongard; Dahm-Heuer 2020: 76). Hierfür scheinen sich – an Ainsworths Fremde-Situation-Test erinnernd – offenbar Begrüßungen und Verabschiedungen zwischen Eltern und Kind besonders zu eignen. Jene Szenen können nur in Kombination mit weiterem Wissen und Beobachtungen zu einer tragfähigen Diagnose eines bestimmten Bindungstyps führen. (Biener; Brümmer 2020: 52f.)
- Darüber hinaus bietet sich VHT zu diagnostischen Zwecken bei der Suche nach dem sogenannten *guten Grund* für zunächst unerklärliches Verhalten von Kindern und Jugendlichen an. Damit verweisen Biener und Brümmer in erster Linie auf traumatisierte junge Menschen, deren Verhaltensauffälligkeiten Fachkräfte ratlos zurücklassen und an ihre Grenzen bringen können. (2020: 54) Viel verschiedenes Videomaterial kann helfen, „herauszufinden, was genau die Kinder so aufgebracht hat und was letztlich der biografische Auslöser oder Trigger für einen Impulsdurchbruch war" (Biener; Brümmer 2020: 54). Es geht um die Entwicklung von Hypothesen über Biografie, Motive, Persönlichkeit und Kontextzusammenhängen. (Brümmer 2020: 62) Diese Einordnung zielt auf ein ‚Verstehen‘:

> „Verhalten [...] richtig zu verstehen und einzuordnen, ist ein wichtiger Aspekt in der professionellen [...] Sozialarbeit. Das ‚Verstehen‘ von Verhalten ist eine Haltung, die über Videoanalyse gut entwickelt werden kann. Erst wenn ich als [Professionelle*r] das Geschehen verstehe, kann ich auch Verständnis zeigen und professionell reagieren" (Brümmer; ter Horst 2009: 39)

- Abseits dieser Notwendigkeit, zu verstehen, zielt VHT hier auf ein *gemeinsames Fallverstehen* (Bongard; Dahm-Heuer 2020: 78). Dies ist besonders vor dem Hintergrund wichtig, dass stationär arbeitende Fachkräfte im Schichtdienst arbeiten, nicht den gesamten pädagogischen Alltag miterleben und Raum für Austausch knapp sein kann (Schwabe; Thimm 2018: 90; Biener; Brümmer 2020: 58). Durch das gemeinsame Ansehen der Videosequenzen kann ein sogenanntes gemeinsames Fallverstehen „und eine gemeinsame Haltung entwickelt werden. So sind [...] alle auf dem gleichen Stand, welche Aufträge bearbeitet werden müssen und was weiterhin geklärt werden soll. Ergebnisse können über Bilder ebenfalls schnell wieder in das gesamte Team zurückfließen." (Biener; Brümmer 2020: 58) Es geht um die Erarbeitung gemeinsamer Vorgehensweisen und Haltungen gegenüber dem Kind oder der*dem Jugendlichen, um jener*m in seiner Not zunehmend „heilsame Erfahrungen [zu ermöglichen]" (Biener; Brümmer 2020: 55ff.). Den Aspekt des gemeinsamen Verstehens und Handelns beobachten auch Brümmer und ter Horst: „[N]ach den Aufnahmebesprechungen fühlen sich die Kolleg[*inn]en zuständig; das Team [kann] sich noch besser, konkreter absprechen; das WIR-Gefühl wächst" (2009: 42).
- Durch dieses Verstehen können kreative, passgenaue Unterstützungsideen (Brümmer 2020: 62) und Handlungsstrategien gegenüber den Familien entstehen (Bongard; Dahm-Heuer 2020: 77) sowie konkrete Handlungsideen für ganz konkrete Alltagssituationen mit betreffenden Kindern und Jugendlichen entwickelt werden (Biener; Brümmer 2020: 55). Für diese gemeinsame *Ideenentwicklung* zu einer konkreten Problemstellung lohnt sich das Zusammentragen mehrerer Videosequenzen – sowohl Bilder, in denen pädagogisches Handeln nicht gelingt und Bilder, die die erfolgreiche Meisterung eines Problems zeigen. Nicht jede einzelne Fachkraft muss so sämtliche Strategien selbst im Kontakt mit dem betreffenden jungen Menschen ausprobieren, sondern lernt über Bildmaterial anderer Teammitglieder, welches Handeln hilfreich ist. (Biener; Brümmer 2020: 55) Dies kann „schnellere Lösungen, [welche] effektiv im Hier und Jetzt [sowie überprüfbar sind]" (Brümmer; ter Horst 2009: 42) hervorrufen.
- VHT scheint auch den *emotionalen Zugang* der Fachkräfte zu betreffenden Kindern und Jugendlichen in den Blick zu nehmen. VHT könne Fachkräften helfen, eine offene und wertschätzende Haltung gegenüber den Familien immer wieder neu zu entwickeln, die Perspektive zu ändern und eigene Bewertungen zu überdenken (Bongard; Dahm-Heuer 2020: 78). Dies ist mitunter durch die größere innere Distanz im Anschauen des Videos – im Vergleich zur Situation selbst – möglich (Bongard; Dahm-Heuer 2020: 78; Reekers 2009: 54). Dies scheint auch in Bezug auf folgendes ein Wirkfaktor zu sein. So benennen Bünder, Sirringhaus-Bünder und Helfer, dass die Nutzung von Videobildern den „Einfluss von Übertragungs- und Gegenübertragungsprozessen, der auch oft zu deutlichen Verfremdungen führen kann, [...] kontrollierbarer" (2015: 340) und so mit Abstand bearbeitbar macht. Herausforderndes Verhalten wird durch den gemeinsamen zweiten Blick verstehbar, sodass sich Fachkräfte „nicht mehr persönlich angegriffen" (Biener; Brümmer 2020: 54) fühlen. Zudem beobachten Biener und Brümmer nicht nur bei Eltern, sondern

auch bei Fachkräften die starke Wirkung positiver Bilder: „Plötzlich erscheint das schwierige Kind doch auch wieder liebenswert und einzigartig" (2020: 59). Neue, ressourcenorientierte Blickwinkel können dann nicht nur wieder einen Zugang zum Kind verschaffen, sondern auch die Motivation der Mitarbeitenden fördern (Brümmer; ter Horst 2009: 42f.). Gut vorbereitete Videorückschauen sollen insgesamt „die positive Stimmung aller Beteiligten sowie einen konstruktiven, fachlich fundierten Austausch [ermöglichen], der für die weitere Arbeit motiviert" (Bongard; Dahm-Heuer 2020: 79)

- Weiter scheint VHT über all jene beschriebenen Teilaspekte die *Qualifizierung* von Fachkräften anzustreben. So wird in benannten Zusammenhängen kontinuierlich von Optimierung des professionellen Alltags gesprochen (Brümmer; ter Horst 2020: 37). VHT zu diagnostischen Zwecken biete Fachkräften Handlungssicherheit im pädagogischen Alltag mit betreffenden jungen Menschen (Brümmer 2020: 62). Durch das gemeinsam abgestimmte Fallverstehen, die „gemeinsame Vorgehensweise und Haltung dem Kind gegenüber kann das professionelle Handeln des gesamten Teams deutlich verbessert werden" (Biener; Brümmer 2020: 58)

- Abschließend ist Videodiagnostik auch für die *interdisziplinäre Nutzung* gedacht (Eilermann 2009: 103). Über die stationären Kernteams und das multiprofessionelle Großteam hinaus, können sich weitere beteiligte Fachkräfte wie beispielsweise Lehrende, Jugendamtsmitarbeitende und Therapeut*innen in den videodiagnostischen Prozess und die sich hieraus ableitende Hilfeplanung einbringen (Biener; Brümmer 2020: 63; Eilermann 2009: 103). Reekers bemerkt, dass durch die gemeinsame Videorückschau „zeitaufwändige Hospitationen oder umfangreiche diagnostische Tests unter Umständen vermieden werden [und so] spezielle Förderungen (Logopädie [etc.]) [...] schneller erfolgen [können]" (2009: 60). Eilermann sieht weiterhin die Chance, dass die beteiligten Fachdisziplinen einander mit verschiedenen Sichtweisen vervollständigen und sich gemeinsam auf Förderschwerpunkte einigen können. Gerade Eltern seien hierdurch nicht mit unterschiedlichen Empfehlungen konfrontiert und könnten Vertrauen in das Hilfesystem entwickeln. (2009: 103)

Über den Einbezug verschiedener Fachdisziplinen hinaus sieht VHT zu diagnostischen Zwecken auch die Beteiligung von Eltern, Vormünd*innen und weiteren Bezugspersonen vor. Insgesamt sprechen sich Biener und Brümmer für die flexible und *setting-übergreifende Nutzung* von Videobildern aus, wie sie auch in der Grafik zu erahnen ist. So können Schlüsselszenen beispielsweise zunächst im Rahmen des pädagogischen Teams genutzt werden, nach Bedarf in Rückschauen mit Elternteilen, mit den jungen Menschen selbst oder entsprechend im Hilfeplangespräch angeschaut werden. (Biener; Brümmer 2020: 52ff.; Reekers 2009: 58ff.)

In seiner diagnostischen Form scheint VHT in jeglichen Wohngruppenformen, mitunter auch im Eltern-Kind-Wohnen stattfinden zu können (Goltsche 2020: 29). Über diesen Bereich hinaus, lohne sich der Einsatz in besonderer Weise in Settings sowie zu Zeitpunkten, in denen sich Klärungs- und Entscheidungsprozesse vollziehen (Biener; Brümmer 2020: 51). So beschreiben Biener und Brümmer den Einsatz im Mutter-

/Vater-Kind-Clearing, Dahm-Heuer und Bongard beleuchten VHT innerhalb von Aufnahme-Prozessen und ter Horst seinen Nutzen an Übergängen.

Im *Clearing*-Bereich, geht es – ob in Kinderschutzhäusern oder im Eltern-Kind-Clearing – um Diagnostik und Perspektiventwicklung innerhalb weniger Monate. Jugendämter geben den Auftrag zu einer psychosozialen Diagnostik, einer Situationsanalyse und einer Entwicklung von konkreten Empfehlungen zu Hilfeformen und gegebenenfalls Platzierungen des jungen Menschen. (Brümmer; ter Horst 2009: 39) Relevante Videobilder können jene Empfehlungen nachvollziehbar und transparent machen. (Biener; Brümmer 2020: 51) Zur Anwendung innerhalb von *Aufnahmeprozessen* kommt die Kamera bereits im Kennenlerngespräch mit Familien zum Einsatz. Die verdeutlicht für sie die Relevanz des Gesprächs und motiviert womöglich auch bereits dazu, eigene Ressourcen gleich sichtbar zu machen. Und es ermöglicht dem pädagogischen Team vor der Aufnahme des Kindes einen Zugang zum Gegenüber. Sind Auftrag und Bedarf von uns bearbeitbar? Worauf ist besonders zu achten? (Biener; Brümmer 2020: 58) In Kombination mit ersten Kontakterfahrungen der Fachkräfte mit Kind oder Jugendlicher*m, dem Genogramm, Material zum bisherigen Lebenslauf und weiteren Informationen, sollen die Videoaufnahmen dann ein umfassendes erstes Fallverstehen generieren. (Dahm-Heuer; Bongard 2020: 76ff.) Ähnliche Ziele verfolgt VHT an *Übergängen*. In Vermittlungs- und Anbahnungsprozessen an andere Lebensorte, können die dortigen Fachkräfte oder gegebenenfalls Pflegeeltern mithilfe des Bildmaterials hilfreich auf den jungen Menschen vorbereitet werden (Brümmer; ter Horst 2009: 46). Videozusammenschnitte können anschaulich vorstellen, welche Besonderheiten das Kind mitbringt, welche Talente der*die Jugendliche hat, was Freude bereitet, wo Probleme bestehen und welche Lösungen bereits entwickelt wurden. (Biener; Brümmer 2020: 57f.)

5.3 VHT im Hilfeplangespräch

Wie bereits angedeutet, kann VHT also auch innerhalb des Hilfeplanverfahrens Anwendung finden (Biener; Brümmer 2020: 58). Sowohl ter Horst, als auch Brümmer führen zunächst begründend die sich seit der Einführung des SGB VIII veränderten Bedeutung der Hilfeplangespräche und damit verbunden die Beteiligung der Adressat*innen an (Brümmer 2020: 64; ter Horst 2009: 13).

> „Statt großer Hilfeplankonferenzen mit diversen Fach- oder Leitungskräften sollten die Bedürfnisse und Wünsche des Kindes oder Jugendlichen und auch der Eltern bei der Durchführung des Hilfeplangesprächs […] berücksichtigt werden, um eine Atmosphäre zu schaffen, in der sie sich einbringen können" (BAG der Landesjugendämter 2015: 21).

Weiterhin werden Methoden hierfür gefordert, „die geeignet sind, Beteiligung zu ermöglichen und die individuellen Vorstellungen und Bedürfnisse der Beteiligten herauszuarbeiten" (21), insbesondere wenn die Aktivierung und Motivierung der

Adressat*innen noch aussteht. Laut der bereits angeführten Autor*innen, kann VHT hier eine solche aktivierende Methode darstellen.

Um zunächst das konkrete Vorgehen näher zu betrachten, lohnt sich wieder der Blick auf die Grafik. Kurze Aufnahmen aus Eltern-Kind-Kontakten, aus alltäglichen Wohngruppen- und Schulsituationen bieten sich je nach Auftrag für einen Zusammenschnitt für das Hilfeplangespräch an (Brümmer 2020: 65). Jene Aufnahmen zu machen obliegt entweder den VHT-Professionals im Team, VHT-Professionals außerhalb des Teams oder die Teammitglieder wurden mithilfe von Checklisten über mögliche Aufnahmesituationen instruiert. Wenn hier abgezeichnet ist, welche entwicklungsrelevanten Bilder bereits aufgenommen sind und welche noch fehlen, können vielfältige Alltagssituationen eingefangen werden. (Brümmer 2020: 66f.) Vernetzung und Austausch bezüglich der Inhalte im Hilfeplangespräch werden hier als wichtig benannt, sodass der*die VHT-Professional diejenigen Sequenzen stimmig zusammenfügen kann, welche die Empfehlungen des Betreuungsteams untermalen (67). Kinder und Jugendliche kennen die Aufnahmen vorab, haben möglichst anhand dieser ihr eigenes Vorbereitungsgespräch und entscheiden, ob sie beim Anschauen der Bilder im Hilfeplangespräch bereits dabei sein möchten (68). Ihre Erlaubnis für die Nutzung der Bilder wird eingeholt und die Intention der Fachkräfte wird erklärt (65). Zudem gibt es die Möglichkeit, dass Kinder und Jugendliche entsprechende Aufnahmen im Hilfeplangespräch selbst präsentieren oder kommentieren, gegebenenfalls in Unterstützung ihrer Betreuungspersonen oder des*der VHT-Professionals (65). Auch Eltern können ermutigt werden, Entwicklungsprozesse der Familie selbst vorzuführen (ter Horst 2009: 35). Zentral in der Nutzung von VHT im Hilfeplangespräch ist für die beiden Autor*innen gute Abstimmung der Helfenden und die professionelle Handhabung des Bildmaterials in Zusammenschnitt und Präsentation (Brümmer 2020: 71; ter Horst 2009: 35). Ist jener nicht zielgenau oder kann Gelingendes nicht deutlich genug machen, kann kontraproduktive Stimmung im Hilfeplangespräch entstehen, die Rückschau zieht sich so in die Länge. So kann die Methode schnell wieder ausgeladen sein (ter Horst 2009: 35).

Als wesentliche Intentionen des videobasierten Arbeitens im Hilfeplangespräch können die folgenden zusammengefasst werden.

- In Zusammenhang mit der Forderung der Landesjugendämter, zielt VHT in diesem Setting auf die *Aktivierung und Partizipation der Familie*. VHT bezweckt mit dem Einsatz von positiven Videobildern auf
  „eine entspanntere und positivere Atmosphäre. Gemeinsam wird gelacht. Oft sind die Eltern stolz auf ihre Kinder. Die Videoaufnahmen aktivieren [die Familie], laden zur Beteiligung ein und mindern die Anspannung. Eltern trauen sich und beschreiben Situationen, die sie auch von zu[hause] kennen" (Brümmer 2020: 66)
  Die aussagekräftigen Videoaufnahmen ihres Kindes beziehungsweise ihrer Familie sprechen Eltern emotional an. Durch diese bezweckte emotionale Beteiligung, wird ihre Verantwortlichkeit für Veränderungen angesprochen. (Brümmer 2020: 72)
- Weiterhin strebt VHT in diesem Kontext nach der Entwicklung eines *gemeinsamen Fallverstehens*, wie es bereits in Kapitel 5.2 umfassend beleuchtet wurde. Zudem

fördern die gelungenen Videoaufnahmen und deren wohlwollende Präsentation (Brümmer 2020: 67) eine „gemeinsame ressourcenorientierte und wertschätzende Haltung" (Brümmer 2020: 71). Darüber hinaus strebt auch folgende Möglichkeit Fallverstehen an. Die Aufzeichnung des Hilfeplangesprächs eignet sich, um im Anschluss sogenannte Schlüsselphrasen der Beteiligten ausfindig zu machen. Dies hemme die Versuchung von Fachkräften, zu schnell Hypothesen und Problemverständnisse an den Familien vorbei zu bilden. Das zweite genaue Zuhören anhand der Videoaufnahme lässt Kernaussagen erkennen und die Sichtweise der Familie besser verstehen. (ter Horst 2009: 20f.)

- Über VHT im Hilfeplangespräch können überdies Veränderungs- und Entwicklungsprozesse deutlich gemacht werden (ter Horst 2009: 19). Diese *Dokumentation über Entwicklungsverläufe* belegen nicht zuletzt die Entwicklungsschritte, die die Familie geschafft hat. Es ist auf diesem Weg überprüfbar, ob die Interventionen der Fachkräfte in Bezug auf die zuletzt formulierten Aufträge zielführend waren. Und die Qualität der Arbeit der Professionellen wird für alle Beteiligten sichtbar. (Brümmer 2020: 66)

- Anhand der Präsentation des Entwicklungsprozesses kann im Hilfeplangespräch über das Würdigen der Schritte hinaus gemeinsam besprochen werden, welche Lernpunkte und Schritte noch für die Familie anstehen (ter Horst 2009: 19). Dadurch, dass durch das Bildmaterial alle abgeholt sind, kann konkret und konstruktiv über verbleibende Bedarfe gesprochen werden (Brümmer 2020: 66). Die Videobilder dienen so einer transparenten, nachvollziehbaren *Zielfindung* (Brümmer 2020: 71; ter Horst 2009: 19).

- Zuletzt scheint VHT im Hilfeplangespräch auch seiner *Qualifizierung* dienlich sein zu wollen. Das Hilfeplangespräch selbst könne aufgezeichnet werden und im Anschluss von den Beteiligten, insbesondere von den Fachkräften zur Analyse und Reflexion genutzt werden (Brümmer; ter Horst 2009: 47). VHT-Professionals können das Gelingen ihrer Videopräsentation überprüfen und Moderierende können ihre Gesprächsführung untersuchen (ter Horst 2009: 22). Darauf, wie die Interaktionen gelenkt und strukturiert wurden, wie Initiativen aufgegriffen wurden, wie alle Teilnehmenden aktiviert und gemeinsam Beschlüsse gefasst werden konnten (Brümmer; ter Horst 2009: 47). Dies zielt nicht zuletzt auch auf eine gelingende Kooperation zwischen den beteiligten Professionellen (Brümmer 2020: 71; Brümmer; ter Horst 2009: 46). Ter Horst ermutigt derweil auch dazu, die Videoaufnahme mit allen Beteiligten in einer gemeinsamen Rückschau zu nutzen. Hier können dann Familie und Helfende das Gespräch reflektieren, einander Feedback geben und jeweils Lernpunkte für das kommende Gespräch mitnehmen (ter Horst 2009: 21) – was sich vor allem für Eltern als eine bestärkende Maßnahme herausstellen könnte.

5.4 VHT mit Kindern und Jugendlichen

Weiterhin scheint VHT auf Ebene von Kindern und Jugendlichen im stationären Setting Anwendung zu finden. Biener und Brümmer halten eine Gemeinsamkeit dieser Zielgruppe fest, so beobachten sie bei Kindern und Jugendlichen im Hilfesetting in der Regel „kein positives Selbstbild. Sie gehen häufig davon aus, dass sie nicht liebenswert, sondern eher schwierig sind." (Biener; Brümmer 2020: 58). Diese Beobachtung schwingt auch in den Intentionen mit. Jene sollen im Folgenden zusammengefasst werden sollen.

- VHT mit Kindern und Jugendlichen wird zunächst immer auch mit der Intention eingesetzt, das Selbstbewusstsein beziehungsweise das *Selbstwertgefühl* des Gegenübers mithilfe von positiven Bildern zu stärken (Biener; Brümmer 2020: 56; Brümmer; ter Horst 2009: 45; Off; ter Horst 2020: 168).
- Durch VHT-Prozesse kann sich weiterhin ein Abgleich zwischen *Selbst- und Fremdwahrnehmung* vollziehen. So sollen einerseits benannte negative Selbstbilder korrigiert werden. (Biener; Brümmer 2020: 56) Andererseits wird von der Außenwelt empfundenes „[u]nerklärliches, bizarres oder auffälliges Verhalten [...] über die Videoaufnahmen besser besprech- und mitunter nachvollziehbar" (Off; ter Horst 2020: 171). In diesem Punkt scheint sich im Übrigen eine Gratwanderung abzuzeichnen. Während Marte Meo darauf setzt, dass „Kinder beim Betrachten des Films erkennen, wo [...] ihr Verhalten störend auf andere wirkt [und sie dies motiviert] an sich zu arbeiten" (Bünder; Sirringhaus-Bünder; Helfer 2015: 373) scheint VHT aufgrund bereits aufgeführter Annahmen (in Kapitel 4.3) auf diesen Weg weitgehend zu verzichten (Biener; Brümmer 2020: 56; Brümmer; ter Horst 2009: 45).
- Buchstäblich Bilder von sich zu bekommen, könne darüber hinaus Identität stiften (Brümmer; ter Horst 2009: 45; Harms-Maier 2020: 106). Gerade für Kinder und Jugendliche, die in ihrer Ich-Entwicklung, ihrer *Persönlichkeitsentwicklung,* noch wenig fortschreiten konnten oder durften, dürfte dies also die Möglichkeit bieten, sich zu erkunden: Wer bin ich? Was macht mich aus? Was mach ich gern? Was kann ich gut? (Brümmer; ter Horst 2009: 45) So „entstehen neue, positive Facetten im Selbstbild, die im besten Fall Mut machen, diese verstärkt nach außen zu [zeigen]" (Harms-Maier 2020: 106).
- Bilder eröffnen Kinder und Jugendlichen Gesprächs- und Reflexionsraum über ihre Gefühle. Wie geht es wohl wem in der Videoaufnahme? Was löst mein Verhalten beim Gegenüber aus, was löst seines bei mir aus? (Enke; Mayer-Britsch 2020: 112) Videobasierte Prozesse öffnen offenbar Raum und Bewusstsein für Emotionen und fördern das *Einfühlungsvermögen.*
- Weiterhin diene VHT mit jungen Menschen als Kommunikationstraining. Es gehe um die positive Verstärkung *sozialer Kompetenzen.* Am Bildmaterial kann genau beobachtet und reflektiert werden, was im Kontaktverhalten bereits gelingt. Zudem kann gemeinsam lösungsorientiert an Handlungsstrategien für zukünftige Situationen erarbeitet werden. (Bünder; Sirringhaus-Bünder; Helfer 2015: 373; Off; ter Horst 2020: 168)

- In der Mikroanalyse können die Kinder beobachten, wie sie in der Welt agieren und wie das Außen wiederum darauf reagiert. Sie erleben sich als handelndes Subjekt mit Einfluss auf die Umwelt, was ihre *Selbstwirksamkeit* steigern kann. (Biener; Brümmer 2020: 56; Enke; Mayer-Britsch 2020: 111f.)
- VHT bedeutet weiterhin *positive Aufmerksamkeit*, die das Gegenüber zum Genießen einlädt, erst recht, wenn daran auch die alltäglichen Betreuungspersonen und deren positive Rückmeldung beteiligt sind (Enke; Mayer-Britsch 2020: 112; Harms-Maier 2020a: 106). Es entsteht eine schöne Grundstimmung, gute Gefühle wie Freude, Spaß und Stolz. So können Rückschauen auch stimmungsaufhellende Effekte bezwecken (Off; ter Horst 2020: 168). Bereits das Gefilmtwerden kann eine wertschätzende Intervention und Aufmerksamkeit für Kinder und Jugendliche bedeuten (Balzer 2020, 11).
- Videobilder werden unterdessen als besonders geeignetes Medium in der Arbeit mit Kindern erachtet, weil jene schlicht „sehen, was sie können" (Brümmer; ter Horst 2009: 45). Zudem – dies knüpft an Kapitel 4.3 an – helfen Bilder Kindern, sich Gelerntes besser in *Erinnerung* zu behalten (Off; ter Horst 2020: 171). Vor diesem Hintergrund werden hier wieder ,Reminder' empfohlen: Die Kinder suchen sich die für sie bedeutendsten Standbilder aus und hängen sie in ihrem Zimmer auf, sodass sie regelmäßig an Positives erinnert werden und sich von weiteren Erwachsenen zu den Bildern bestärken lassen können (Balzer 2020: 15).

Der Blick auf die Grafik präzisiert derweil, welche Aufnahmen sich für Rückschausettings mit jungen Menschen eignen: Bilder aus ihrem Alltag im Sinne ihres Gruppenalltags, ihres Schulalltags, ihrer besonderen Einzelbetreuungen (wie beispielsweise Impressionen aus dem therapeutischen Reiten) (Brümmer 2020: 65) und Bilder aus den Kontakten mit ihren Familien (Biener; Brümmer 2020: 58). Dabei scheint es verschiedene Intensitäten des VHTs mit Kindern und Jugendlichen zu geben. Von einer Variante berichten Biener und Brümmer, welche im Verlauf von diagnostischen Prozessen teils große Neugier der Aufgenommenen wahrnehmen. Hier werden *einzelne Rückschauen* angeboten, nach Wünschen des Kindes in Begleitung von Betreuenden und in geschütztem Raum und Rahmen. Die wertschätzenden Rückmeldungen zu den gelungenen Bildern lassen das Gegenüber entspannen und die Rückschau genießen. (2020: 56).

Darüber hinaus besteht die Variante, jungen Menschen einen *eigenen VHT-Prozess* zu ermöglichen und VHT so für die Förderung des einzelnen Kindes oder Jugendlichen zu nutzen (Brümmer; ter Horst 2009: 45). So können insbesondere ältere Kinder sowie Jugendliche die Flexibilität des VHTs nutzen, Aufnahmen in verschiedenen Lebensfeldern entstehen zu lassen und so für die Reflexion nutzbar zu machen. Es kann beispielsweise der Eintritt in Ausbildungs- und Berufsleben mit der Kamera begleitet werden (Bünder; Sirringhaus-Bünder; Helfer 2015: 328) sowie eine Annäherung nach Jahren des Kontaktabbruchs zwischen jungen Menschen und deren Eltern videobasiert achtsam unterstützt werden (Montag 2022: o.S.)

Weiterhin scheint es über das Einzelsetting hinaus auch die Praxis zu geben, *VHT mit Kindergruppen* beziehungsweise Jugendgruppen durchzuführen. Es wird eingeschätzt, dass sich VHT mit Gruppen über die bereits aufgeführten positiven Auswirkungen hinaus, gewinnbringend auf deren Gemeinschaftsgefühl, Gruppenidentität und Zusammenhalt auswirkt (Brümmer; ter Horst 2009: 45; Enke; Mayer-Britsch 2020: 111; Harms-Maier 2020: 10). Durch die eigene Wahrnehmung und das Gruppenfeedback ermögliche die gemeinsame Rückschau „ein Gruppenklima [...], in dem die sozial wirksamen Initiativen [der Gruppenmitglieder] deutlich und bewu[ss]t werden" (Schmitz-Winzen 1999: 366). Die Gruppe hat über das Bildmaterial die Gelegenheit, „ein Beziehungsmuster für sich zu erkennen, welches nicht nur atmosphärisch als angenehm erlebt [...], sondern auch noch als sehr erfolgreich wahrgenommen wird" (Harms-Maier 2020: 106).

Über die Möglichkeit hinaus, Gruppen in ihrer Gesamtheit videogestützt zu begleiten (Brümmer; ter Horst 2009: 45; Harms-Maier 2020: 106; Schmitz-Winzen 1999: 366), besteht laut Enke und Mayer-Britsch die Möglichkeit, *bestimmte Konstellationen* für die Videoberatung zu wählen. So nehmen sie besonders konflikthaft verlaufende Beziehungen im Gruppengefüge in den Blick. Es werden Alltagsmomente eingefangen oder auch eine gemeinsame Aufgabe oder Aktivität für die betreffende Kleingruppe für Videoaufnahmen genutzt und je nach Bedarf mit Einzelrückschauen oder gemeinsamen Rückschauen begonnen. Die Konfliktpartner*innen können im Verlauf des Prozesses positives Feedback geben, in Austausch über ihre Emotionen kommen, ihre Kooperationsbereitschaft und -Kompetenz steigern, Konfliktlösestrategien miteinander erarbeiten und Gelerntes in den gemeinsamen Alltag übertragen. (Enke: Mayer-Britsch 2020: 111ff.)

Was unabhängig vom Setting in der Videoberatung von Kindern und Jugendlichen Gültigkeit zu haben scheint, ist folgendes. Das Kommunikationsverhalten des VHT-Professionals, Fragetechnik, Sprechtempo, die Rückschaudauer sowie Länge, Geschwindigkeit und Fülle des Bildzusammenschnitts müssen passgenau auf das Gegenüber und dessen individuelle Fähigkeiten und Bedürfnisse abgestimmt werden (Balzer 2020: 13f.; Off; ter Horst 2020: 171).

5.5 VHT mit Eltern

Zuletzt soll noch die Ebene der Eltern als Möglichkeit des VHTs im stationären Hilfeprozess beleuchtet werden. Hier steht natürlich in erster Linie die Möglichkeit bereit, mit Elternteilen in einen *klassischen VHT-Prozess* zu starten (siehe Kapitel 4). Schmitz-Winzen beschreibt für den stationären Kontext folgende Einsatzmöglichkeiten mit Eltern (1999: 361). So kann ein Prozess gleich zu Beginn der Unterbringung erfolgen, wenn die Familie bereits Energie für Veränderung mitbringt. Alternativ kann nach einer Erholungsphase der Eltern und Ankommensphase der Kinder in ein VHT gestartet werden. Besonders lohne es sich, wenn eine Rückführung in die Familie ansteht oder Probezeiten im Zuhause begangen werden, um den Übergang in die Familie gut zu begleiten. Auch zur Nachbetreuung kann VHT dienen, um verbleibende

Unsicherheiten und Fragestellungen anzugehen, zu stärken und zu stabilisieren. (Schmitz-Winzen 1999: 361f.) Je älter Kinder und Jugendliche sind, desto gewinnbringender kann auch ihre Beteiligung in einem gemeinsamen VHT-Prozess sein. Wenn Jugendliche aktiv zur Verbesserung der familiären Kommunikation beitragen wollen oder aktiviert werden können, sind *Familien-Rückschauen* denkbar, in denen Eltern und Kind gemeinsam an Lösungen arbeiten. (Vermeulen 1994: 122)

Weiterhin ist zu beachten, dass sich Eltern und Helfende gerade im Kontext stationärer Erziehungshilfen im Kampf- oder Abgabemuster begegnen dürften. (Euteneuer 2020: 16). Selbst im Kooperationsmuster, so Kreuzer und Räder, werden teilweise Skepsis und Hemmung seitens der Elternteile beobachtet, welche bis zur Angst reicht, dass Beweisaufnahmen gemacht und an das Jugendamt weitergeleitet würden (1999: 144). Bereits Schepers benennt es als Schlüsselmoment, wie videobasiertes Arbeiten bei Eltern eingeführt wird und beschreibt verschiedene Strategien. Der *Türöffner* „Die Sache spricht für sich selbst" (Schepers 1999: 121) setzt darauf, dass die Neugier der Eltern auf Video geweckt werden kann. So beschreiben auch Brümmer und ter Horst, dass erste Berührungen der Eltern mit der Videoarbeit mit diagnostischem Schwerpunkt, sie zu einem eigenen Prozess mit ihrem Kind motivieren kann (2009: 44). Ein weiterer Türöffner basiert auf der Annahme „Je selbstverständlicher die Professionellen die Videoaufnahmen als geeignetes Hilfsmittel darstellen, um den Familien möglichst effektiv zu helfen, umso geringer die Widerstände" (ter Horst 2009: 18). Insgesamt sei zu beobachten, dass nach ersten Erfahrungen mit ressourcenorientierter Videoarbeit deren positive Wirkung erkannt wird, denn die „Entdeckung der eigenen Entwicklungspotenziale ist [für Eltern] sehr aktivierend" (ter Horst 2009: 18). Ohne die übrigen Türöffner aufzuführen, sei hier abschließend der Schluss gezogen, dass es zentral zu sein scheint, achtsam gegenüber möglichen Widerständen und Sorgen zu sein und Eltern möglichst schnell erste positive Erfahrungen mit Bildmaterial zu ermöglichen.

Wird der Blick auf die Grafik geworfen, dürfte die Verlinkung des Elternfeldes mit einem weiteren Block auffallen. Hier soll die Möglichkeit von *Elterngruppenangeboten* mithilfe des VHTs platziert sein – welche auch rund um stationäre Erziehungshilfen praktiziert werden können (Grugel 2020: o.S.). Elternkurse mit VHT scheinen offenbar bereits in der Entstehungsphase in den Niederlanden entwickelt worden zu sein, während sie heute als Konzepte an verschiedene Praxen angepasst praktiziert werden (Schön 2009: 135), wie beispielsweise an Kindertagesstätten (Gens 2003: o.S.). Bei der Anpassung der Elternkursinhalte, komme es auf allen Ebenen darauf an, sie auf das Gegenüber abzustimmen, also auf Eltern, deren Kinder in einer Wohngruppe leben (Balzer 2020: 19). Armbruster schätzt ein, dass klassische Elternseminare, die Zielgruppe sogenannter ‚Risiko-Eltern' nicht für sich gewinnen können, es brauche „einen angepassten Zugang, der ihren spezifischen Bedürfnissen gerecht wird und sie besonders einlädt, sich mit der Thematik ‚Erziehung' zu beschäftigen" (2006: 17). Vor diesem Hintergrund könne es beispielsweise gewinnbringend sein, einzelne Kurstreffen auf eine Stunde Dauer zu begrenzen, Handouts in möglichst einfacher Sprache zu formulieren oder attraktive Snacks bereitzustellen (Balzer 2020: 18f.). Möglichst wenig

Schulunterrichtsstimmung aufkommen zu lassen (19), mit gemeinsamem Spielen eine „vertrauensvolle und fröhliche Stimmung zu erzeugen" (Fischer 2016: 29) ermöglicht den Elternteilen ihre sozialen Kompetenzen zu stärken, Leichtigkeit und in erster Linie Solidarität zu erleben (Armbruster 2006: 22). Hierzu sollen die Elternteile von den Fachkräften als gleichberechtigte Erziehungsexpert*innen angesehen werden (22). Gelernt wird anhand von Kommunikationsübungen sowie an Videoaufnahmen des gemeinsamen Spiels oder an individuellen Aufnahmen der Elternteile in Interaktion mit ihren Kindern – pro Treffen kann dabei ein bestimmtes Kommunikationsbündel im Vordergrund stehen (Balzer 2020: 20).

Eine noch intensivere Form des VHT-Elternkurses beschreibt Fischer, welcher zusammen mit weiteren Fachkräften eine mehrtägige *VHT-Familienfreizeit* mit Eltern und deren Kindern unternimmt. Während den gemeinsamen Mahlzeiten, Ausflügen und Spielsituationen, werden Elternteile mit dem Thema der positiven Kommunikation in Kontakt gebracht und es entstehen von allen Familien Videoaufnahmen. Die Vormittage werden für den Elternkurs selbst genutzt, zur Beschäftigung mit Erziehungsfragen, Basiskommunikation sowie für gemeinsame Rückschauen. Aus dem morgendlichen Treffen nehmen die Elternteile je wieder ein neues zu erlernendes Kommunikationsprinzip zum Üben mit, gegebenenfalls mithilfe von anderen Eltern als ‚Blick-Pat*innen', welche beobachten und gezielt Rückmeldung geben können. Dies scheint eine von mehreren Ideen zu sein, diese VHT-Familienfreizeit für eine positive, bestärkende Gruppenerfahrung für die Familien zu nutzen und Erziehung nicht isoliert voneinander, sondern gemeinsam zu lernen. (Fischer 2016: 27ff.)

Bünder, Sirringhaus-Bünder und Helfer bieten zum Abschluss des Kapitels einen Schluss an, der VHT auf Elternebene auch im stationären Setting gut begründen könnte. Im Hilfeverlauf, „entscheidet sich [für] verzweifelte und mutlose Eltern [oft], ob sie weitermachen oder ob sie aufgeben" (2015: 379). Videobasierte Beratung sorge für einen neuen Zugang, sodass folgendes für ihr stationär lebendes Kind ermöglicht werden könne: „Das Kind erlebt, dass seine Eltern aktiv mitarbeiten" (379), was eine heilsame Erfahrung innerhalb seines Entwicklungsprozesses darstellen kann.

6 Empirische Untersuchung

Nachdem die vorliegende Arbeit sich durch das Arbeitsfeld der stationären Erziehungshilfe, die Merkmale professionellen Handelns, das Gerüst videobasierten Arbeitens und dessen Praxisanwendungen arbeitete, steht nun ein umfassendes theoretisches Fundament zur Verfügung. Hierauf kann im Folgenden die empirische Untersuchung bauen, sich auf den Weg zu neuen Erkenntnissen machen sowie zur Beantwortung der Forschungsfrage, inwiefern sich videobasiertes Arbeiten auf das professionelle Handeln von Fachkräften in den stationären Erziehungshilfen auswirkt. Hierzu wird in diesem Kapitel zunächst das Forschungsdesign beleuchtet, also Bezug auf Forschungsstand, -interesse und -methode genommen sowie das Sampling, die Datenerhebung, -aufbereitung und -auswertung beschrieben. Nachdem die Güte und ethische Grundsätze geprüft wurden, folgen in Kapitel 7 die Ergebnisse.

6.1 Forschungsstand und Forschungsinteresse

Zu Beginn soll also ein Blick auf die Empirie der involvierten Gegenstände geworfen werden. Dieser kann insbesondere in den Feldern des professionellen Handelns und der stationären Erziehungshilfe, aber auch im internationalen Raum des VHTs nicht umfassend skizziert werden, wohl aber können Blitzlichter daraus eine kurze Orientierung geben.

Zunächst bleibt wie bereits angedeutet festzustellen, dass *VHT* insbesondere im deutschsprachigen Raum auf kein empirisches Fundament gestellt ist. Dennoch lassen sich insbesondere Befragungen zu Evaluationszwecken hier aufführen. So evaluierten beispielsweise Kreuzer und Räder die Erfahrungen von VHT-Professionals und Familien im Rahmen eines VHT-Modellprojekts (1999: 135ff.) und Goltsche führte eine Befragung von 74 Elternteilen durch (2009: 165ff.). Das englischsprachige Äquivalent VIG benennt sein Verfahren derweil als evidenzbasiert (Kent County Council o.J.: o.S.), international scheinen also insgesamt wissenschaftliche Untersuchungen zu Videoarbeit vorzuliegen. Auch jene scheinen schwerpunktmäßig auf das klassische Familiensetting ausgelegt zu sein, so beforschen Janssens und Kemper beispielsweise die Wirkung von videobasiertem Arbeiten auf die Eltern-Kind-Interaktion (1996: 137ff.) und Santos, Feliciano und Agra untersuchen VHT in den Frühen Hilfen Portugals (2011: 1772ff.). An der Schnittstelle zwischen VHT und stationärer Erziehungshilfe liegen ebenfalls Evaluationen vor, allerdings nicht explizit für das Arbeitsfeld beziehungsweise nur für dessen Teilausschnitt, dem Hilfeplangespräch (Brümmer 2020: 61). Zudem befragt Balzer Elternteile, Kinder, Professionelle sowie angehende Professionelle zu Erfahrungen und Auswirkungen des VHTs im Setting stationärer Erziehungshilfe (2020).

Im Feld der *stationären Erziehungshilfen* werden aktuell unter anderem Care Leaver*innen und Nachhaltigkeit der Hilfe (Klein 2021), Partizipation (Schierer 2019), Elternarbeit (Rhein 2018), psychiatrische Prävalenz (Schmid 2007) und Bindungsmerkmale (Schleiffer 2014) untersucht. Mit dem professionellen Handeln der

Fachkräfte im Arbeitsfeld befasst sich Moch, der vor dem Hintergrund seiner Ergebnisse unter anderem verschiedene Handlungstypen und -profile von Fachkräften entwirft (2015). Henn befasst sich mit Professionalität in Verbindung mit Teamsitzungen im stationären Setting (2020). Weiterhin sind Thimm und Schwabe zu nennen, die mithilfe ihrer Qualitätsagentur ebenso Kriterien professionellen Handelns erfassen (2018), wie in Kapitel 3.5 ersichtlich wurde.

Professionelles Handeln die Soziale Arbeit insgesamt betreffend, wurde unter anderem – dies fand bereits ausgiebig Erwähnung – von Heiner erforscht mit dem Ansinnen, Professionalität auf einer empirischen Basis aufzubauen (2004: 155). Am Schnittpunkt zwischen VHT und professionellem Handeln, könnte entfernt Brümmer und ter Horsts Auswertung eines VHT-Ausbildungskurses gezählt werden, die von Auswirkungen im pädagogischen Arbeitsalltag zeugen (2009: 48). Zudem untersucht Mühlender die Wirkung von VHT, insbesondere von positiven Bildern als Wirkfaktor auf angehende Fachkräfte (2022). Jenes Forschungsvorhaben dürfte dem vorliegenden Untersuchungsgegenstand am nächsten kommen.

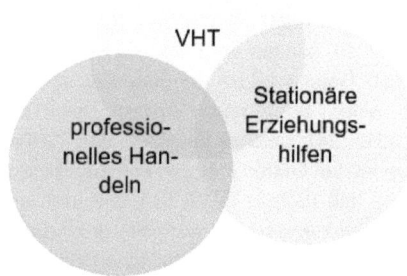

VHT

professionelles Handeln

Stationäre Erziehungshilfen

Abbildung 9: Verortung des Forschungsgegenstands, eigene Darstellung

Dennoch verrät der Blick auf die Empirie der beteiligten Themenfelder, dass es die vorliegende Forschung noch nicht, auch nicht in ähnlicher Form gegeben hat. Die Überschneidung der drei Bereiche VHT, stationäre Erziehungshilfe sowie professionelles Handeln, in der Abbildung der Mittelpunkt, ist empirisch bisher nicht erfasst. Vor dem Hintergrund der einleitenden Gedanken in die Arbeit und den geschilderten Bedarfen, handelt es sich um eine Forschungslücke, deren Befüllung gewinnbringend und relevant ist. Zurecht stellt sich die vorliegende Arbeit also die Frage, inwiefern sich VHT auf professionelles Handeln innerhalb der stationären Erziehungshilfen auswirkt. Die in der Einleitung aufgeworfenen Erkenntnisinteressen scheinen zur weiteren Operationalisierung durch von Spiegels Dimensionen sinnig beschriftet werden zu können und auch der anschließenden Kategorienbildung dienlich sein zu können. So sollen die Unterfragen, die sich auf das professionelle Handeln beziehen, konkret lauten:

1. Inwiefern wirkt sich videobasiertes Arbeiten auf das *Wissen* der Fachkräfte aus?
2. Inwiefern wirkt sich videobasiertes Arbeiten auf die *Haltung* der Fachkräfte aus?
3. Inwiefern wirkt sich videobasiertes Arbeiten auf das *Können* der Fachkräfte aus?

Weiterhin gilt, dass qualitative Forschung wie die vorliegende auch dazu dienen kann, „Wirkungshypothesen zu erstellen, [...] Erfahrungen aus Einzelfällen vertiefend zu untersuchen, die Kausalitätsfrage zu beantworten, dabei auch mögliche nicht-intendierte Wirkungen zu erfassen [...]" (Reade 2008: 16). Weshalb sich das Forschungsvorhaben auch die Erlaubnis gibt, die folgende, ergänzende Unterfrage aufzustellen.

4. Welche *Wirkungszusammenhänge* zeichnen sich ab?

Ein weiterer Schritt, die Operationalisierung der Forschungsfrage, ist damit getan. In der qualitativen Sozialforschung, so Lamnek und Krell, wird die Operationalisierung nach bestimmten Gütekriterien kritisch gesehen (2016: 135). Sie stellen fest, „[d]ie beste Operationalisierung ist keine, weil die Stoßrichtung falsch ist: Nicht von der Theorie über die Operationalisierung zur Empirie sollte die Forschung ablaufen, sondern von der sozialen Realität zur Theorie" (Lamnek; Krell 2016: 135). Die Formulierung von Unterfragen, um die Forschungsfrage zu konkretisieren, erscheint daher genügend und passend. Nach diesem Schritt stellt sich für das Forschungsvorhaben nun die Frage, welches Design beziehungsweise welche Methodologie sich eignet.

6.2 Forschungsmethode

Dabei stellt ein Hauptanliegen dar, „möglichst viele unterschiedliche Facetten [des] Themas zur Sprache zu bringen" (Schulz 2012: 9), sodass der Blick auf das *Fokusgruppenverfahren* als Erhebungsinstrument fällt. Damit wird ein „moderiertes, strukturiertes Gruppendiskussionsverfahren mit einer begrenzten Anzahl an Teilnehme[nden]" bezeichnet" (Zwick; Schröter 2012: 24), welches bereits in den 1960er Jahren entwickelt wurde, allerdings erst in den letzten beiden Jahrzehnten zunehmenden Einzug in die empirische Sozialforschung hält (Schulz 2012: 9f.). Die Idee der Fokusgruppenforschung ist, „dass es bei Gruppendiskussionen wertvolle gruppendynamische Effekte gibt, die das Engagement und die Auskunftsbereitschaft der Teilnehme[nden] positiv beeinflussen" (Schulz 2012: 13). Schulz benennt darüber hinaus die Vorteile:

- „Durch die spontane Äußerung in der Gruppe können neue Ideen stimuliert werden, die bei Einzelgesprächen verborgen bzw. unerkannt bleiben.
- Aufgrund des kollektiven Wissensbestandes ist eine Fokusgruppe leistungsfähiger als Einzelpersonen.
- Die Teilnehme[nden] haben die Möglichkeit zwischen aktiver und passiver Teilnahme zu wechseln. [...]" (Schulz 2012: 12f.)

Zudem benennt die Autorin, dass im Vergleich zur Durchführung von Einzelinterviews deutlich weniger Ressourcen vonnöten sind und es auch online durchzuführen ist. (Schulz 2012: 9f.). Als Nachteile des Verfahrens sind zu nennen, dass sich aufgrund der begrenzen Teilnehmendenanzahl eine quantitative Generalisierbarkeit verbietet, weiterhin die oftmals schwierige Rekrutierung geeigneter Gäste (Zwick; Schröter 2012: 25f.) sowie weniger subjektive Tiefe im Vergleich zu Einzelinterviews (Schulz 2012: 11f.). Zudem besteht eine Gefahr vor fehlendem Interesse der Gruppe, vor Konflikten oder Gruppenasymmetrien durch dominante Meinungsführende (Zwick; Schröter 2012: 25f.)

Schulz ordnet ein, es handle sich bei Fokusgruppenverfahren um eine Verbindung der beiden Erhebungsinstrumente Gruppendiskussion und fokussiertes Interview (2012: 10). Bevor der Blick nun also auf das *Erhebungsinstrument* gelenkt wird, soll diese Einordnung nochmal auf die vorliegende Forschung abgeprüft werden. Fokussierte Interviews sollen sich um die Überprüfung deduktiv generierter Hypothesen widmen, weiterhin steht zu Beginn ein Reiz beziehungsweise ein Erlebnis (Film, Tonaufnahme oder ähnliches) im Mittelpunkt, bei dem Interviewende die Teilnehmenden beobachten (Lamnek; Krell 2016: 349; Schaffer; Schaffer 2020: 248). Die hier durchgeführte Fokusgruppe ließe sich vielmehr Zügen des problemzentrierten Interviews zuordnen. Bei einem solchen fließen theoretische Vorkenntnisse in die Gestaltung des Leitfadens mit ein, sie legen die zu untersuchenden Aspekte des Interviews fest (Lamnek; Krell 2016: 348f.; Schaffer; Schaffer 2020: 247). Insgesamt gilt die Gegenstandsorientierung, also der Fokus auf ein bestimmtes Thema. Und dennoch ist das Vorgehen prozessorientiert, induktiv, flexibel und offen. (Mayring 2016: 67f.) Weil die Stichprobe – dies wird in Kapitel 6.4 noch deutlich – mitunter VHT-Expert*innen umfasst, sind ebenso Aspekte von Expert*innen-Interviews erfüllt. So besteht beispielsweise Interesse an ihrem „praxisbasierte[m] Handlungs- und Erfahrungswissen [sowie] subjektive[n] Handlungsorientierungen und implizite[n] Entscheidungsmaximen" (Lamnek; Krell 2016.: 688). Das Fazit, dass die vorliegende Fokusgruppe Aspekte mehrerer Interviewtypen erfüllt und weniger dem fokussierten Typ entspricht, soll an dieser Stelle genügen.

Zur Erstellung des *Leitfadens* wurde die SPSS-Methode nach Helfferich genutzt, bestehend aus den vier Schritten ‚Sammeln', ‚Prüfen', ‚Sortieren' und ‚Subsumieren' (2011: 182). Der erste Schritt meint, möglichst viele Fragen zusammenzutragen, ohne sie vorerst zu bewerten (182). Um die geforderte Vielfalt zu gewährleisten, führten drei Personen mit und ohne VHT-Qualifikation diese Form des Brainstormings durch. Um den kreativen Prozess nicht durch die Verschriftlichung zu behindern, wurde eine Tonaufnahme erstellt, die im Anschluss verschriftlicht wurde. Im zweiten Schritt des Prüfens wurde die Frageliste den folgenden Prüfkriterien unterzogen (Helfferich 2011: 182). Auszusortieren waren reine Informationsfragen, welche zumeist einsilbig beantwortet würden, welche dem Forschungsgegenstand bei genauem Hinsehen wenig Rechnung tragen, welche nur Vorwissen abfragen, Suggestivfragen sowie abstrakte Forschungsfragen (183f.). Im dritten Schritt wurden die übrigen Fragen sortiert und nach inhaltlichen Dimensionen in Bündel zugeordnet (185). So entstanden die vier Themenblöcke 1) Vorstellung der Person und ihrer VHT-Berührungspunkte, 2) Eigene Erfahrung, 3) Einordnung der Methode und 4) Beobachtete Auswirkungen. Im vierten Schritt des Subsumierens, galt es den Leitfaden in seine Form zu bringen (Helfferich 2011: 185). Hierzu waren Fragen zu sammeln und gegebenenfalls umzuformulieren, die als in den Themenblock einleitende Erzählaufforderungen geeignet sind. Die übrigen Fragen und Stichpunkte wurden unter jenen subsumiert, entweder als eine Art ‚Memo' für Interviewende (‚Weiß ich etwas über…?') oder als vorformulierte, konkrete Nachfragen. Sie werden nur dann als Impuls eingeworfen, wenn sie nicht bereits

Erwähnung bei den Erzählenden fanden. (185ff.) Vor dem Hintergrund der anspruchs-vollen Moderation in Fokusgruppen (Zwick; Schröter 2012: 36) sowie nicht vorhande-ner Moderations- und Fokusgruppenerfahrung der Durchführenden, verfolgte der ent-wickelte Leitfaden insbesondere das Ziel, Sicherheit durch a) eine breitere Auswahl an b) vorformulierten Fragen anstelle von Stichworten zu bieten. Informationsfragen wur-den, wie auch Helfferich vorschlägt (2011: 182), in einem gesonderten Fragebogen erfasst. Jene lassen sich in der Übersicht zur Stichprobe in Kapitel 6.4 ablesen.

Abseits der SPSS-Methode orientierte sich die Leitfadenerstellung weiterhin an den folgenden beiden Aspekten. Maja Heiner, welche in ihren Interviews professionelles Handeln empirisch zu ergründen sucht (siehe Kapitel 3.2), nutzt als Erzählaufforde-rung Fragen nach wichtigen, kennzeichnenden oder typischen Situationen, welche Fachkräfte erleben (Heiner 2004: 49). Um Aspekte professionellen Handelns heraus-zufiltern und deren Zusammenhang mit VHT, greift daher auch der vorliegende Leitfa-den auf die Frage nach Situationsschilderungen zurück. In dieser Hinsicht könnte auch von narrativen Anteilen des Interviewleitfadens gesprochen werden, was die Verortung des Erhebungsinstruments zwischen problemfokussierten, teilnarrativem Expert*in-nen-Leitfaden sozusagen weiter verschiebt.

Neben der Orientierung an Maja Heiner, sind weiterhin Aspekte der Wirkungsfor-schung bedacht. Insbesondere unter den möglichen Nachfragen im vierten Themen-block, wenn es um Wirkungszusammenhänge geht, finden sich (provokative) Fragen, die die Teilnehmenden zur Differenzierung und Überprüfung ihrer Wirkungshypothe-sen anregen sollen. Es geht darum

"konkurrierende Erklärungen auszuschließen, um Ursache-Wirkungszu-sammenhänge[n zumindest näher zu kommen. Es geht immer darum, die Frage zu beantworten,] was wäre gewesen, wenn es keine Intervention ge-geben hätte" (Stockmann 2019: 4)

Der Leitfaden ist im Anhang 11.2 zur Ansicht hinterlegt.

6.3 Feldzugang und Sampling

Die Grundlage für gehaltvolle Erkenntnisse, ist nach Schaffer und Schaffer zunächst eine solide sowie methodisch nachvollziehbare *Rekrutierung von Teilnehmenden* (2020: 240). Das vorliegende Forschungsvorhaben wählte zunächst den Weg des ge-zielten Samplings, im Sinne einer „gezielte[n] Fallauswahl [...] nach vorab festgelegten Kriterien" (240). Zur Beantwortung der Forschungsfrage boten sich zunächst a) Ein-richtungen der Erziehungshilfe an, welche ein möglichst repräsentatives Feld an stati-onären Erziehungshilfen umfassen, und b) größtmögliche VHT-Erfahrung mitbringen. So konnten über Netzwerkkontakte die Einrichtung Eylarduswerk mit Sitz in Bad Bentheim in Niedersachsen, als Träger von „stationäre[r], teilstationäre[r] und ambu-lante[r] Kinder, Jugend- und Familienhilfe [sowie] schulischer Angebote [und] Fort- und Weiterbildungen" (Eylarduswerk 2022b: o.S.) gewonnen werden. Deren pädagogisch-therapeutisches Wohngruppenangebot setzt sich dabei aus über zwanzig Hilfsformen zusammen, welche dezentral im Umkreis von 150 Kilometern in Einfamilienhäusern sowie Bauernhöfen organisiert sind (Eylarduswerk 2022a: o.S.; Eylarduswerk o.J.a: o.S.). Der Blick auf die einzelnen Angebote zeigt zunächst, dass das Eylarduswerk die unter 2.2 aufgeführte Vielfalt der (teil-)stationären Erziehungshilfen widerspiegelt und somit (siehe Kapitel 6.6) für Übertragbarkeit und Verallgemeinerbarkeit sorgt (Kuckartz 2018: 203), bestehend aus

- dezentralen Wohngruppen für junge Menschen ab sechs Jahren,
- ländlichen Wohngruppen mit Bauernhof als erlebnispädagogischer Bestandteil,
- Familienwohngruppen für längerfristige Betreuungen von jungen Menschen,
- einem Mädchenwohnhaus für Zwölf- bis Siebzehnjährige,
- einer Intensivgruppe für Jungen,
- einer therapeutischen Intensivgruppe für Jugendliche,
- einer pädagogisch-therapeutischen Intensivgruppe für Kinder ab sechs Jahren mit Fetalem Alkoholsyndrom (FAS),
- einer Intensivwohngruppe für komplex traumatisierte Kinder ab sechs Jahren,
- einem Clearingzentrum für Zehn- bis Achtzehnjährige mit Schwerpunkt auf psychosozialer Diagnostik, Krisenmanagement und Perspektivklärung,
- einem therapeutischen Kinderschutzhaus für vorrübergehende Aufnahme und Diagnostik für sechs- bis zwölfjährige Kinder sowie
- einem Mutter-/Vater-Kind-Bereich inklusive Clearing und Training. (o.J.a: o.S.)

Weiterhin erfüllt das Eylarduswerk benanntes Kriterium größtmöglicher VHT-Erfahrung vor dem Hintergrund seiner VHT-Praxis. Das Eylarduswerk, die Bad Bentheimer Entwicklungslinie, stellt neben der Düsseldorfer Linie eine der beiden Initiativen dar, welche VHT in den 1990er Jahren in Kooperation mit SPIN Niederlanden nach Deutschland holte. Marita Brümmer und weitere Mitarbeitende des Eylarduswerks zählen zu den ersten VHT-Professionals Deutschlands. (SPIN DGVB o.J.d) So blickt das Eylarduswerk als deutschlandweit einzige Einrichtung auf 30 Jahre VHT-Praxis zurück (Eylarduswerk o.J.b). Dabei prägen die ihr angehörigen Fachkräfte als VHT-Professionals maßgeblich den deutschsprachigen Fachdiskurs um videobasiertes Arbeiten und bilden insbesondere die fachliche Grundlage für VHT in (teil-)stationären Erziehungshilfen. So greift auch die vorliegende Arbeit auf diese Basis zu, insbesondere in Form der EREV-Veröffentlichungen aus dem Jahr 2020. Die Ausführungen über stationäre VHT-Anwendungen in Kapitel 5 arbeiten also eng entlang der Eylarduswerk-Praxis, was eine stimmige Verknüpfung von Praxis und Empirie begünstigen dürfte.

Von der Einrichtungswahl ausgehend, wurden zur Personenauswahl Aspekte des Schneeballverfahrens genutzt, zumindest in der Orientierung an einem Erstkontakt innerhalb des Forschungsfeldes, einem ‚Door-Opener' (Schaffer; Schaffer 2020: 241). Als solche Ausgangsperson fungierte die aktuell in der Einrichtung als VHT-Koordinatorin und -Ausbilderin eingesetzte Fachkraft, welche mithilfe ihres vernetzten Überblicks das weitere Sampling durchführte. Sie agierte hierbei allerdings wiederum gezielt und orientierte sich an den vorab festgelegten Kriterien des Forschungsvorhabens. Ziel war, die möglichst „volle Variationsbreite der von einer bestimmten Gruppe erwarteten Erfahrungen und Gesichtsaspekte ab[zudecken]" (Zwick; Schröter 2012: 30). Gesucht war eine möglichst vielfältige und ausgeglichene Mischung von pädagogischen Fachkräften, die aus unterschiedlichen Beruflichkeiten und Funktionen innerhalb und außerhalb der Einrichtung VHT erleben und deren Erfahrungen die verschiedenen Anwendungen (aus Kapitel 5) größtmöglich abdecken. Zudem sollte die Stichprobe zu mindestens zwei Dritteln aus Non-VHT-Professionals bestehen, damit der Blick von außen und – hierzu wurde bereits bei der Rekrutierung ermutigt – kritische Perspektiven eingefangen werden können.

Zur Gruppengröße empfehlen Zwick und Schröter derweil zehn Teilnehmende, deuten allerdings auch den Vorteil kleinerer Gruppen an, welche genügend Raum für einzelne Redebeiträge, wenig Raum zur Ermüdung der Teilnehmenden sowie mehr inhaltliche Tiefe gestatten (2012: 29f.). Vorliegend wurde auf dieser Grundlage die Entscheidung getroffen, zwei Fokusgruppen durchzuführen mit je fünf beziehungsweise sechs Teilnehmenden. In der folgenden Abbildung ist die Gewichtung der VHT-Erfahrungen der insgesamt elf Teilnehmenden dargestellt, die selbstverständlich Mehrfachnennungen einschließt.

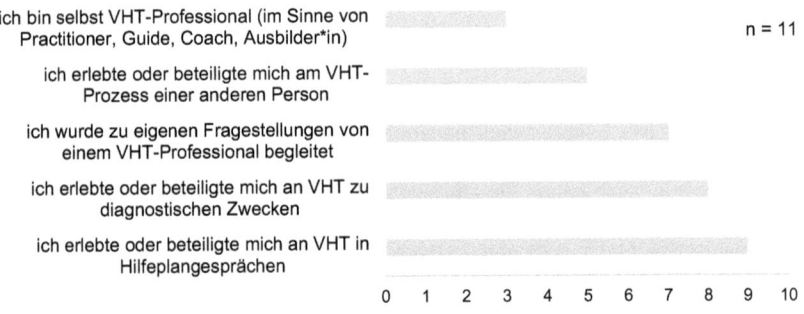

Abbildung 10: VHT-Erfahrung nach Anwendungsbereichen, eigene Darstellung

Gewonnen wurden diese Informationen mithilfe des parallel online durchgeführten Fragebogens, welcher auch die folgenden beruflichen Eckdaten der Teilnehmenden erfasste. So nahmen insgesamt vier Erzieher*innen, drei Sozialarbeitende beziehungsweise Sozialpädagog*innen, zwei Diplompsycholog*innen, eine Heilpädagogin sowie eine Fachkraft ohne Berufsangabe teil. Weiter setzte sich die Gruppe aus fünf direkt in (Intensiv-)Wohngruppen tätigen Personen, aus drei (Gruppen-/Bereichs-/therapeutische) Leitungen und Vertretende des VHT- sowie psychologischen Dienstes zusammen. (Balzer 2022: o.S.) Die VHT-Erfahrung wurde über die Bereiche hinaus auch in den Kennzahlen der miterlebten VHT-Einheiten (eine Aufnahme und dazugehörige Rückschau) oder VHT-Prozesse abgefragt. Die Abfrage von zwei möglich anzugebenden Zahlen – dies ist kritisch zu reflektieren – führte in der Durchführung allerdings dazu, dass einige Angaben nicht zuzuordnen waren. Eine Aussage über die Bandbreite der quantitativen VHT-Erfahrung lässt sich dennoch tätigen: Die

Teilnehmendenerfahrung reicht von zehn Einheiten bis zu „nach dreißig Jahren Jugendhilfe nicht mehr zählbar, hunderte" (Balzer 2022: o.S.).

6.4 Datenerhebung

Wesentlich für die Datenerhebung in Form einer Fokusgruppenforschung sind *Ablauf* und Moderation, welche auch Zwick und Schröter beleuchten. Empfohlen wird zunächst die Begrüßung der Teilnehmenden, verbunden mit der Klärung wichtiger organisatorischer sowie datenschutzrechtlicher Fragen. (Zwick; Schröter 2012: 39) Da diesen im Zuge der Vorbereitung bereits ein Informationsschreiben (siehe Kapitel 11.1) übermittelt wurde, musste das Forschungsvorhaben, Datenschutzbestimmungen sowie die Vorstellung der Moderation an dieser Stelle nur wiederholt werden. Zoom als virtuelles Kommunikationsmedium stellte zudem die Anforderung, für die technischen Voraussetzungen vor der Durchführung zu sorgen. Bereits vor dem gemeinsamen Start wurde hierzu ein halbstündiges Zeitfenster eingeräumt, um eventuellen Zugangsschwierigkeiten entgegenzuwirken. Darüber hinaus wurde in der Ankommensphase durch individuelle Begrüßungen die Funktionsfähigkeit der Kameras und Mikrofone der Teilnehmenden geprüft, sowie die Personenkacheln unter Anleitung mit vollständigem Namen sowie Funktion innerhalb der Einrichtung beschriftet (zum Beispiel ‚Thorsten Bäcker, Gruppenleitung'). Der erste Themenblock diente dem weiterhin geforderten Ablaufpunkt einer „kurze[n] Vorstellungsrunde [um] sich kurz bekannt zu machen und […] mit ein paar Worten einen persönlichen Bezug zum Thema herzustellen" (Zwick; Schröter 2012: 39). Der zweite Themenblock mit seiner Frage nach eindrücklichsten Erfahrungen, suchte als nächstes das Kriterium zu erfüllen, im Sinne eines Eisbrechers erste lebhafte Beiträge zu generieren (Mayerhofer 2007: 482; Zwick; Schröter 2012: 39). Nach den folgenden Themenblöcken, schloss der bereits benannte online bereitgestellte Fragebogen die Fokusgruppe ab, da für bloßes Anklicken und Ausfüllen nur noch wenig Konzentration erfordert würde. Abschließend wurde – abseits der videografierten Inhalte – die Möglichkeit eingeräumt, Rückmeldungen an die Gruppe und die Moderation zu geben, um die intensive Runde mit stimmigem Gefühl verlassen zu können. Zur Verabschiedung wurde sich erneut bedankt, auf postalisch versendete Dankespräsente verwiesen sowie die Präsentation der Ergebnisse im Verlauf des Jahres zugesichert.

Wie bereits angedeutet, wird innerhalb der Datenerhebung der *Moderation* der Fokusgruppe eine Schlüsselfunktion zugeschrieben (Mayerhofer 2007: 482), weshalb ihr in der vorliegenden Forschung sorgfältige Vorbereitung und Reflexion zukam.

> „Neben kommunikativer Kompetenz und freundlich-distanziertem, verbindlichem Auftreten ist – auch wenn er[*sie] sich in der Sache neutral zu verhalten hat – ein hohes Maß an Intuition und schneller Auffassungsgabe gefragt, um ggf. neue Gesichtspunkte aufzugreifen und geschickt nachfragen zu können. In besonderer Weise hängt das Vermögen eines[*r] guten Moderator[*in] aber von gewissenhafter Vorbereitung ab. (Zwick; Schröter 2012: 36)

Weiterhin soll die Moderation „umfassende Kenntnis über das Thema haben, [z]uhören können und trotzdem die Diskussion auf unterschiedliche Aspekte des Themas fokussieren" (Mayerhofer 2007: 482), sich gegebenenfalls naiv stellen, um weitere Erklärungen zu erhalten und ein Gespür dafür haben, wann Themen ausgeschöpft sind. Zwick und Schröter fassen die Funktionen der Moderation weiterhin in drei Dimensionen zusammen. Ihr obliegt laut der Autor*innen die *formale Leitung*, welche den Rahmen inklusive Terminierung und Besetzung der Fokusgruppe umfasst. Zweitens liegt bei ihr die *thematische Steuerung*, wozu die Verantwortung gehört, für den Informationsstand der Teilnehmenden zu sorgen und möglichst geeignete Daten zu generieren. (Zwick; Schröter 2012: 40) Und drittens hat sie die *Lenkung des Diskurses* zur Aufgabe, für die ausgewogene Beteiligung aller hat sie gegebenenfalls dominantes Teilnehmendenverhalten zu unterbinden, die Diskussion durch provokante Thesen anzuregen (40) sowie Passive zu aktivieren (Mayerhofer 2007: 482). Angesichts dieses anspruchsvollen Tätigkeitsprofils, wird die Hinzuziehung einer Co-Moderation empfohlen.

> „An [sie] können einige Aufgaben delegiert werden, beispielsweise Zwischenergebnisse zu erfassen, eine Rednerliste bei offenen Diskussionen zu führen oder aber – und hier haben sich Co-Moderat[ionen] nach unserer Erfahrung am meisten bewährt – bei drohender ‚Entgleisung' der Diskussion einzuspringen und die Gesprächsordnung herzustellen." (Zwick; Schröter 2012: 40f.)

Diesem Rat folgte das Forschungsvorhaben und besetzte jene Tätigkeit mit einer forschungserprobten sowie videobasiert qualifizierten weiteren Person. Jene hatte speziell den Auftrag, sich Notizen zu Eindrücken in der Runde zu machen, gegebenenfalls per Chatfunktion an den Zeitverlauf oder noch nicht aufgegriffene Aspekte des Diskurses zu erinnern.

6.5 Datenaufbereitung und -auswertung

Die gewonnen Aufzeichnungen wurden in einem nächsten Schritt verschriftlicht, um sie für die daran anschließende Analyse verwertbar zu machen. Hierbei hat auch die vorliegende *Transkription* nach einem angemessenen Mittelweg zwischen den Polen ‚Exaktheit' und ‚praktikabler Umsetzung' gesucht, um das Gesprochene einerseits detailgetreu wiederzugeben und andererseits gute Lesbarkeit herzustellen. (Dresing; Pehl 2018: 16) Gewählt wurden hierzu die Transkriptionsrichtlinien nach Bohnsack (2021: 255), dessen Regeln um einige von Dresing und Pehl ergänzt wurden. Was die Benennung der Proband*innen anbelangt, entwickelte die vorliegende Forschung einen Sonderweg. Im Transkript sind die beiden unterschiedlichen Fokusgruppen dadurch kenntlich gemacht, dass die Teilnehmenden der ersten Gruppe mit A1, A2, A3 und so weiter benannt wurden und jene der zweiten mit B1, B2, B3 und so weiter. Die Moderatorinnen sind derweil mit M1 und M2 beschriftet. Wohngruppen im Interview wurden ebenso wie die benannten Personennamen pseudonymisiert. Um die Zurückverfolgung weiter zu hemmen, wurden sie in der Auswertung nicht mit benannt, da die Zuordnung innerhalb der Auswertung keine bedeutsamen Vorteile brächte. Ein

Überblick über die verwendeten Transkriptionsregeln ist im Anhang 11.3 hinterlegt. Als Transkriptionshilfsmittel wurde die Software MAXQDA genutzt.

Ausgewertet wurden die Transkripte im Wesentlichen der inhaltlich strukturierenden *Inhaltsanalyse* nach Mayring, geht es doch darum „bestimmte Themen [und] Aspekte aus dem Material herauszufiltern und zusammenzufassen. Welche Inhalte aus dem Material extrahiert werden sollen, wird durch theoriegeleitet entwickelte Kategorien" (Mayring 2015: 103) bestimmt. Hierzu schlägt Mayring ein Vorgehen in mehreren Schritten vor (98). Zunächst sollen Analyseeinheiten bestimmt werden (61). Als Kodiereinheit (61) legte die vorliegende Arbeit Halbsätze fest, sofern jene eine Sinneinheit darstellen. Als Kontexteinheit, also größtmögliche Kodiereinheit (61), wurden Absätze über Sprechendenwechsel hinweg festgelegt, wiederum vorausgesetzt, sie bilden eine Sinneinheit. Die beiden Fokusgruppen wurden zu einer Auswertungseinheit (61) zusammengefügt, schließlich profitiert die vorliegende Fragestellung weniger von einer vergleichenden Analyse zweier Gruppen, sondern vielmehr von der Gesamtheit des möglichst facettenreichen Datenmaterials. Im Anschluss steht nach Mayring die Kategorienbildung im Fokus, über die nächsten Schritte hinweg ging es also auch im vorliegenden darum, grundlegende Strukturierungsdimensionen entlang der Fragestellung und theoretisch fundiert abzuleiten (97). Diesem Schritt kam die Operationalisierung ein Stück weit zuvor, so wurden die drei deduktiv entwickelten Oberkategorien entlang von Spiegels Dimensionen Wissen, Können und Haltung gebildet um die Frage nach Auswirkungen auf professionelles Handeln zu erkunden. Anschließend wurde weiter in Ausprägungen dieser Dimensionen differenziert, also Unterkategorien gebildet (97). Hierbei boten sich wiederum von Spiegels Differenzierungen als Unterkategorien an und bildeten den Rahmen. Dieser wurde mit weiteren deduktiven Kategorien im Sinne von Professionalitätsmerkmalen der Autor*innen Heiner, Gahleitner, Thimm und Schwabe sowie Hansbauer, Merchel und Schone (aus Kapitel 3) sowie mit induktiven Unterkategorien ergänzt, verknüpft und differenziert. Zu jeder Ober- und Unterkategorie war dann eine genaue Kategoriendefinition zu erstellen, sowie ein Ankerbeispiel aus dem Material herauszusuchen sowie Kodierregeln zu formulieren, um die Kategorien eindeutig voneinander abzugrenzen (97). In mehrfachen Materialdurchgängen wurde geprüft, inwiefern die Kategorien die Daten fassen, Kodierregeln und -definitionen wurden weiter geschärft und das gesamte Kategoriensystem mehrmals überarbeitet. Codes, die während dieser Durchgänge nicht mindestens einmal genutzt wurden, wurden zur zügigen Vereinfachung des Kodierleitfadens entfernt. Für die Kategorien unter der Frage nach Auswirkungen von videobasiertem Arbeiten auf professionelles Handeln entstand die folgende Kategorisierung.

1. WISSEN	
	Fallverstehen und Diagnostik
	Kenntnisse

2. KÖNNEN		
	interne und externe Kooperation	
	Reflexion	
		Selbstreflexion
		(Weiter-)Entwicklung
		Perspektivwechsel und Mehrperspektivität
	Kommunikation	
		Einfühlung
		Präsentation und Dokumentation

3. HALTUNG		
	Ressourcenorientierung	
	Partizipation	
	Wertschätzung	
	Achtung der Würde, Autonomie und Lebensentwürfe	
	Arbeitshaltung und -befindlichkeit	
		Selbstfürsorge
		Selbstwertstärkung
		Motivation
		Organisationskultur

Für die Frage nach Wirkungszusammenhängen wurde ein anderer Weg gewählt. Aufgrund der wenig fortgeschrittenen Wirkungstheorie der Methode strebte die vorliegende Arbeit an, sich diesem Gegenstand über eine „möglichst naturalistische[.], gegenstandsnahe[.] Abbildung des Materials ohne Verzerrungen durch Vorannahmen" (Mayring 2015: 86) anzunähern. Als induktive Unterkategorien wurden einzelne, konkrete Wirkungsfaktoren aufgelistet, welche im Material beschrieben wurden.

4. WIRKUNGSZUSAMMENHÄNGE	
	Bilder
	sachlich-inhaltlicher Gehalt
	emotionaler Gehalt
	Gefilmt werden
	Perspektivwechsel und Mehrperspektivität
	Fokus
	Feedback
	Detailliertheit
	Lernen am eigenen Modell
	Gemeinsamer Blick

Kuckartz ist es unter anderem, der bei der Kategorienbildung vorschlägt, eine Kategorie ‚Sonstiges' zu bilden, das relevant erscheinende aber nicht unter die bisherigen

Kategorien zu fassende Aspekte bündelt (Kuckartz 2018: 71), was auch die vorliegende Arbeit nutzte. Bei genauerem Hinsehen konnten auch in dieser sonstigen Sammlung im späteren Verlauf induktiv gewonnene Kategorien festgemacht werden. Es handelte sich ebenso um Professionalitätsmerkmale und formulierte Standards, die allerdings nicht durch VHT beeinflusst sind, sondern Aussagen über handlungsleitende Gebote innerhalb der Methode machen. Hierzu wurden auch kritische Perspektiven zur Methode und Implementierungsaspekte als weitere Unterkategorien subsumiert.

5. PROFESSIONALITÄT INNERHALB DER METHODE
Kritische Reflexionen
Handlungsleitende Standards
Implementierungsaspekte

Tabelle 6: Kategorienbildung, eigene Darstellung

Die Umsetzung der Kodierregeln konnte bezüglich der drei deduktiv gebildeten Oberkategorien sowie der induktiven Kategorie der Professionalität innerhalb der Methode, eingehalten werden. Die induktiv ausdifferenzierte Oberkategorie der Wirkungszusammenhänge musste hier allerdings einen Sonderweg gehen. Innerhalb des Codierungsprozesses wurde festgestellt, dass deren Codes bis auf wenige Ausnahmen in Codes inkludiert waren, welche unter die Unterkategorien der deduktiv gewonnenen Kategorien Wissen, Können und Haltung fielen. Um der Bestimmung von Wirkungszusammenhängen dennoch nachgehen zu können beziehungsweise um die Aussagekraft der Ergebnisse bestmöglich auf die Fragestellung einzustellen (Mayring 2015, 61), wurde hier eine Abweichung von Mayring's Vorgaben unternommen und Mehrfachcodierungen orientiert an Kuckartz und Rädiker in einem separaten Analyseprozess des Datenmaterials vorgenommen (2020: 46).

Der umfassende Kodierleitfaden ist im Anhang 11.5 zur Ansicht hinterlegt.

6.6 Forschungsethik und Gütekriterien

Nachdem das Forschungsdesign nun über seine verschiedenen Bestandteile hinweg vorgestellt wurde, ist ein weiterer essentieller Standard, den Blick zurück zu werfen um die Qualität des Vorgehens und der dadurch entstehenden Forschungsergebnisse zu betrachten (Mayring 2016: 140). Dies bedeutet einerseits, eine ethische Perspektive einzunehmen und andererseits, Gütekriterien abzuprüfen.

„Wie jede andere Handlungsweise muss auch die Forschungstätigkeit die Menschenwürde und die Menschrechte beachten" (Schnell; Dunger 2018: 30). Hierzu stellen unter anderem Schnell und Dunger acht forschungsethische Prinzipien auf, auf deren Einhaltung die vorliegende Forschung überprüft werden soll. Erstens ist die Forschendengemeinschaft zu beachten, Ergebnisse von weiteren Forschenden sollen also zur Kenntnis genommen werden. Weiterhin sollen Menschen nicht Forschungen ausgesetzt werden, deren Daten nicht ausgewertet werden sollen. Vorliegend wurden sowohl angrenzende Forschungsergebnisse beachtet (siehe Kapitel 6.1), als auch beide Fokusgruppen gleichwertig ausgewertet – keine davon fungierte als Pretest. Als zweites Prinzip ist die Aufklärung über das Forschungsvorhaben zu nennen, was wie in Kapitel 6.4 dargelegt, ebenso eingehalten wurde wie das dritte Prinzip, über die Forschungsmethode aufzuklären (32). Das vierte Prinzip der Folgenabschätzung und das fünfte Prinzip der ethischen Prognose fordern von Forschenden, dass sie Vorkehrungen treffen für mögliche positive, insbesondere aber für mögliche negative Folgen ihrer Forschungen. Da Befragte in erster Linie Menschen und nicht Informationslieferant*innen sind, muss sich der*die Forschende auch für die Forschung irrelevantes Erzähltes annehmen, weil es für das Gegenüber wichtig sein könnte. Weiter muss reflektiert werden, ob die Fragen zumutbar sind und ob Verletzungen oder Nachteile durch die Befragung entstehen könnten. Aufgrund dieser zwei Prinzipien ist als sechstes Prinzip die ethische Prävention geboten. Wenn Verletzungsrisiken im Raum stehen, sind Befragungen entweder nicht (in geplanter Form) durchzuführen oder Kriseninterventionen bereitzuhalten. Weiter besteht besondere Verletzlichkeit der Teilnehmenden, weil bestimmte Äußerungen trotz der Anonymisierung zugeordnet werden könnten. (32f.) Die vergangenen Prinzipien löste die vorliegende Forschung dadurch ein, dass sie eventuell auftretende Nachteile für die Teilnehmenden vorab reflektierte und mögliche Umgänge damit durchdachte. So beschäftigte sie sich insbesondere damit, wie mit Ärger, gegenseitiger Kritik oder Konflikten innerhalb der Gruppe umgegangen würde – hier wäre insbesondere den Moderatorinnen Verantwortung zur Schlichtung und Abklärung zugekommen. Weiter wurde, wie bereits geschildert, abschließend die Möglichkeit geboten, die eigene Befindlichkeit sowie Rückmeldung auszusprechen, um die Situation geordnet verlassen zu können. Für den Fall von auftretenden, empfindlichen Aussagen der Teilnehmenden, wäre im bilateralen Kontakt mit der*dem Betreffenden der Umgang damit ausgehandelt worden. Siebtes Prinzip bildet die Pflicht zur Wahrheit, so dürfen keine falschen Aussagen zum Forschungsvorhaben und auch keine falschen Versprechungen gemacht werden (33), woran sich ebenso gehalten wurde. Und als letztes Prinzip sind Datenschutzgesetze einzuhalten (34). Die persönlichen Daten der Proband*innen wurden vorliegend ausschließlich zur wissenschaftlichen Verarbeitung genutzt. Die Teilnehmenden wurden zu zwei Zeitpunkten vorab über die Nutzung informiert und die Anonymisierung zugesichert. Ihnen war darüber hinaus bekannt, dass die Einrichtung namentlich aufgeführt wird und sie über die anderen Teilnehmenden, über die Berufs- und Funktionsbezeichnungen, die erfasst wurden, zu einem bestimmten Grad trotz der eingehaltenen Regeln zurückverfolgt werden könnten. Die informierte Zustimmung, eines der wichtigsten ethischen Leitlinien (32), wurde also verantwortungsvoll eingeholt.

In Zusammenhang mit qualitativen Gütekriterien wird von Reliabilität, interner und externer Validität und Objektivität gesprochen, auch wenn diese ursprünglich aus quantitativer Forschung stammenden Begriffe teils für das Qualitative umformuliert werden (Kuckartz 2018: 202). „*Reliabilität* stellt ein Maß für die Reproduzierbarkeit der empirischen Befunde dar [und zwar] in zeitlicher, sozialer und sachlicher Hinsicht"

(Schaffer; Schaffer 2020: 55). Zeitliche Reliabilität gewährleistet die vorliegende Forschung, als dass sie jederzeit wiederholt werden könnte, ohne dass sich die Ergebnisse drastisch unterscheiden würden (55). Sachliche Reliabilität löst sie insbesondere durch die Durchführung zweier Fokusgruppen ein, ihre Ergebnisse „sind bis auf sehr kleine Zufälligkeiten identisch [und] repräsentativ für das Gesamtsample" (55). Soziale Reliabilität ist gegeben, weil die Ergebnisse unabhängig von persönlichen Merkmalen der Moderator*innen gewonnen wurden. Für die Teilnehmenden waren sie weitestgehend unbekannt. Dies leitet über zum Aspekt der *Intersubjektivität*, als Äquivalent zur Objektivität als quantitatives Kriterium. Intersubjektivität bedeutet, das eigene Vorgehen, insbesondere die Interpretationsleistungen, offenzulegen, damit Lesende überprüfen können, ob sie zu ähnlichen Schlüssen kämen. (Kotthaus 2020: 55) Sie wurde vorliegend auch hergestellt,

> „[indem] Prozesse und Entscheidungen der Forschung minutiös dokumentiert w[u]rden. Das bezieht sich [beispielsweise auf] Vorwissen, die Art der Zusammensetzung des Samples, die Situationen der Erhebung, die Datenbearbeitung, die Auffassung vom und Anwendung des Analyse- und Interpretationsverfahrens sowie die Bezugnahme auf gängige Theorie" (Kotthaus 2020: 55f.)

Validität fragt danach, „ob wir das abbilden, was wir abbilden wollen, [stellt also die Frage nach] der Kongruenz von Karte und Territorium" (Schaffer; Schaffer 2020: 57) und wird von Kuckartz in interne und externe Validität untergegliedert (2018: 202). Zur internen, welche die bereits aufgeführten Merkmale inkludiert, wurden außerdem

- Video- sowie Tonaufnahmen gemacht sowie Notizen im Verlauf und Anschluss der Durchführung erstellt,
- die Transkription selbstständig, vollständig, computergestützt und mithilfe offengelegter Transkriptionsregeln erstellt,
- alle Methodenwahl im Forschungsdesign begründet und genaues Vorgehen beschrieben,
- alle Daten berücksichtigt, das Material mehrfach durchlaufen, präzise Kategorien aufgestellt und Schlussfolgerungen begründet. (Kuckartz 2018: 204f.)

Für größtmögliche externe Validität, der Frage nach der Verallgemeinerbarkeit und Übertragbarkeit (Kuckartz 2018: 203), wurde bereits mit der Wahl der Einrichtung und Stichprobe (siehe Kapitel 6.3) gesorgt. Weiter wurde der Vorschlag Kuckartz' zum ‚peer debriefing‘ verfolgt und es fand Austausch über das Forschungsdesign mit drei verschiedenen Expert*innen statt. Auch ‚member checking‘, also Austausch mit Forschungsteilnehmenden rahmt die vorliegende Forschung, was Kuckartz für die externe Güte für wichtig hält. (218) So fand kommunikativer Austausch mit der Aufgangsperson im Feld statt, die Ergebnisvorstellung und Austauschrunde mit der Teilnehmendengruppe ist im Verlauf des Jahres geplant.

7 Ergebnisse der Forschung

Auch quantitative Analyseschritte können im Übrigen in Analysen eingebaut werden (Mayring 2015: 61). Dies scheint sich für die vorliegende Arbeit insofern anzubieten, als dass die Häufigkeit von Codenennungen, die Kategorien im Überblick gewichten und den Ergebnissen entsprechend Aussagekraft verleihen können. Die folgende Tabelle zeigt einleitend, wie oft welche Codes thematisiert wurden.

Liste der Codes	Häufigkeit
Gesamtheit der codierten Segmente	305
0. ALLGEMEINE AUSSAGEN ZU PROFESSIONALITÄT/ QUALITÄT	3
1. WISSEN	0
Fallverstehen und Diagnostik	16
Kenntnisse	5
2. KÖNNEN	0
interne und externe Kooperation	11
Reflexion	0
Selbstreflexion	14
(Weiter-)Entwicklung	12
Perspektivwechsel und Mehrperspektivität	8
Kommunikation	1
Einfühlung	14
Präsentation und Dokumentation	8
3. HALTUNG	1
Ressourcenorientierung	21
Partizipation	9
Wertschätzung	6
Achtung der Würde, Autonomie und Lebensentwürfe	2
Arbeitshaltung und -befindlichkeit	0
Motivation	19
Selbstfürsorge	11
Selbstwertstärkung	10
Organisationskultur	3

4. WIRKUNGSZUSAMMENHÄNGE	3
Bilder	0
sachlich-inhaltlicher Gehalt	35
emotionaler Gehalt	9
Gefilmt werden	2
Perspektivwechsel und Mehrperspektivität	11
Fokus	6
Feedback	6
Detailliertheit	6
Lernen am eigenen Modell	3
gemeinsamer Blick	3
5. PROFESSIONALITÄT INNERHALB DER METHODE	0
Kritische Reflexionen	34
Handlungsleitende Standards	18
Implementierungsaspekte	9

Tabelle 7: Codehäufigkeiten, eigene Darstellung mithilfe von MAXQDA

7.1 Auswirkungen auf professionelles Handeln

Um weiterhin einen ersten Überblick über die Auswirkungen auf professionelles Handeln zu gewinnen, nutzt die vorliegende Arbeit zunächst eine Visualisierung, eine Möglichkeit, die zunehmend auch in der Präsentation qualitativer Forschungsergebnisse Bedeutung gewinnt (Kuckartz; Rädiker 2020: 97). In der folgenden Wortwolke sind die Auswirkungen videobasierten Arbeitens auf die Merkmale professionellen Handelns dargestellt, ihre Größe verrät dabei, wie oft sie codiert wurden.

Abbildung 11: Auswirkungen videobasierten Arbeitens auf Merkmale professionellen Handelns, eigene Darstellung mithilfe von MAXQDA

Vorab bleibt zu benennen, dies ist vielleicht bereits durch die abschließend gebildete induktive Oberkategorie 0 zu vermuten, dass die befragten Fachkräfte auch allgemeine Einschätzungen zu VHT und professionellem Handeln trafen. Diese sind in jener Kategorie zusammengefasst und sollen hier vorab aufgeführt werden. So wird eingeschätzt, „im Gesamtprozess von Anfang (.) bis Ende find' ich professionalisiert und qualifiziert [videobasiertes Arbeiten] die ganze pädagogische Arbeit." (Z.104). Weiter wird zugestimmt, dass über den Weg der Bilder Fachkräfte professionalisiert (Z.416-417) und die Qualität ihrer Arbeit optimiert werden (Z.907-909). Diesen übergreifenden Einschätzungen kann über die folgenden Kapitel hinweg nachgegangen werden.

7.1.1 Dimension des Wissens

Die erste der Oberkategorien, deduktiv entlang von Spiegels Dimensionen entwickelt, umfasst alle Merkmale unter der Überschrift des Wissens. Dabei wird von den Proband*innen zunächst vielfach über VHT im Kontext von *Fallverstehen und Diagnostik* berichtet, entsprechend von Spiegels Beschreibungs- und Erklärungswissen (2021), Heiners Analyse- und Planungskompetenz (2010) sowie Gahleitners Begriff der trauma- und beziehungssensiblen Diagnostik (2017). Hierbei

> „wird gesammelt, geschaut (.) oka:y das ist so das was wir bisher wissen und wa:s (.) könnte gut se:in, was nehmen wir jetzt da raus mit. (.) ganz konkret für unser (.) pädagogisches Handeln im Alltag, wo muss man nochma:l (.) sensibler drauf schauen" (Z.236-238).

Videobasiertes Arbeiten wirkt sich dabei zunächst offenbar auf das Fallverstehen aus, indem es ein gemeinsames Fallverständnis fördert.

> „im Team sagen wir ganz oft, wir sind alle auf dem gleichen Nenner. also wenn wir Videos im Team zeigen finden wir das gut weil wir immer sagen, ach so:o hast du das gemeint, man kann vieles sagen und denkt der andere

weiß jetzt was ich meine aber so die Bilder richtig sehen? dann sind alle wirklich auf dem gleichen Stand ((gestikuliert))" (Z.1733-1737)

Videoarbeit befördere den „Austausch miteinander" (Z.835) und die durch sie gebotene Möglichkeit, sich gut abzustimmen und abzugleichen (Z.1913-1914) und zusammenzuarbeiten (Z.63). Verfolgt würde, dass „so n'Team [gemeinsam] in Aktion und Aktivität kommt" (Z.448-450). Hilfreich sei VHT für Teams weiterhin, weil jene Kolleg*innen, die Schlüsselsituationen verpassen, das Geschehnis durch das Videomaterial nachträglich nachvollziehen könnten (Z.1883-1886). Zudem könnten auch, wie in späterem Abschnitt ‚Kenntnisse' beschrieben, Videomaterial dazu verwandt werden, Teams eine Idee davon zu geben, „wi:e (.) reagiert n'Kind in bestimmten Situationen" (Z.1894-1895).

Auch die Zielfindung unterstütze VHT, so benennen die Teilnehmenden, dass sich durch das Videomaterial neue Ziele miteinander abstimmen lassen würden. Am Videomaterial würde der Frage nachgegangen, wo angesetzt werden kann, wo weitergemacht wird (Z.80-81), welche Fragestellungen als nächstes im Fokus stehen sollen (Z.1175) und welche gemeinsamen Strategien eingeschlagen werden (Z.62), um nach der mehrperspektivischen Fallberatung „wieder 'ne gute Fahrtrichtung °zusammen rein[zu kriegen]°" (Z.2002-2003).

Zudem scheint VHT als Medium zu ermöglichen, dass eine von Gahleitner geforderte, mehrperspektivische trauma- und beziehungssensible Diagnostik verfolgt wird. Die Teilnehmenden berichten einerseits davon, dass Videobilder innerhalb der Fallbesprechung in direkten Zusammenhang mit der Lebensgeschichte der Kinder gebracht würden. Diese biografischen Aspekte samt Genogramm, Berichten und Akten aus der Vorzeit würden insbesondere zu Beginn der Hilfe mithilfe eines Zeitstrahls (Z.212-246) „[aufgedröselt]" (Z.79) und das Videomaterial wird dazu mit der „Idee des guten Grundes ähm (.) für das Verhalten […] dass da:s viel mit Geschichte zu tun hat (.)" (Z.446-447) analysiert. Mit der Idee des guten Grundes ist bereits ein weiteres Merkmal der Diagnostik mit VHT beschrieben, der Blick auf die unerfüllten Bedürfnisse, die hinter auffälligem Verhalten liegen. VHT ermögliche „gemeinsam dahin[zu]kommen, was können wir dafür tun ähm dass diese Bedürfnisse was dahintersteckt […] in anderer We:ise erfüllt werden können" (Z.451-453). Insgesamt scheint VHT diesen Blick darauf, was das Kind braucht, zu kultivieren, dies spiegelt sich mehrfach in den Äußerungen wider (Z.112-113, 445, 452, 525).

Insgesamt ermögliche VHT im Zuge „der Diagnostik so n'Gesamtbild zu geben das total facettenreich ist" (Z.523-524), das verschiedenste Situationen aus dem Alltag der Kinder und Jugendlichen erfasst und einbezieht (Z.1993-1999). Es scheint so eine umfassende „Bestandsaufnahme [und] Förderdiagnostik" (Z.1215) anbieten zu können, dass mitunter auch motorische Entwicklung, Kommunikations- und Interaktionsmuster sowie Bindungsmerkmale erfasst (Z.1215-1216). Wie gerade letzteres analysiert wird, vermag folgendes Beispiel zu beschreiben.

„[Wir] machen das (.) viel fest an Begrüßungs- und Abschiedsszenen [...] wer umarmt eigentlich wen, von wem geht die Initiative aus, ähm wo gibt's vielleicht auch eher n'passives Aushalten [...] im ersten Moment [...] wirkte es ganz nett, aber wenn man genauer guckt sieht man (.) dass ein Kind sich verhält dass es sich vielleicht sogar wegdre:ht ähm dass es sehr schnell aus einer Umarmung wieder rausstre:bt (.) also und diese Feinzeichen [...] das sind oft nur so kurze Aufnahmen von vielleicht zwei drei Minuten und trotzdem ähm sind es für uns nachher ganz (.) wichtige Szenen (.) Abschied ähnlich ja also wer hält nochmal lange fest, wer will eigentlich möglichst schnell da durch, wer beruhigt sich auch sobald die Eltern aus dem Gesichtsfeld sind ganz schnell wieder, oder wer weint auch nachhaltig weiter weil's wirklich so tief geht, das sind so Dinge die wir uns dann sehr genau angucken" (Z.1325-1342).

Zudem werden Äußerungen dazu gemacht, wie VHT rund um Wissensbestände und *Kenntnisse* der Fachkräfte wirkt. Videobasiertes Arbeiten ermögliche laut einigen Teilnehmenden „Wissen zu vermitteln und es eben letztlich na:chvollziehbar und verständlich zu machen" (Z.1881-1882). Vor diesem Hintergrund würde VHT auch zum Schulungs- und Fortbildungszweck genutzt (Z.342, 1865, 1135). Theoretische Kenntnisse (Z.1135-1183) sowie Wissensbestände über psychiatrische Krankheitsbilder würden durch Videomaterial vorgestellt und weitergegeben werden (Z.1865). Man erhalte Bilder „wie das genau ge:ht wie das genau au:ssieht" (Z.349). So bestünden zum Beispiel Aufnahmen von Jugendlichen, die bereit waren innerhalb des Videomaterials zu berichten, wie sich ihre psychische Erkrankung anfühlt (Z.1864-1886). Innerhalb dieser Fortbildungen und Schulungen würden Fachkräfte zurückmelden,

„wie gu:t über Videobilder so Inhalte verstanden werden und dass das auch so (.) was ist wo die sagen, jetzt hab ich sogar 'ne konkrete Ide:e dazu, das ist nochmal anderes als das nur zu hören sondern da auch so ein Be:ispiel zu haben (.) das ähm wird durch=weg positiv beschrieben" (Z.1890-1892).

Das Gelernte würde zudem auch besser in Erinnerung bleiben durch die einprägsamen Aufnahmen, wie zum Beispiel „dieses Mädchen das völlig verzweifelt ist dass es die Sche:re nicht findet, weil es eben (.) traumatisiert ist und mit Schlägen rechnet (.) [...] das (.) ist einfach das was hängen bleibt" (Z.345-349). Beschreibungswissen im wahrsten Sinne, nämlich Kenntnisse darüber wie Bildmaterial angemessen verbalisiert werden soll, würde über VHT offenbar ebenso erworben (Z.462-470).

7.1.2 Dimension des Könnens

Unter der Oberkategorie des Könnens, als weitere Dimension, scheint die *interne und externe Kooperation* von Professionellen maßgeblich durch videobasiertes Arbeiten geprägt zu sein. So geschehe innerhalb vieler Anlässe – im Übergang zu einer neuen Gruppe (Z.249-252,268-271), im Hilfeplangespräch (Z.369-382,1243-1252), in diagnostischen Bereichen (Z.158-161,1409-1415) – folgendes: „wir erzä:hlen und zeigen dazu Bilder (.) und das ist se:hr se:hr hilfreich" (Z.163-166). Auf diese Weise könne beispielsweise erreicht werden, dass „der große Kreis der mitwirkt auch verste:ht" (Z.116-117). VHT ermögliche, realistische Eindrücke aus dem Alltag des jungen Menschen zu vermitteln und die Situation nach außen nachvollziehbarer zu machen (Z.1260-1270). Durch Bildmaterial aus dem Wohngruppenalltag könne beispielsweise auch Mehrbedarf an pädagogischer Betreuung dargestellt und der daraus resultierende Personalmehrbedarf nachvollziehbar verdeutlicht werden (Z.173-183). Ein*e Teilnehmende*r beschreibt hierzu

„sehr positive Resonanz, also nach dem Aspekt ja ich hab von dem Kind ja schon viel gehört viel gelesen (.) aber relativ wenig gesehen und ähm Kinder und Jugendliche im Alltag dann tatsächlich in kurzen Sequenzen find ich zu erleben, zu sehen (.) hat nochmal n'ganz anderen Eindruck als tatsächlich es nur zu hören oder zu lesen [...] das ist schon sehr hilfreich (.) und auch wünschenswert [...] bei je:der Hilfeplanung" (Z.1277-1283).

Weil interne und externe Kooperation auch Schauplatz weiterer Merkmale professionellen Handelns ist, wird sie auch in weiteren Kategorien thematisch durchschimmern. Hier sei zunächst festgehalten, dass VHT unter dieser Kategorie zunächst eine Art Medium zum Zweck der Kooperation zu bilden scheint.

Unter der Kategorie der *Reflexion* sind die drei Codes Selbstreflexion, (Weiter-)Entwicklung sowie Mehrperspektivität und Perspektivwechsel zusammengefasst, welche im Folgenden nacheinander vorgestellt werden sollen. Zunächst beschreiben zahlreiche Teilnehmende, inwiefern videobasiertes Arbeiten ihnen die Möglichkeit zur Selbstreflexion biete und jene fördere (Z.19-20,806-814,1740,1862,1900-1914,1937-1938). Darüber hinaus biete Videoarbeit für Professionelle die Möglichkeit, sich insbesondere nach herausfordernden Situationen nachträglich rückzuversichern (Z.1011-1018,1055-1060,1687-1691). Dies zeigt auch das folgende Beispiel.

„ich hatte jetzt gerade auch im Rahmen meiner Weiterbildung auch so'n Moment wo ich dachte, an der Stelle hatte ich n'ganz komisches Bauchgefühl und konnt's in der Situation aber gar nicht so:o festmachen, und dann ist das natürlich ((lächelt)) super hilfreich wenn man sich das nachher nochmal angucken kann und nochmal zurückspulen und nochmal wirklich so diese Fe:inheiten [...] in seinem Handeln nochmal zu gucken, was war's denn da irgendwie ja? passt das oder ähm lieg' ich da richtig oder woran könnte das liegen. dafür find ich's halt auch nochmal ähm 'ne super Möglichkeit (.) für sich selber auch nochmal zu gucken, wo ähm hab ich wirklich alle gut abgeho::lt oder wie war ich da im Kontakt" (Z.1740-1749)

Video ermögliche vielschichtiger zu reflektieren sowie intensiver, weil im Vergleich zu verschwimmenden Erinnerungen, Videosituationen immer wieder abruf- und reflektierbar seien (Z.644-648). Was nehme ich mit (Z.1913)? Was habe ich gut gemacht und gut gemeistert (Z.1017)? Wie schaue ich? Wie wirke ich? Wie gehe ich mit meinem Gegenüber um? (Z.1055-1060) Wie sehe ich mich? (Z.814,1691) Wie konfrontativ, wie verbindend bin ich im Gespräch (Z.812-814)? Welche Lernpunkte nehme ich mit

(Z.1862) und worauf will ich zukünftig achten (Z.746)? Was gehört hinterfragt, verändert oder verbessert (Z.1844-1845)? Im Vergleich zur herausfordernden Situation selbst, säßen Professionelle bis hin zu traumatisierten Adressat*innen zum Zeitpunkt der Reflexion nicht mehr im ‚Strudel' des Geschehens sondern vor dem Monitor, die Methode biete hier die Chance,

> „sich davon zu distanzi:eren [und] macht 'ne ganz andere Art von Fre:iheit damit umzugehen möglich [...] ähm das innerlich erst Mal auseinander- zudividieren, das kann sehr schwer fallen (.) und das wird da sozusagen über die Methodik hergestellt (.) und das ist ein großer Vorteil (.) ähm dass man einfach n'bisschen mit Abstand draufschauen kann und handlungsfähig ist. (.) und Dinge sie:ht und auch ähm Ideen entwickelt, so könnte es ge:hen (.) ähm, das ist sehr speziell? und °sehr hilfreich°" (Z.606-615)

Kaum von der Selbstreflexion zu trennen ist darüber hinaus der induktiv entwickelte Code *(Weiter-)Entwicklung,* welcher spezieller jene Äußerungen erfasst, die Entwicklungs- und Lernprozesse betonen. Wie videobasiertes Arbeiten Weiterentwicklung bewirkt, scheint die folgende Erfahrung einer jungen Fachkraft zu zeigen.

> „da lief's halt 'ne Zeit lang nicht so wie's sollt:e, dann haben wir [...] verabredet ich mach diesen Prozess ähm [...] manage im Prinzip meinen eigenen Ausbildungserfolg auch darüber und (.) nutze [VHT] um mir das selber ja meine Entwicklungs- (.) ja meine Entwicklungssprünge die ich gemacht habe da [...] zu visualisieren [...] ich glaube (.) wenn ich das nicht gemacht hätt::e wär ich nicht Erzieher geworden [...] also ich hatte 'ne unfassbar steile Le:rnkurve einfach mit diesem (.) ganzen Jahr wo ich diesen Prozess gemacht habe" (Z.393-402)

Weitere Befragte betonen ebenso die besondere Möglichkeit videobasierten Arbeitens, sich professionell (Z.21-23,44-45,311-330,848-849,1852-1862), persönlich (Z.1947-1961) sowie ganze Arbeitsbereiche konzeptionell weiterzuentwickeln (Z.840-845). VHT könne „ganz ganz viel in Bewegung setzen" (Z.341), der ressourcenorientierte Blick und die positiven Bilder würden dabei Lernen und Entwicklung ermöglichen (Z.511-512).

Und zuletzt gehören auch *Perspektivwechsel beziehungsweise Mehrperspektivität* zur Reflexion als Teil professionellen Handelns. Das folgende Beispiel einer*s Teilnehmenden zur Neuaufnahme eines Jungen scheint eindrücklich zu schildern, wie videobasiertes Arbeiten Perspektivwechsel bei Professionellen herbeiführen kann.

> „wir haben natürlich das Anforderungsprofil gelesen ja was bra:ucht der Junge, kriegen wir alles schriftlich und dann hatten wir Bilder zu dem Jungen [...] wo man dann auch sieht [...] wenn man dann auf seine Ressourcen achtet (.) der wirkt tota:l [...] sympathisch, der hat n'nettes Lächeln, n'schönes Lachen (.) ähm der macht bestimmte Sachen ge:rne (.) wo man dann einfach n'ganz anderes ähm Bild nochmal kriegt [...] und dann ist da natürlich auch mal 'ne Sequenz dabei wo der Junge ähm irgendwie (.)

impulsdurchbrüchig ist, dann weiß man aber auch, wie **agi:ert** der da; wenn das nur steht der hat Impulsdurchbrüche? (.) lesen manche de:r (.) haut dir die ganze Bude kaputt? j:a aber (.) es ist einfach (.) komplett anders bei dem Jungen gewesen (.) wo wir dann auch nochmal gesagt haben, da können wir uns das dann (.) **wirklich** gut vorstellen [...] find ich einfach schö:n" (Z.251-266)

Mehrfach wird von den Teilnehmenden beschrieben, dass Videoarbeit andere Blickwinkel ermögliche (Z.485-486,1697,1991), andere Details deutlich würden (Z.487, 1704), andere Gefühle dazu entwickelt werden könnten (Z.1705). Bildmaterial fördere, dass vielschichtiger reflektiert (Z.644-646) und unter verschiedenen Fragestellungen darauf geschaut werden könne (Z.652-654) – immer wieder neu, mit zeitlichem Abstand oder im Miteinander verschiedener Professionellen (Z.656-659) und Professionen (Z.1996-1997). Die vielseitigen Beobachtungen könnten verschiedene Hypothesen generieren (Z.239-244), Austausch und gegenseitiges Verstehen fördern (Z.1993-1994) und dafür sorgen, dass es „nicht z:u schnell eine einseitige Beschreibung bekommt und dann ist es so und dann wird so gehandelt sechs Monate lang [...] das wollen wir halt vermeiden." (Z.524-528).

Zur Dimension Können gehört weiterhin die Oberkategorie der *Kommunikation*. VHT, so die Einschätzung einer Fachkraft, nehme gelingende Kommunikation und das Miteinander mithilfe von Videobildern in den Blick (Z.1043-1044). Teil der Kommunikation ist zunächst, dies wurde bereits von Heiner und von Spiegel geschildert, Empathie beziehungsweise *Einfühlung*, welche eine weitere Unterkategorie bildet. Situationen wie die folgende scheinen den Professionellen über videobasiertes Arbeiten diese Einfühlung in das Gegenüber zu ermöglichen.

„[Ein] kleiner Junge im Kinderschutzhaus der völlig verzweifelt im Schrank saß und bitterlich weinte, also das ist das was ich noch so ganz ((gestikuliert an Kopf)) prägend habe also so diese Verzweiflung bezüglich der Perspektivlosigkeit [...] ist schon so'n Bild wo ich dachte **Wow**, ne, und das dann tatsächlich auch zu hören und zu sehen, ja" (Z.1390-1397).

Im Sinne dieses Einfühlens und Hineinversetzens entstehe Verstehen. So berichten die Teilnehmenden zahlreich wie das Gegenüber durch Bildmaterial für Fachkräfte auf verschiedenen Ebenen verstehbarer wird (Z.411,414-415,490,497,764,806,831). Einfühlung bedeute für die Fachkräfte auch, sich von der Vorstellung „das Kind will mich ärgern" (Z.445-446) hin zum Verstehen des guten Grundes hinter dem Verhalten und der Haltung „wir sind nicht gemei:nt" zu bewegen (Z.449). Insbesondere zu Beginn von Hilfen bewirken Videobilder laut der Befragten, dass man sich auf das Gegenüber vorbereitend einstimmen könne (Z.302-303,1916-1924). Vielfach wird weiterhin beschrieben, dass Bilder auch Fachkräfte in Entscheidungspositionen erreichen und ihrerseits einfühlendes Verständnis bewirken würden (Z.168-173,1398-1408,1718-1723), sodass

„zum Beispiel ein Machtkampf zwischen Jugendamt und Sorgeberechtigten einfach ähm abgeschwächt wird; also dass man immer wieder ü:ber Bilder [...] Verständnis füreinander entwickeln konnte. [...] man hat die Verhaltensauffälligkeiten auch sehr herausfordernde Verhaltensauffälligkeiten von Kindern ze:igen können um dann vielleicht a:uch ein Verständnis dafür entwickeln können warum (.) ein Elternteil [...] überreagiert hat; und dann sieht man einfach vielleicht warum man vielleicht mal in 'ner Verzweiflungssituation war. [...] ein großer Wirkfaktor ist dass Videobilder (.) über diese visuelle Schiene nochmal ein Verständnis füreinander finde ich schaffen können" (Z.798-807)

Auch wenn sie im Fachdiskurs verschieden unter den Dimensionen professionellen Handelns eingeordnet werden (von Spiegel 2021:97; Heiner 2010b: 66), gehören zum kommunikativen Können auch die *Präsentation und Dokumentation* von Professionellen. Dabei ist der Übergang zwischen dieser Kategorie und der der internen und externen Kooperation fließend, stellt Präsentation doch in der Praxis wesentlichen Part der Kooperation dar. VHT scheint zunächst eine besondere Form der Dokumentation anbieten zu können, so beschreiben Teilnehmende, aus verschiedenen Situationen des Alltags Filmmaterial entstehen zu lassen (Z.213-219), so würde das Leben des jungen Menschen einerseits vielseitig abgebildet (Z.502) und andererseits dessen Entwicklung festgehalten. Hierzu beschreibt ein*r Teilnehmende*r beispielsweise, gerade bei jüngeren Kindern böten sich Trampolinaufnahmen an – zu Beginn noch unbeholfen, schlägt manches Kind nach wenigen Monaten Saltos, diese Steigerung würde so eingefangen (Z.1605-1608). Videobasiertes Arbeiten ermögliche dann weiter, diese Entwicklungsverläufe zu präsentieren, dies bestätigen mehrere Äußerungen (Z.1177-1181,1312-1317,1599,1605-1608). Auch fachliche Einschätzungen oder Ergebnisse von diagnostischen Aufträgen und Verfahren könnten auf diese Weise nachvollziehbar nach außen präsentiert werden (Z.285-292,293-295,557). Bildlich präsentiert können darüber hinaus offenbar auch einzelne Inhalte, wie folgendes zeigt.

„wir [haben] mal geschiedenen Eltern gezeigt wie ein Kind vor dem Familienbrett sitzt und versucht seine Position zwischen Vater und Mutter festzulegen, und immer wieder die Figur hin- und herbewegt und sich nicht festlegen konnte; danach war mit den Eltern ein ga:nz anderes Verhandeln darüber ähm möglich wie denn Besuchskontakte und überhaupt weitere Platzierung dieses Kindes gestaltet werden soll, weil dieser innere Konflikt ich mag mich weder für Mama noch für Papa entscheiden und irgendeinem tu' ich immer weh, der wurde sowas von deutlich; den hätte man auch nicht besser beschreiben können, sondern diese kurze Szene wie der versuchte seine Figur zu positionieren, das war sehr eindrücklich, selbst für die Eltern." (Z.1432-1441)

7.1.3 Dimension der Haltung

Nun bewegt sich die Arbeit in die Ergebnisdarstellung unter der Oberkategorie und Dimension der Haltung als Teil professionellen Handelns. Auch hierzu ordnet ein*e Befragte*r übergreifend ein, dass man mit VHT ganze Teams in einer Haltung entwickeln könne (Z.413-414) und formuliert damit eine übergreifende Einschätzung zur Auswirkung von videobasiertem Arbeiten auf Haltungen. Die folgenden Unterkategorien gehen dem nach.

Begonnen wird mit der meistcodierten Kategorie der *Ressourcenorientierung*. Die sich abzeichnende Wirkung videobasierten Arbeitens auf die ressourcenorientierte Haltung beschreibt zunächst folgende Äußerung grundlegend. Durch VHT

> „wird ja so 'ne Grundhaltung vermittelt von Ressourcenorientierung (.) und von eher Schatzsuche als Fehlermeldung? [...] und ähm (.) da hilft ein Stück videobasierte Beratung, mit Bildern zu arbeiten [um] zu so einer Haltung beizutragen [...] das ist ein total langer We:g also da hinzuschauen ähm (.) so 'ne **Grundhaltung** zu entwickeln (..)“ (Z.894-905)

Weiter solle durch VHT allen Mitarbeitenden diese Idee des Schätzebergens verdeutlicht und auf den Weg gegeben werden, sodass die Grundhaltung Eingang in den pädagogischen Alltag findet (Z.118-128), wozu indes auch gehöre, wie man über Kinder spreche und schreibe (Z.902-903). Weitere Teilnehmende sehen im videobasierten Arbeiten ressourcenorientiertes Arbeiten, so nennen sie im Zusammenhang mit VHT mehrfach die Ressourcenorientierung (Z.1044-1045,1271,1585, 1597,1646-1647), schreiben ihr eine grundsätzlich positive Haltung zu (Z.1651), den ressourcenorientierten Blick (Z.255,503-504,510-512), dass sie positive Bilder transportiere (Z.1272), lösungsorientiert sei (Z.943-945) und den Fokus auf alles richte, was bereits gut gelinge (Z.1588). Erst der positive Blick ermögliche es im Übrigen, in Entwicklung zu gehen und zu lernen, so beschreibt dies ein*e Befragte*r (Z.510-512). Ein*e weitere*r Teilnehmende*r deutet selbst die Gefahr des Verstellens (siehe Kapitel 7.3) durch die Kamera als Chance um, Potenziale in der Person zu aktivieren – „grundsätzlich ist die Methode für mich immer? [...] 'ne Möglichkeit ähm zu sehen was steckt denn in der Person“ (Z.756,758).

Weitere Aussagen thematisieren, wie VHT Ressourcenorientierung in der direkten Arbeit mit jungen Menschen und ihren Familien institutionalisiert. Videobasiertes Arbeiten wirkt hier wie ein Verfahren zur Schatzsuche, zur Ressourcenerkundung und -präsentation. Die Notwendigkeit eines solchen scheint eine betreute Jugendliche zu schildern, welche von einer*m Teilnehmenden*m zitiert wird „können wir mal ähm Videobilder angucken? [...] ich kann die schönen Dinge alleine nicht gut erkennen u:nd dann brauch ich jemanden der mir das zeigt“ (Z.1452-1554). Laut mehrerer Fachkräfte ermögliche VHT, Eltern zu zeigen, was ihr Kind gut macht, gut kann und wie es über den Zeitraum hinweg in Entwicklung gegangen sei (Z.1597-1600). Kindern könne durch VHT derweil ihre Stärken gezeigt werden, ihnen werden dabei ausschließlich positive Bilder gezeigt (Z.1611-1612).

„[Dann] schaut man gemeinsam, macht 'ne Videorückschau und die guckt und denkt hä::::? wi:::e. (.) (.) ähm auf einmal nehmen sie sich selber da so toll wahr boa::h das ist mir gelungen und daran (.) wachsen die auch" (Z.618-623).

Weitere Beispiele der Fachkräfte betonen, wie VHT junge Menschen wachsen ließe – dies geschehe teils buchstäblich, indem sie sich innerhalb der Rückschauen auf ihren Stühlen zunehmend aufrichten würden (Z.582,628,1349,1677). Ähnliches schildert auch dieser Fall einer

„Jugendlichen die schwer depressiv ist, ein sehr schlechtes Selbstbild hat, und die über Worte, also man hat dann versucht ihr positive Rückmeldung zu geben und was sie gut gemacht hat an dem Tag und das (.) kam eigentlich nie richtig an und wurde immer abgeschmettert und ähm dieses Aha-Erlebnis für die Person selber, dass sie anhand von Videobildern sehen kann ey die Leute reagieren ja positiv auf mich und ich nehm' das aber einfach nie wahr ähm ( ) sie jetzt auch dazu dass sie selber teilweise ähm auch verbale Rückmeldung annehmen konnte, und das ist für die Person, auch wenn's erst Mal eigentlich als kleinschrittig erlebt wird, aber für die Person sind das schon riesen Schritte dann; und das finde ich sehr beeindruckend also dass man (.) über diese Videobilder ohne viel dazu zu sagen eigentlich ähm so eine Person dann so erreichen kann" (Z.1418-1429).

Es wird weiter von Begeisterung der Kinder (Z.1671), von Stolz (Z.1640-1641), von wertvollem Mehrwert (Z.368) und von VHT als Tankstelle im Alltag gesprochen (Z.1458). Auch Erwachsene beschreiben laut der Befragten, dass ihnen die positive Verstärkung guttue (Z.1362-1363) und dass sie stolz auf das Gelernte seien (Z.1361). Mit VHT – darauf lassen diese Schilderungen schließen – scheint den Fachkräften also eine Methode an die Hand gegeben zu sein, dass ihnen aktive und offenbar wirksame Ressourcenorientierung zu betreiben ermöglicht.

Wie steht es derweil um die Auswirkung von VHT auf *Partizipation* als weitere Haltung professionellen Handelns? Hierzu benennen mehrere Fachkräfte, dass VHT partizipativ wirke (Z.115, 766, 1218). Dass alle am Fall mitwirkenden Beteiligten einbezogen würden (Z.115-116) und insbesondere Elternteile durch Bildmaterial eine hohe Transparenz (Z.863-864,1178-1180) und erklärende Information (Z.1925-1930) – als eine erste Stufe von Partizipation – erführen. Ihnen solle darüber möglich sein, in den Alltag ihrer Kinder hineinzuschauen (Z.789): „[Sie] fanden es gut da so einen Einblick zu bekommen, was erlebt mein Kind wenn ich nicht da bin" (Z.1296-1298). Über die Stufe der Transparenz hinaus, betonen die Teilnehmenden Austausch und gemeinsame Auswertungen mit Eltern und Jugendamt (Z.1217). Höchste Mitbestimmung hin zur eigenen Entscheidung benennt folgende Fachkraft bezüglich eigener VHT-Prozesse der Elternteile. Sie „entscheiden an welchen Themen will ich denn arbeiten, [...] wir stimmen uns auch jedes Mal wieder ab, sind wir auf dem richtigen We:g? also dass die die Verantwortung für den Prozess auch haben" (Z.1614-1622) Videobasiertes Arbeiten scheint also insgesamt zu ermöglichen,

„Menschen teilhaben zu lassen. also wenn ich jetzt gucke VHT im HPG dann erleb' ich das se::hr dass [Eltern sich] viel me:hr wahrgenommen fühlen. wenn man Bilder zum Beispiel zei:gt wie sie a:uch in irgendeiner Form mitwirken an dieser Hilfemaßnahme ähm (.) aber a:uch [...] aus dem pädagogischen Alltag (.) ähm (.) **wirkt** das auf die Eltern sehr teilhabend (..) auf jeden Fall kriegen wir diese Rückmeldung. [...] das ist einfach 'ne unheimliche Form von **Wertschätzung.**" (Z.766-773)

Partizipation hat folglich mit *Wertschätzung* zu tun. Folgende beiden Beispiele machen deutlich, wie videobasiertes Arbeiten explizit Wertschätzung als Haltung bewirkt (Z.1618).

„[Es] ist **jeder gefragt**, es ist ja jeder gefragt wenn wir Bilder zeigen ob's die Praktikantin ist oder (.) Psychologe oder (.) es ist jeder wertschätzend gefragt was siehst d:u da? (.) was meinst d:u? und somit ist es ja wertschätzend allen Mitarbeitern gegenüber." (Z.2063-2065)

„[Die] Videokamera begleitet uns [...] positiv. ich erlebe es teilweise dass vielleicht tatschlich auch nochmal fre:undlicher we:rtschätzender (.) ähm fröhlicher miteinander gesprochen wird, dass eher nochmal gelacht wird, dass nicht so dramatisiert wird, man kann trotzdem wohl ernst sein aber (.) der Umgangston und die Haltung ist insgesamt se:hr wohlwollend" (Z.911-915)

Wertschätzung geschehe weiterhin dadurch, dass die Kamera Gespräche begleite, so würde allen Teilnehmenden deutlich, dass augenblicklich etwas Wichtiges geschehe. Fachkräfte sowie Familien würden sehr konzentriert und fokussiert mitwirken, sodass Weichen gestellt und dichte Gespräche entstehen würden. (Z.876-887)

Die *Achtung der Würde, Autonomie und Lebensentwürfe* als weitere geforderte Haltungen professionellen Handelns – wiederum ein Code, der sich mit den vorangegangenen verstrebt – scheint durch VHT unterdessen unterstützt zu werden. So wurde einmal benannt, es sei „immer 'ne gute Unterstützung um [sich] einfach nä:her zu bringen [...] in die Erfahrungswelt der (.) Menschen zu bringen die man aufnimmt" (Z.355-356) und benennt damit Respekt und Verstehen wollen der Lebenswelt und der Sinnbezüge des Gegenübers. Die Förderung dieser achtenden Haltung durch videobasiertes Arbeiten zeigt sich auch in der folgenden Ansicht.

„Eltern entscheiden an welchen Themen will ich denn arbeiten, also nicht dass (.) wir als Helfer so rein kommen und sagen das und das und das muss jetzt hier passieren, sondern wirklich dieses sensible Schauen wo steht mein Gegenüber und was ist de=ren Ide:e für de=ren System in Veränderung zu gehen" (Z.1615-1618).

Unter der Kategorie Arbeitshaltung und -befindlichkeit lassen sich zunächst Äußerungen festhalten, die auf die *Motivierung* durch VHT schließen lassen. Aussagen über die nachhaltige Motivation durch VHT lassen sich nicht treffen, wohl aber lässt sich eine kurzfristige Motivierung der Professionellen durch videobasiertes Arbeiten ablesen. So benennen die Teilnehmenden zahlreich, dass es Freude bereite (Z.442), berichten von tollen Momenten (Z.336,453), von „sehr sehr seh:r? positiven Erfahrungen" (Z.332), und benennen videobasiertes Arbeiten in verschiedenen Kontexten mehrfach als wertvoll, fruchtbar oder schön (Z.265,329,372,562,1914). Weitere Professionelle formulieren, „direkt so angefixt" (Z.1349) von Videoarbeit oder von bestimmten Bildern fasziniert gewesen zu sein (Z.1143). Weiterhin bewirke VHT mehr Fröhlichkeit im Umgang miteinander, wie ein*e Teilnehmende*r beschreibt (Z.913). Insgesamt wird eingeschätzt, dass „wi:r als Fachkräfte unheimlich von profitieren" (Z.1933). VHT scheint weiterhin auch Freude in der Begleitung der jungen Menschen zu bewirken. Zu sehen, wie jene sich mithilfe von VHT entwickeln und welche Momente durch VHT entstehen, wirke sich auch auf sie als Begleitende aus: „man selber wächst ja auch daran" (Z.623-624), „und ja, das war dann für mich ein sehr schönes Erlebnis in dem Moment." (Z.1429). Diese positive Anteilnahme scheint sich auch darin zu zeigen, wie die Professionellen die Wirkung von VHT auf die jungen Menschen beschreiben. Überwiegend nonverbal auszumachen, sind die Fundstellen zwar nicht codiert, aber hier dennoch einer Erwähnung würdig. So berichten über drei Fachkräfte von der stärkenden Wirkung von VHT auf ihre betreuten Kinder und Jugendlichen, ahmen deren aufrichtende Haltung auf dem Stuhl nach und lächeln dabei. Hiermit verbunden ist meist ein stark betontes „Boa::h" oder „Wo::w". (Z.442,582,617-123,1350-1353)

Dreifach wird davon gesprochen, dass VHT im Sinne von Motivierung besonderes Engagement bewirke, wie beispielsweise in diesem Fall:

> „[Wenn ich] weiß diese Falldarstellung wird […] gefilmt […] und ich präsentiere das Ganze, da geb' ich mir ja in der Vorbereitung auch nochmal mehr Mühe und dann seh' ich das wie toll das ist, wie meine Kollegen dann auch das Kind besser verstehen (.) das stärkt natürlich a:uch, also ich finde das (.) hebt das Ganze nochmal auf n'ganz anderes (.) ((gestikuliert verschiedene Höhen)) Niveau. (...)" (Z.920.925)

Eine weitere Aussage bestätigt, dass man sich besser vorbereite (Z.867-873), zudem würde sich das Verantwortungsbewusstsein der Professionellen in der Begleitung junger Menschen erhöhen (Z.909), was nicht näher erläutert wird.

Weiterhin stellen die Teilnehmenden Auswirkungen videobasierten Arbeitens auf die Thematik der *Selbstfürsorge* heraus. Es ist vom Moment die Rede, „wie [Fachkräfte] selber drauf schauen und denken **Wo::w** das ging ja doch noch ganz gu:t" (Z.440-441), welcher zeige, dass Fachkräfte videobasiertes Arbeiten als Kraftquelle nutzen können (Z.439). Dies gelte vor allem in herausfordernden Arbeitsphasen:

> „Ich glaube das (.) tut Mitarbeitenden so:o gu:t ähm 'ne Rückmeldung von sich zu bekommen (.) gerade in sehr stressigen Zeiten, mitzubekommen ähm was sie an (.) ähm Schlüsselqualifikationen haben was sie dann ja ähm an Ressourcen und ähm (.) und Fähigkeiten haben. Gerade ähm wenn's so am Limit ist oder so wenn man so sehr gestresst ist, ist es wichtig zu wissen, was kann man. (.) u:nd ähm das find' ich zur Selbstfürsorge wichtig. also ich würde auch immer sagen ähm videobasierte Beratung für Fachkräfte ist

ähm ein **Geschenk** also [...] vielleicht kannst du das nochmal für dich nutzen ähm (.) eher als Geschenk" (Z.961-968)

Vor diesem Hintergrund, der hohen Arbeitsdichte, Schnelllebigkeit und wenig Raum um einander positive Rückmeldung zu geben (Z.1364-1367), scheint videobasiertes auch zu ermöglichen, mal „auf Pause zu drücken [und zu] entschleunigen" (Z.642-643, 978), sich eine Stunde rauszunehmen und auf sich selbst zu schauen (Z.1364-1367). Man könne sich zurücklehnen und den Blick darauf richten, was man erreicht habe und was gut gelinge (Z.978-980). Ein Zurücklehnen durch Videoarbeit sei auch in der gemeinsamen Fallbesprechung möglich, das fallverstehende Arbeiten aller scheint hier einzelne Mitarbeitende entlasten zu können (Z.833-838). Weiterhin scheint videobasiertes Arbeiten auch Selbstsorge im Sinne einer reflektierenden Distanzierung fördern zu können, wie die folgenden beiden Beispiele schildern.

„Naja ich kann darüber ähm zum Teil dann wieder runterfahren wenn Sachen mich total ärgern und aufregen, sei es bei Jugendlichen oder Eltern. ähm kann ich danach vielleicht auch nach dem Sehen während der Diskussion wieder Verständnis dafü:r, hab 'ne neue Idee wie ich damit umgehen kann. also es distanziert es ist 'ne ganz gute Selbstfürsorge [...] das zu nutzen" (Z.829-832).

Konkretisiert wird später weiter, VHT helfe dem

„Distanzieren von problematischen Verhaltensweisen, die uns ja **tagtäglich** begegnen. wir sind eigentlich tätig in 'nem Hoch-Risikobereich für psychische Belastungen ne? also wir haben **tagtäglich** mit Traumatisierten zu tu:n, Menschen die uns ähm (.) angreifen (.) die (.) einfach auch vielleicht sehr schädigende Verhaltensweisen zeigen und es ist n'Hilfsmittel was ganz ganz effektiv und gu:t ähm **unterstützt** dass man sich davon distanziert kriegt. und ähm einerseits Mitgefühl hat aber eben nicht mit Mitleid ne also dass man genau diese richtige Distanz bekommt und das find' ich und schätz' ich sehr an der Methodik." (Z.986-993)

Weitere Professionelle beschreiben in ähnlicher Weise, warum sich Videoarbeit wohltuend auswirke. Gerade nach Konfliktsituationen, Stresssituationen, herausfordernden Gesprächen (Z. 1012-1013) oder wenn man das Gefühl habe, „ich war ganz schlecht ich hab' gar nichts geschafft" (Z.1689-1691), helfe Videoarbeit um sich rückzuversichern und nachzubesprechen (Z.1012-1015). So könne meist festgestellt werden, dass gewählte Interventionen in Ordnung (Z.1014) oder sogar ganz gut gelungen (Z.1690) seien, was auch Handlungssicherheit für die Zukunft schaffen könne (Z.1018). Als indirekte Selbstsorge empfindet ein*e Teilnehmende*r, wenn Leitungen durch Videomaterial der Bedarf in Arbeitsbereichen klarer würde. So könnten Überlastungssituationen auch in Mitarbeitendengesprächen thematisiert und mehr Verständnis, Ermutigung zur Abgrenzung und Wertschätzung den Professionellen gegenüber entstehen. (Z.994-1003)

Eng mit der Selbstsorge verbunden, scheint VHT auch als *Selbstwertstärkung* zu fungieren (Z.919,1846). Gelungenes könne man

„über Videobilder auch nochmal **zeigen** [, so] wirkt es auch nochmal [...] nach dass wirklich Fachkräfte am Tisch sitzen, Pädagogen am Tisch sitzen, das haben wir gu:t hingekriegt (.) also das ähm der Selbstwert steigt einfach, man weiß was man getan hat man kann sich das nochmal angucken" (Z.915-919).

Mehrfach wird von den Fachkräften betont, dass Feedback sowie Rückmeldung zu eigenen Ressourcen, Fähigkeiten und Gelungenem guttue (105-106,440-441,577, 963,985-986,1004,1367). „[Zu] gucken was gelingt mir denn da, was sind meine Ressourcen, [...] da merk ich wie (.) dieses Selbstbewusstsein [...] aufgefüllt wird und aufgetankt wird" (Z.1367-1369). Wohltuend sei ebenso, wenn Details als nicht selbstverständlich gewürdigt würden, die einem selbst im Handeln gar nicht mehr auffallen (Z.212-215). Dabei wird die Rückmeldung durch Videobilder als besonders aussagekräftig empfunden „so 'ne stark untermauerte Rückmeldung [...] besseres Feedback kann man fast gar nicht bekommen" (Z.577-580).

Unter dem Code der *Organisationskultur* wurden anknüpfend an vorheriges Aussagen gesammelt, welche beeinflusste Teile des Miteinanders in der Einrichtung thematisieren. „Ich glaube, dass VHT viel dazu beigetragen hat dass wir im Eylarduswerk generell so einen wertschätzenden und ähm (.) eher positiv orientierten Ton pflegen" (Z.2032-2034), schätzt hierzu ein*e Teilnehmende*r ein. Die wertschätzende und ressourcenorientierte Haltung sei von den VHT-Professionals beziehungsweise der VHT-Praxis auf die anderen Bereiche übergeschwappt (Z.2038-2044). Etwas dieser Kultur – die bereits als partizipativ, ressourcenorientiert und wertschätzend herausgestellt wurde – ist auch in der folgenden Schilderung des Miteinanders zu erahnen, so berichtet ein*e Teilnehmende*r davon, dass die hiesige Hauswirtschaftskraft an videobasierten Fallbesprechungen dabei sei, weil sie schließlich Teil des Teams und des Alltags sei (Z.229-231). Dies erinnert auch an die folgende, bereits aufgeführte Fundstelle, „es ist jeder wertschätzend gefragt was siehst d:u da? (.) was meinst d:u? und somit ist es ja wertschätzend allen Mitarbeitern gegenüber" (Z.2063-2065).

7.2 Wirkungsfaktoren und -zusammenhänge

Das vorliegende Kapitel blickt nun anschließend auf die induktiv gewonnenen Codes zu thematisierten Wirkfaktoren und -zusammenhängen. Auch hier bietet sich zur ersten Übersicht wieder eine Codewolke an, die die Gewichtung innerhalb vergebener Codes andeutet.

Detailliertheit
Gefilmt werden   Fokus
Perspektivwechsel (Mehrperspektivität)

sachlich-inhaltlicher Gehalt
Lernen am eigenen Modell
Bilder Feedback
gemeinsamer Blick
emotionaler Gehalt

Abbildung 12: Wirkungszusammenhänge und -faktoren, eigene Darstellung mithilfe von MAXQDA

Zunächst werden von den Teilnehmenden *Bilder* mehrfach als Wirkfaktor des video-basierten Arbeitens thematisiert, insbesondere deren *sachlich-inhaltliche* Aussage-kraft. Insgesamt wird eingeschätzt, dass „Bilder mehr als tausend Worte sagen" (Z.540). Der Vergleich zu Sprache wird mehrfach eingebracht (Z.554-557), wie in die-sen Beispielen.

> „[Wenn] ich ein Bild dazu habe wie eine Mutter ein Kind ähm (.) wie so 'ne Puppe ganz eng umarmt ((gestikuliert Umarmung)) und das Kind einfach ähm ziemlich leblos ((streckt die Arme zur Seite aus)) **jaa** ähm bewegungs-los das im Arm über sich ergehen lässt, das ist was anderes als wenn ich nur erzähle dass die Mutter das Kind sehr überschwänglich begrüßt und gar nicht so dabei ist was das Kind gerade will. [es ist] was anderes" (Z.183-189).

Die Wirkkraft von Bildmaterial im Vergleich wird auch an folgendem Bericht deutlich.

> „[Einfach] die Bilder aus dem Alltag zeigen (.) damit man nicht nur theore-tisch darüber spricht (.) sondern dass man einfach Bilder im Kopf hat und dann gibt's ga:::nz oft einen Aha-Effekt also ganz oft so 'ne Erleuchtung wo dann eine Jugendamtsmitarbeiterin sitzt und endlich verste:ht was wir da eigentlich erzählen" (Z.141-156)

Weiter berichten Teilnehmende von ihrer Begeisterung, verbales als Medium einmal verlassen und ersetzen zu können (Z.1143-1145). Im Vergleich zu Gesprochenem hät-ten Bilder eine andere Qualität (1942-1945), könnten Dinge besser verdeutlichen (Z.841-843,1413-1414) und ließen Inhalte deutlicher erkennen (Z.1925-1930,1976-1987), verstehen (Z.800-801) und überhaupt einen Eindruck gewinnen (Z.1916-1924). Sich selbst und Inhalte überhaupt zu sehen, wird der Methode als Alleinstellungsmerk-mal zugeschrieben (Z.757,1692). Bilder seien zudem hilfreich (Z.166, 1282,1316), auch indem sie helfen würden, Menschen zu erreichen (Z. 898-900, 1427-1429, 1442-1442).

Über diese inhaltliche Aussagekraft hinaus wird auch ihr sachlicher Charakter vielfach betont. So benennen die Teilnehmenden, Bilder seien vergleichsweise objektiv (Z.522), böten Fremdwahrnehmung (Z.547), den Blick von außen (Z.1692), den Blick mit anderen Augen (Z.1052) sowie das Sichtbarmachen von Unbewusstem an (Z.762).

Es hemme subjektive Eindrücke (Z.859-863) und würde überflüssig machen, Berichtetes anderer zu übernehmen (Z.543). Es seien echte Situationen (Z.1056), echte Abbilder (Z.1991) und echtes professionelles Handeln im Hier und Jetzt (Z.1057).

> „[Für] mich haben Bilder auch sowas ehrliches, ne? wenn ich hinterher Kollegen frage wie war denn dein Eindruck, (.) na das ist sowas kann passen oder ni:cht, aber wenn ich ins Video gucke ist es dann auch so unverfälscht. […] [Bilder sind] eine sehr e:hrliche Rückmeldung, da kann man halt nicht drübe:r hinweg (.) die sind dann so, so wa:r's (.) und 'ne Redezeit zum Beispiel kann ich mir im Video genau angucken, Kollege gibt mir 'ne Einschätzung ja:a ((macht abwinkende Geste)) war schon ganz gut oder war nicht so gut, aber (.) am Video se:h ich's dann, und dann hab ich Fakten. (..)" (Z.1963-1973).

Zudem ermögliche das Videobild im Vergleich zu anderen Reflexionsmöglichkeiten, dass zur Analyse auf Pause gedrückt sowie beliebig wiederholt werden könne (Z.523,647-648,1744).

Weiter beschreiben die Teilnehmenden den *emotionalen Gehalt* von Videobildern als Wirkfaktor, wie unter anderem dieses Beispiel schildert.

> „weil ich finde es ist n'riesen Unterschied ob ich einem Jugendamt erzä:hle das Kind ist verzweifelt und weint viel oder ob ich einen kleinen Moment so einen Ausschnitt auch einspiele ähm wo man so sieht wie das Kind sitzt, weint, vielleicht auch hin- und herschaukelt, versucht sich zu beruhigen […] das geht viel mehr an's Herz als jedes Wort was ich da erzähle, die Bilder treffen unmittelbar ins Herz und ich erlebe dann dass auch Sachbearbeiter aus dem Jugendamt **ganz** anders betroffen sind […] das löst (.) vom Bild her was **ganz** anderes aus als wenn ich das so sachlich berichte. und sage ja abends sitzt der und schaukelt sich in den Schla:f. das rutscht so durch (.) aber diese Bilder (.) die rutschen nicht durch. die gehen an's Gefühl" (Z.1398-1408).

Gesehenes sei sehr viel schwerer „wegzurationalisieren […] nicht so le:icht […] wegzuschieben, es trifft" (Z-1717-1723). Bilder scheinen zu berühren – dies schimmerte bei der Kategorie Einfühlung bereits durch – sie ermöglichen es offenbar, Gefühle zu transportieren (Z.168-173,336-348,1390-1397) und auszulösen (Z.509,1305,1433-1441).

Bereits die aufgestellte Kamera und das *Gefilmt werden* scheint überdies in verschiedener Weise Wirkung zu zeigen, so wird berichtet, dass es sowohl deeskalierende (Z.819-825), als auch eskalierende Wirkung insbesondere in aufgenommenen Konfliktsituationen habe (Z.1505-1520). Zudem vollbringe die Kamera mehr Konzentration und betone die Relevanz von gefilmten Gesprächen, was bereits in vorherigen Ausführungen anklang (Z.882,922).

Der folgende weitere Aspekt wurde bereits als Teil professionellen Handelns ausge-
schildert, scheint laut den Befragten aber ebenso bedeutender Wirkfaktor zu sein, der
Perspektivwechsel beziehungsweise die *Mehrperspektivität*. Dies zeigt sich darin,
dass Befragte diese Aspekte mehrfach als wertvoll, wichtig, bereichernd und attraktiv
benennen (Z.239-244,274-284,561-562). Auch Beispiele wie das folgende werden zur
Änderung des Blickwinkels gemacht.

> „[Wo] ich dann selber so n'Aha-Moment (.) irgendwi:e hatte (.) das war bei
> 'nem (.) Jungen der war so sti:ll beim Essen und die ganze Gruppe war (.)
> alle haben erzä:hlt und so weiter und er saß so sti:ll so n'bisschen zurück-
> gezogen (.) sodass ich ihn nicht von meinem Platz aus nicht richtig gesehen
> habe? (.) und er hat die ga:nze Mahlzeit (.) gar nichts gegessen (.) so [...]
> da war dann halt so die Situation oka:y ich achte immer viel auf [...] das was
> passiert (.) aber [...] ich muss auch da hingucken was gerade nicht passiert
> nämlich der Junge erzählt ja ga::r nicht und ähm und er isst ja ga::r nicht
> und das war glaub ich, fand ich einer der Wendepunkte wo's mir dann im
> Nachhinein vie:l vie:l besser gelungen ist" (Z.317-325)

Zudem sind bereits aufgeführte Beispiele aus Kapitel 7.1.2 zum Thema diesem Wirkfaktor zuzurechnen (Z.255-260,482-491,644-654,656-659,744-748,1046-1053,1697-
1706) – auf eine erneute Beschreibung kann hier verzichtet werden. Besonders zur
Geltung kann der Wirkfaktor im Übrigen augenscheinlich kommen, wenn

> „man die Bilder frü:h sieht [...] weil man sonst ähm sehr schnell so einen
> Effekt hat dass man sich so e:ingegroovt hat auf 'ne bestimmte Sichtweise
> des Falles (.) und ähm (.) wenn man die Bilder zuerst sieht ist es oft so dass
> man (.) offener ist und (.) ähm noch me:hr sieht und auch me::hr in so einen
> Austausch kommt was man alles sieht" (Z.276-281)

Weiterhin wird mehrfach vom Wirkfaktor gesprochen, dass VHT einen *Fokus*, eine Fokussierung bewirke. Mit Videobildern gehe es bei den Fachkräften „**wirklich** darum
[…], was braucht das Kind" (Z.444-445), um die Konzentration auf ein gemeinsames
Thema, eine Perspektive, ein Ziel oder eine Frage (Z.560-561,585,887). Zudem biete
VHT den Fachkräften die Möglichkeit, auch die Adressat*innen mit in die Fokussierung
zu holen (Z.369-378), so zeigt folgendes Beispiel,

> „dass es gelungen ist sehr strittige Eltern sehr schnell auf das Kind zu fo-
> kussieren, also die Streitigkeiten an die Seite zu schieben durch die Bilder
> (.) und den Blick se:hr schnell auf's Kind zu richten und dann eigentlich den
> Teil ganz wegzulassen nämlich die Eltern streiten sich erst mal ordentlich
> und dann kommt man zur Sache, sondern der Fokus war se:hr schnell beim
> Kind weil das so deutlich im Raum stand (.) du:rch diese Bilder" (Z.1286-
> 1992).

Zudem wird *Feedback* als Wirkfaktor des videobasierten Arbeitens benannt.

„Feedback das man durch VHT bekommt, das wirkt, da nimmt man Sachen daraus mit (.) man nimmt mit was kann ich, worauf muss ich nochmal achten, das hab ich gu:t gemacht ähm oder (.) man ändert seinen Blickwinkel teilweise auf bestimmte Situationen also (.) das ist ein sehr konstruktives Feedback das man dadurch einfach erhält, was wirkt." (Z.744-748)

Auch der Hintergrund, dass Rückmeldung im schnelllebigen pädagogischen Alltag zu wenig gegeben würde (Z.1364-1366), scheint Feedback als Besonderheit von VHT zu betonen. So komme es in jeglichen Anwendungsformen des VHTs „eigentlich immer daz:u (..) dass jemand in solchen Situationen Feedback kriegt" (Z.574.581). Dabei scheint VHT sowohl gegenseitiges Feedback unter den Fachkräften zu fördern (Z.575-576,1939-1941,2005-2019), als auch eine Möglichkeit des wirkungsvollen Feedbacks an Adressat*innen bereitzustellen (Z.574-576,1346-1356).

Detailliertheit fasst als weitere Unterkategorie die von den Teilnehmenden beschriebenen Themen Kleinschrittigkeit, Konkretheit und Details zusammen. So beschreiben Befragte, videobasiertes Arbeiten ermögliche ihnen vor dem Hintergrund, dass in pädagogischen Situationen selbst Feinzeichen und Details oft keine Beachtung finden (können), eine zweite Gelegenheit jene zu erfassen (Z.1324-1343). Dies gelte für Details im eigenen professionellen Handeln (Z.1746-1749) als auch Details beim Gegenüber (Z.559,1744-1746).

„[Selbst] wenn man selber [eine Situation] gesehen hat (.) wenn man sich die nochma:l anguckt sieht man ganz andere Sachen und man hat nochmal 'nen ganz anderen Blickwinkel [...]; man guckt zum Beispiel zwei Kindern beim Spielen zu? aber im Hintergrund [laufen] zufällig [...] andere Kinder durch's Bild und geben den Kindern [...] irgendwelche Handzeichen (.) wo man vorher gar nicht versteht warum streiten die sich jetzt oder warum (.) wird der Junge jetzt ausfallend [...] tota:l spannend einfach auch um (.) das Verhalten zu (.) verstehen und im Nachhinein einfach nochmal anzugucken" (Z.482-491).

Weiter wird Konkretheit als Wirkfaktor betont, es sei möglich, konkrete Situationen aus dem eigenen professionellen Handeln, dem pädagogischen Alltag, aus Teams und Familien positiv (Z.505-508,596-600) und sehr genau zu analysieren (Z.349-350,1343). Weiterhin wirke VHT durch seine Kleinschrittigkeit (Z.558-559), so erfasse es kleine Schritte und arbeite bei Bedarf auch in kleinen Schritten (Z.621-622).

Als weiterer Wirkfaktor wird *Lernen am eigenen Modell* benannt oder implizit beschrieben, indem die Teilnehmenden das Schauen auf eigenes professionelles Tun betonen (Z.1901) und eigene Bilder als Faktor (Z.1687-1688) benennen, welche nach einer*m Befragten „'ne unheimlich starke Wirkung [haben]" (Z.508-509).

Und zuletzt wurde auch der *gemeinsame Blick* als Wirkfaktor thematisiert (Z.1040-1041,1733-1738), wie das folgende Beispiel beschreibt.

„[Ich] merke auch (.) wenn ähm im wahrsten Sinne des Wortes, alle die gleiche Blickrichtung haben (.) dass das schon was verändert. also alle gehen auf so eine Ebene, wir gucken zusam::men auf etwas dra:uf (.) und das passiert ja dann auch tatsächlich live im Raum ((lacht)). und ich glaube dass das tatsächlich auch 'ne große Auswirkung hat (.) also dieses geme::insame von oben mal draufschauen [...] geme::insam ((gestikuliert eine Runde)) da eben auf die Metaebene gehen, geme::insam in die gleiche Richtung schauen (.) egal wie uneinig alle Beteiligten sind (..) und ähm das ist glaub ich was, was sehr wirksam ist" (Z.563-572)

7.3 Professionalität innerhalb der Methode

Professionalität innerhalb der Methode VHT ist nun nicht mehr als direkte Bearbeitung der Forschungsfrage zu begreifen, auch wenn zahlreich Merkmale professionellen Handelns durchschimmern werden. Dennoch wird dem Thema in dieser Arbeit Raum gegeben, begreift sie sich doch als „praxisnahe Anwendungs[forschung], [die] nicht nur wissenschaftlich überzeugen [soll], sondern auch nützlich für die Praxis sein [möchte]" (Döring 2019: 174).

Mit den insgesamt zahlreichsten Segmenten kodiert wurden hierunter *Kritische Reflexionen*. Für die Befragten gehen von der Wirkmacht der Bilder (siehe Kapitel 4.4.3) zunächst Risiken aus. Insbesondere mit dem diagnostischen Blick könnten Bilder dazu verführen, als Demonstrations-, Vorführungs- und somit Machtmittel (Z.351-354) missbraucht zu werden; mit Bildmaterial könne prinzipiell Unfug getrieben werden (Z.2021-2028) und so großen Schaden im Gegenüber anrichten (Z.1308). Eine weitere Gefahr wird hier geschildert.

„Aus meiner Sicht ist die [Bild]Auswahl n'ganz sensibler Punkt ähm (.) ich kann natürlich [von] einem Vater der definitiv Täter ist ganz positive Bilder auswählen (.) und ich könnte damit auch im Rahmen eines Hilfeplangesprächs mühelos zeigen wie wahnsinnig nett dieser Mensch mit seinen Kindern umgeht (.) ähm ich finde es ist die hohe Kunst tatsächlich sich gut abzustimmen **welche** Bilder man eigentlich zeigen will, von demselben Mann gab es natürlich auch Bilder die zeigen wie er versucht Einfluss zu nehmen, wie er ähm (.) Kinder bisschen manipuliert dass sie ihn auch wirklich umarmen, aber ich hätte mühelos aus demselben Filmchen auch so Szenen rausnehmen können dass man hinterher sagt mein Gott der braucht doch mehr Besuchskontakte, er wird geliebt von seinen Kindern, er liebt die Kinder, er bemüht sich (.) die Auswahl der Bilder ist eine (.) **ga:nz kritische** Sache und ich finde da liegt auch bei den Video-Home-Trainern ganz viel Verantwortung." (Z.1475-1486)

Der Gefahr wirkmächtiger, kränkender Bilder als weiteres Risiko könne entgangen werden, indem Fachgespräche unter den Professionellen und Gespräche mit Familien notfalls getrennt würden (Z.1300-1310).

Weiter wird das Dilemma von mehreren Fachkräften benannt, inwieweit Konfliktszenen aufgenommen werden sollten. Einerseits böte es die Chance, das eigene professionelle Handeln im Konflikt und die Bedürfnisse des Kindes anschließend zu reflektieren, andererseits könne es auch eskalieren (Z.1502-1513,1515-1516,1517-1521).

Ausschlusskriterien werden wiederum von mehreren Befragten klar benannt. So wird von Familien berichtet, welche zuvor Opfer von Videoerpressungen wurden (Z.1461-1472), Erfahrung mit Übergriffigkeiten über das Medium Video machten (Z.1545-1555) oder bereits negative Erfahrungen mit problemorientierter Videoberatung mitbrächten (Z.1524-1529). Bei Psychosen oder schweren Depressionen beispielsweise könnten Videobilder darüber hinaus starke negative Reaktionen hervorrufen. Hier wird überlegt, wie solchen Situationen vorgebeugt werden kann und, falls die Situation bereits eingetroffen sei, wie man gut intervenieren könne. (Z.1075-1088) Ausschlusskriterien könnten laut Befragter auch Situationen sein, wie beispielsweise ein Abschied auf längere Zeit zwischen Elternteil und Kind – hier habe Intimität und Privatsphäre der Adressat*innen klar Vorrang (Z.472-480). Zusammengefasst wird

> „[Es] ist nicht ((schüttelt den Kopf)) das Allheilmittel für alles sondern wie andere Richtungen Therapieansätze auch würd ich sagen man muss gucken zu wem es passt und wo:o es passt; ich hab nicht den Anspruch dass es für jeden und in jeder Situation ge:ht [...] also ich bin froh dass wir einen Pool von Möglichkeiten haben und empfinde Video als eine ungeheure Bereicherung (.) aber nicht als die Lösung für alle Sachen ((lächelt))" (Z.1708-1727).

Über Ausschlusskriterien hinaus, beschreiben die Teilnehmenden auch Widerstände (1487-1500,1535,1662-1665), mit denen sensibel umgegangen werden müsse. Kritisch reflektiert wird von einer*m Teilnehmenden weiterhin die Gefahr des professionellen Selbstoptimierungswahns, es könne Druck entstehen perfekt zu handeln und so würden Authentizität und Selbstakzeptanz als Mensch mit Schwächen gefährdet (Z.420-430). Auch aufseiten Professioneller gebe es immer wieder Skepsis. Die Befragten benennen, dass das Gefilmt werden vor allem zu Beginn ungewohnt sei (Z.457-462), beobachten Hemmschwellen sowie Hürden bei Kolleg*innen, die Kamera routiniert im Alltag einzusetzen (Z.708-722,976-977). Es bestehe in diesem Kontext immer die Gefahr, dass die Kamera und Videoarbeit im schnelllebigen pädagogischen Alltag versickere (Z.927-928). Auch fehlende Zeit beschreiben mehrere Teilnehmende als Hürde (Z.939-941,1905). Man gräme sich teilweise, wenn die Kamera in der Alltagshektik nicht griffbereit gewesen sei und man Momente aufzunehmen verpasste (Z.1756-1769,1771-1780,1895-1897). Wäre mehr Zeit, so ein*e Befragte*r, würde er*sie sich den Zusammenschnitt ganzer Entwicklungsverläufe seit Hilfebeginn für die jungen Menschen wünschen, um sich Zeit für bestärkende Rückblicke zu nehmen (Z.1782-1791). Dem wird anderweitig entgegnet, dass junge Menschen frühere

Erscheinungen oftmals als schlimm anzusehen empfänden (Z.1793-1801). Zum Thema zeitliche Kapazität wird zusammengefasst, dass es sich immer auch um Refinanzierungsfragen handle und mehr Zeit für VHT bedeute eine Reduktion an anderer Stelle (Z.1814-1826). Folgendes dreht sich ebenso um die Gewinnung von zeitlichen Ressourcen. So hätten positive Bilder bei Entscheidungstragenden teilweise auch dazu geführt, dass der Bedarf nicht nachvollzogen und so Anträge auf weitere Einzelleistungen verwehrt blieben. Es sei ein Balanceakt, manchmal habe man hier defizitär zu argumentieren, was im Widerspruch zur Methode stehe. (Z.1266-1270,1271-1285)

Weiter werden trotz fortgeschrittener, stark vereinfachter Film- und Schnitttechnik, technische Hürden als Hemmfaktor für videobasiertes Arbeiten kritisch reflektiert. Allen Mitarbeitenden Kenntnisse sowie umfassende Hard- und Software zur Verfügung zu stellen, könne herausfordernd sein (Z.663-680,1821). Zudem sollte sie entsprechend der digitalen Fortschritte und Möglichkeiten laufend aktualisiert werden (Z.695-696). Zuletzt sind als kritische Reflexionen auch Datenschutzbestimmungen zu nennen, welche von den Teilnehmenden teils als Stolperfalle empfunden würde (Z.1803-1809), sowie das Maskentragen aus pandemischen Gründen, welches die Videoanalyse maßgeblich beeinträchtige (Z.1828-1836)

Die Teilnehmenden thematisieren innerhalb ihrer kritischen Reaktionen ihren Umgang damit und formulieren auch außerhalb dessen *handlungsleitende Standards*. So wird beschrieben, dass hinter den bereits aufgeführten Aspekten Skepsis und Widerstand, Angst stünde, welche genommen werden müsse (Z.1590-1592,1528-1538). Diesen würde begegnet, indem man zügig erste positive Berührungspunkte forciere (Z.1637-1643), Ressourcenorientierung betont und sichergestellt würde (Z.724-725,1583-1585), weit und wohlwollend erklärt würde (Z.514-538) oder Adressat*innen zunächst selbst filmen ließe (Z.1590-1592). Zudem müsse oft erklärt werden, was VHT nicht sei, wie Bigbrother (Z.514-538) oder dauerhafte und versteckte Kameras (Z.1577-1584). Auch die Versicherung, dass Bilder nicht ohne Zustimmung für bestimmte Zwecke genutzt oder archiviert würden, brauche es (Z.1593-1596). Weiter gelte auch hier sowohl gegenüber Mitarbeitenden als auch Adressat*innen Partizipation – es solle gemeinsam entschieden werden, ob und inwiefern VHT praktiziert würde (Z.1235-1243,1627-1635). Offenbar muss Vertrauen erst gewonnen werden, wie auch diese Beschreibung offenlegt.

„[So] hab ich's auch […] mit Kollegen erlebt die auch eher sehr <u>skeptisch</u> sind und wenn ich dann sage ach kannst du heute Abend mal beim Essen filmen ich brauch noch 'ne <u>Aufnahme</u>, dann waren's häufig die gleichen Kollegen die mir die Aufnahme gebracht haben oder auch die anderen wo's <u>keine</u> Aufnahme gab, und ich glaub' auch <u>da</u> ist es wichtig auch beim <u>pädagogischen</u> Personal sich gut abzustimmen, gutes Tempo zu wählen, ähm (.) ja auch erst mal so 'ne <u>Sicherheit</u> zu geben und dann können die vielleicht bei den anderen auch erst Mal <u>mitgucken</u>, was machen wir damit, wie wird das benutzt, weil das ist ja schon auch so n' ja n'großer <u>Vertrauens-bewe:is</u> und man hat nicht <u>immer</u> nur super Situationen oder ist selber irgendwie mit den Kindern am Tisch manchmal auch ähm sehr <u>angestrengt</u>

oder hat irgendwas nicht im Blick, und dann find ich trotzdem da 'ne <u>Video-kamera</u> aufzustellen und ähm sich so zu filmen und dann die Aufnahme den anderen dann auch nochmal zur <u>Verfügung</u> zu stellen (.) <u>auch</u> nicht selbst-verständlich, nur weil ich da dann in unserer Einrichtung arbeite (.) dass das dann immer so (.) 'ne <u>Voraussetzung</u> ist; sondern auch <u>da</u> muss man gu-cken, wie kriegt man die Kolleginnen und Kollegen gu:t mit ins Boot. also dass das dann auch nicht einfach <u>übergestülpt</u> wird sondern dass die auch (.) den <u>Mehrwert</u> erkennen. (Z.1557-1572)

Dieser Prozess des Vertrauengewinnens scheint also Sensibilität zu erfordern. Hier-von berichten weitere Befragte, welche Fingerspitzengefühl als erforderlich einordnen (Z.1502-1504). Dies scheint für alle fachlichen, videobasierten Entscheidungen zu gel-ten, zum Beispiel zu welchem Zeitpunkt VHT beginnen solle (Z.1218), welche Sequen-zen gefilmt (Z.1502-1504), welche gezeigt würden (Z.1438) und welche Aspekte wie dosiert werden müssen, dass das Gegenüber gut abgeholt sei (Z.1372-1275). Hand-lungsleitend sei für VHT weiterhin, dass über Modelllernen interveniert würde statt „mit dem pädagogischen Ze:igefinger" (Z.790-792). Zum Zeitpunkt der Aufnahme sei es zudem professioneller Standard,

„<u>nicht</u> mit dem <u>Handy</u> zu filmen. da sagen natürlich e:inige das ist doch ei-gentlich (.) total <u>schnell</u> das haben wir immer <u>griffberei:t</u> ähm (.) aber <u>unsere</u> Haltung ist einfach ähm (.) so dass es eben [...] nicht <u>professionell</u> wirkt? ähm (.) als auch zu sehr in dieses <u>Yout</u>[ube,] also in so eine andere ähm <u>Schiene</u> ge:ht (.) die oftmals <u>unprofessionell</u> ist und ähm (.) in einigen Fällen unserer Klienten auch was ganz anderes <u>hervorruft</u>" (Z.687-692).

Auch für die Videorückschau wird konstatiert, es brauche für das Gegenüber gute An-leitung am Bildmaterial, es brauche die richtige Haltung, gute Begleitung, gute Frage-stellungen, kurzum:

„[Da] braucht's 'ne <u>Weiterbildung</u>, ähm 'ne <u>Qualifizierung</u> und ähm (.) ja:a immer auch 'ne <u>nachhaltige</u> Qualifizierung von Mitarbeitenden die mit Video arbeiten u:m die guten <u>Fragen</u> zu stellen um die ähm (.) den <u>Fokus</u> zu set-zen (.) um d:a auch 'ne <u>Sicherheit</u> fü:r Teams zu haben" (Z.729-732).

Vor dem Hintergrund der bereits beschriebenen, großen Verantwortung, wird die Not-wendigkeit formuliert, „<u>gu:te</u> und <u>wertschätzende</u> und <u>kompetente</u> Video-Home-Trai-ner [zu] haben" (Z.2027).

Und zuletzt thematisieren die Befragten anknüpfend daran auch *Implementierungsas-pekte*, welche hier in Kürze benannt werden sollen. Zunächst ist aus Gesprochenem der Teilnehmer*innen zu entnehmen, dass es über einzelne VHT-Professionals in den Teams selbst, ein VHT-Team als Teil des therapeutischen Dienstes gibt (Z.101-104,1130-1132), welches die Anwendungsfelder (siehe Kapitel 5) übergreifend be-dient. Die Einrichtung sei nicht bei jedem methodischen Trend mitgegangen, was sie auch nicht brauche, denn sie füge sich in ihrer Grundhaltung zwischen sämtliche An-sätze, wie Traumapädagogik, systemische Schule oder Bindungsforschung, wie ein

Puzzleteil kreativ ein (Z.939-955). Es sei zudem wichtig, viele Mitarbeitende von VHT zu überzeugen und dessen Mehrwert herauszustellen (Z.1569-1572). Auch die damit verbundene Grundhaltung sei wichtig zu vermitteln, was der verpflichtende Basiskurs für neue Mitarbeitende sicherstelle (Z.118-134). Dass die Einrichtung VHT-Ausbildungen von hier aus weiterfinanziere und unkompliziert vor Ort anbiete, sei weiterhin wichtig für die Implementierung (Z.2046-2060). Einmal implementiert und etabliert (Z.1975-1976,1752-1754), sei VHT ein Qualitätsmerkmal (Z.851-856).

8 Zusammenfassung und Diskussion

Das vorliegende Kapitel möchte zunächst mit einer methodischen Reflexion beginnen. So scheint festzustellen, dass die Wahl der Forschungsmethode tatsächlich den zu beforschenden Gegenstand erfassen konnte. Dabei erwies sich insbesondere die Unterschiedlichkeit innerhalb der Stichprobe als gewinnbringend, um ein tatsächlich facettenreiches Abbild an Erfahrungen zu erreichen. Die Bandbreite an Erfahrungswerten ergänzte sich, so konnten die befragten VHT-Expert*innen oftmals Eindrücke aus der Metaebene und Bezüge zu theoretischen Inhalten reflektieren. Während jene Fachkräfte mit jüngerer VHT-Erfahrung, mit besonders authentischen, praktischen Eindrücken sowie mit Basiszusammenhängen vervollständigen konnten. Weiterhin ist ein hoher Grad an Kongruenz festzustellen, so zeigten die Beiträge der Befragten eine hohe Übereinstimmung mit den Inhalten, welche aus der Einrichtung heraus veröffentlicht wurden (Brümmer; ter Horst 2009; Biener; Brümmer 2020; Brümmer 2020; Bongard; Dahm-Heuer 2020; Elmer; Grundmann 2020). An keiner Äußerung entstand der Eindruck, dass die Praxis dem Verschriftlichten merklich entgegenstünde. Die Forschungsergebnisse gründen also tatsächlich auf der vorherig (in Kapitel 5) beleuchteten Praxis, was das Gesamtwerk zu einem in sich stimmigen macht.

Methodisch reflektiert werden darf weiter die Auswertung und die an Mayring orientierte Kodierung. Insgesamt dient das Gebot der Einfachcodierung der Strukturierung der Inhalte und verhindert eine zu detaillierte Feincodierung, die die wesentlichen großen Zusammenhänge dann zu verwischen droht. Praxisphänomene und -wirklichkeiten verlaufen aber auch innerhalb dieses Forschungsgegenstands zu einem hohen Grad ineinander und deren Territorien sind selbst mit ständig weiterentwickelten Kodierregeln schwer auseinanderzudividieren. So waren insgesamt künstliche Trennungen zu vollziehen, was unter anderem am Beispiel der Kategorien Ressourcenorientierung, Partizipation und Wertschätzung gut erklärt werden kann. Wenn Professionelle gelungene Bilder zusammenstellen und Stärken des Gegenübers präsentieren, ist dies real sowohl Ressourcenorientierung, als auch Wertschätzung. Und wenn sich dadurch „Eltern […] viel me:hr wahrgenommen fühlen" (Z.767-768) bedeutet dies, dass sie sowohl Wertschätzung als auch Partizipation erfahren haben. Die Einzelcodierung kann dies nicht erfassen und so bilden auch die Codehäufigkeiten nur einen Teil der Realität ab. So wurde Wertschätzung nur in sechs Segmenten codiert, wobei sie bei ressourcenorientiertem und partizipativem Handeln phänomenologisch immer mitwirken und ihr so deutlich mehr Gewicht in der Codeliste verliehen werden dürfte.

Im Übergang zwischen methodischer Würdigung und Beantwortung der Forschungsfrage, muss nun zunächst auch auf die nicht kategorisierten und kodierten Merkmale geschaut werden. Auf welche Aspekte professionellen Handelns wirkt sich VHT also nicht aus, was davon war abzusehen und welche Punkte überraschen? Weil die Dimensionen nach von Spiegel maßgeblich den Rahmen bildeten, dienen ihre Gesichtspunkte auch hier wieder der Überprüfung. Unter der Oberkategorie des Wissens werden von VHT keine Kenntnisse über die Wirkung von Kontexten, sozialpolitische Bezüge des Arbeitsfelds, Wechselwirkungen zwischen Individuum und Gesellschaft, Finanzierungs- und Gesetzesgrundlagen, Organisationswissen, Evaluations- und Forschungskompetenzen, Teamarbeitstechniken, betriebswirtschaftliche Methoden oder über materielle Hilfen für Adressat*innen vermittelt. Ebenso wenig wird Wissen um Zusammenhänge zwischen Biografie und Moralentwicklung und Methodenkonzepte vermittelt oder das methodische Repertoire der Fachkräfte – außerhalb videobasierten Handelns – erweitert. Unter der Kategorie der Haltung arbeitet VHT nicht an der Entwicklung moralischer Kompetenzen. (von Spiegel 2021: 99) Unter der Überschrift des Könnens wirkt VHT nicht am methodischen Handeln der Fachkräfte – außerhalb von VHT –, deren Strategien zu Wissenserwerb und -zusammenführung sowie Ressourcenbeschaffung, außerdem arbeitet es nicht an ihrem kommunalpolitischen Handeln. Außerhalb dieser nicht kodierten Aspekte scheint es Merkmale zu geben, welche in gewisser Weise durch andere Kategorien abgedeckt zu sein scheinen. Jene sind in der folgenden Tabelle in ihrer Zuordnung aufgeführt. Kursiv gedruckte Merkmale *können* unter der Kategorie von VHT berührt werden und dessen Auswirkung erfahren, müssen dies aber nicht zwingend. Methodisch bedeutet es, dass mit hoher Wahrscheinlichkeit Segmente unter ihrer Kategorie interpretiert werden könnten, insbesondere mit höherem Abstraktionsniveau – in den expliziten Äußerungen der Befragten spielen sie dennoch unwesentliche Rollen.

Kenntnis ethnografischer Methoden um die subjektive Wirklichkeit des Gegenübers nachzuvollziehen (87)	⇨	Einfühlung
Dialogisches Verstehen (94)		
Empathie (95)		
„fachlich begründetes konzeptionelles Raster für die mehrperspektivische Erfassung von Wirklichkeitswahrnehmungen" (87)	⇨	Mehrperspektivität Fallverstehen
Kenntnis professioneller Wertorientierungen und Handlungsleitlinien sowie Leitlinien des Arbeitsfeldes und der Einrichtung (89)	⇨	HALTUNG
Entwicklung einer professionellen Identität (93)	⇨	(Weiter-) Entwicklung
Reflexion der Identifikation mit der Einrichtung und mit den von ihr „konzeptionell geforderten Haltungen" (93)	⇨	Selbstreflexion

Reflexion individueller Wertestandards und individueller Berufswahlmotive (91)		
„Reflektierter Umgang mit Emotionen" (91)		
Selbstbeobachtung (95)		
Selbstevaluation (97)		
Aufbau tragfähiger Arbeitsbeziehungen (94)	⇒	HALTUNG Reflexion Kommunikation
Vernetzender Aufbau eines Aktionssystems rund um die Klient*innen (94)	⇒	interne und externe Kooperation
(mediatorische) Vermittlung (94)		
Rollenhandeln (97)		
Interinstitutionelle Kooperation (98)		
Verhandlung um Leistung, Qualität, Entgelt (98)		
Verhandlung und Aushandlung (94)	⇒	Partizipation
Ambiguitätstoleranz (95)	⇒	Achtung der Würde, Autonomie und Lebensentwürfe
„Akzeptanz individueller Sinnkonstruktionen" (92)		
Wissenserwerb und -aneignung (96)	⇒	Kenntnisse
„Kenntnis grundlegender Wissensbestände" (87)		
„Kenntnis arbeitsfeldspezifischer Wissensbestände" (88)		
Optimierung der Organisation (97)	⇒	Organisationskultur Handlungsleitende Standards Implementierungsaspekte interne Kooperation
Konzeptionelles Arbeiten (97)		
Teamarbeit (98)	⇒	Fallverstehen
Fähigkeit zur kollegialen Fallberatung (98)		

Tabelle 8: Zuordnung weiterer Merkmale professionellen Handelns, eigene Darstellung mit Inhalten von von Spiegel 2021:86ff.

Nach dieser methodischen Reflexion soll es im Folgenden nun um die Zusammenfassung der Ergebnisse gehen, zunächst im Sinne der drei Dimensionen, welche die Frage nach Auswirkungen videobasierten Arbeitens auf professionelles Handeln bearbeiten. Weil die Praxisanwendungen sowie die Ergebnisse sehr ausführlich geschildert wurden, wird auf Wiederholungen an dieser Stelle weitgehend verzichtet und nur ein Überblick skizziert. Genauere Zusammenhänge sind den Kapiteln 5, 7.1, 7.2 und 7.3 zu entnehmen.

Als Ergebnis festzuhalten ist, dass VHT sich auf das *Wissen* von Fachkräften in stationären Erziehungshilfen auswirkt. Videobasiertes Arbeiten fungiert hier insbesondere als methodischer Ansatz zu *Fallverstehen und Diagnostik* und fördert die Entwicklung eines gemeinsamen Fallverständnisses, engen Austausch und Abstimmung sowie Zielfindung und Planung des weiteren Vorgehens. Es bietet eine mehrperspektivische, traumasensible und umfassende Diagnostik, welche biografische Hintergründe, (unbefriedigte) Bedürfnisse, gute Gründe, Ressourcen, motorische Entwicklung, Kommunikations- und Interaktionsmuster sowie Bindungsmerkmale erfasst. Zudem wirkt videobasiertes Arbeiten auf *Kenntnisse* von Fachkräften ein und ermöglicht, Wissensbestände nachvollziehbar, konkret und verständlich zu vermitteln, arbeitsfeldspezifische Kenntnisse sowie Wissensbestände über psychiatrische Erkrankungen weiterzugeben. Überdies ermöglicht es besseres Erinnern an Lehrinhalte, insbesondere durch aussagekräftiges Bildmaterial.

Videobasiertes Arbeiten wirkt sich weiterhin auf das *Können* als Dimension des professionellen Handelns von Fachkräften in stationären Erziehungshilfen aus. Auf Ebene von *interner und externer Kooperation* fördert VHT die Teilhabe der weiteren Beteiligten am gemeinsamen Fallverständnis. Es bewirkt, dass insbesondere Entscheidungstragende (Sorgeberechtigte, Vormünder, Jugendamt) authentische Eindrücke des jungen Menschen in seinen Lebensbezügen gewinnen können. Überdies ermöglicht es, Mehrbedarfe eines Kindes oder Arbeitsbereiches nach außen nachvollziehbar darzustellen und zu verdeutlichen. Neuen Settings ermöglicht es derweil, sich bestmöglich auf den jungen Menschen einzustellen. Weiterhin wirkt sich VHT auf die *Reflexion* von Fachkräften aus, hier ermöglicht videobasiertes Arbeiten im Besonderen *Selbstreflexion*. Ressourcen, Stärken, Gelungenes sowie Lernpunkte können im Bildmaterial erkundet und reflektiert werden. Überdies können sich Fachkräfte insbesondere nach herausfordernden Situationen rückversichern, ob ihr Handeln sowie ihre Intervention hilfreich waren. Überdies wirkt sich VHT auf die *(Weiter-)Entwicklung* von Fachkräften aus. VHT kann die Entwicklung von Professionalität beziehungsweise professionellem Handeln der Fachkräfte ermöglichen, persönliches Wachstum anregen und die konzeptionelle Entwicklung von Arbeitsbereichen unterstützen. Innerhalb der Reflexion ermöglicht videobasiertes Arbeiten Fachkräften weiterhin *Perspektivwechsel beziehungsweise Mehrperspektivität.* VHT unterstützt, neue Blickwinkel auf die Fallsituation einzunehmen und seine Emotionen zum Geschehen weiterzuentwickeln. Es bietet die Möglichkeit, aus unterschiedlichen Perspektiven und mit verschiedenen Fragestellungen auszuwerten. Viele Professionelle können verschiedene Beobachtungen einfließen lassen können, gegebenenfalls zu weiteren Zeitpunkten, sodass eine vielschichtige Reflexion entsteht. Die Gefahr von einseitigen Betrachtungsweisen auf den Fall wird durch VHT gemindert und der kontroverse Austausch und gegenseitiges Verstehen angeregt. Weiterhin wirkt sich videobasiertes Arbeiten auf die *Kommunikation* von Fachkräften, insbesondere auf deren *Einfühlung* aus. VHT ermöglicht Fachkräften, sich auf das Gegenüber (vorbereitend) einzustimmen, den sogenannten guten Grund hinter dem Handeln des Gegenübers zu erkunden und sich so durch verletzendes Verhalten des Gegenübers nicht (weiterhin) persönlich verletzt zu fühlen. Es hilft überdies, einfühlendes Verständnis bei Entscheidungstragenden zu bewirken. Insgesamt lässt VHT Professionelle ihr Gegenüber besser verstehen. *Präsentation und Dokumentation* als Teil des kommunikativen Könnens beeinflusst VHT darüber hinaus als weiteres Merkmal professionellen Handelns. Videobasiertes Arbeiten bietet eine facettenreiche Abbildung des Alltaglebens junger Menschen und dokumentiert deren Entwicklungsverläufe und Fortschritte. Es ermöglicht die Präsentation einzelner prägnanter Inhalte, Abbilder des Alltags und Entwicklungen nach außen. Dabei unterstützt es die Nachvollziehbarkeit der präsentierten Inhalte, untermauert fachliche Entscheidungen und Einschätzungen und macht sie nach außen transparent und verständlich.

Videobasiertes Arbeiten wirkt sich zudem auf die *Haltung* als Dimension professionellen Handelns von Fachkräften im stationären Setting aus. Hier sind insbesondere Auswirkungen auf die *Ressourcenorientierung* von Fachkräften zu verzeichnen. Durch VHT wird eine ressourcenorientierte Grundhaltung sowie die Idee der Schatzsuche in Abgrenzung zur Fehlersuche vermittelt und eine ressourcenorientierte Sprache kultiviert. Es werden Stärken und bereits Gelungenes betont, Positives sichtbar gemacht und Potenziale aktiviert. Fachkräfte können durch Videoarbeit ihrem Gegenüber dessen Stärken verdeutlichen, das Selbstwertgefühl von jungen Menschen fördern sowie Eltern die Entwicklung ihrer Kinder zeigen und sie auf deren Schätze aufmerksam machen. Überdies beeinflusst VHT auch die *partizipative Haltung* von Fachkräften, insofern als dass es alle am Fall mitwirkenden Beteiligten einbezieht und den gemeinsamen Austausch am und Auswertung des Bildmaterials fördert. Weiter, indem es gegenüber den Elternteilen eine hohe Transparenz herstellt, insbesondere in Form des Einblicks in den Alltag ihrer Kinder. Innerhalb von VHT-Prozessen wirkt es partizipativ, indem es dem Gegenüber die Entscheidung über die Zielsetzung sowie die Verantwortung für den Prozess zuschreibt und in engem Austausch über das gemeinsame Vorgehen bleibt. *Wertschätzung* als Haltung bewirkt VHT darüber hinaus, indem es viele Mitwirkende in die Videoarbeit inkludiert, eine wohlwollende Haltung im Miteinander fördert, einen freundlichen sowie wertschätzenden Ton kultiviert und durch das Aufnehmen die Konzentration der Professionellen in Gesprächen fördert und deren Wichtigkeit betont. Die *Achtung der Würde, Autonomie und Lebensentwürfe* als Haltung berührt VHT weiterhin, indem es den Professionellen die Erlebenswelt des Gegenübers näher bringt, Verständnis generiert und erkundet, welche eigenen Veränderungsideen das Familiensystem hat.

Zuletzt wirkt sich VHT auch auf den letzten Teil der Haltung aus, den die vorliegende Arbeit induktiv ergänzte, die *Arbeitshaltung und -befindlichkeit*. Hierunter ist zunächst eine Wirkung auf die *Motivation* von Fachkräften zu verzeichnen. Videobasiertes Arbeiten motiviert insofern, als dass es Professionellen Freude bereiten sowie schöne Momente und Fröhlichkeit stiften kann. Und insofern, als dass es Fachkräfte die Fortschritte ihrer betreuten Kinder und Jugendlichen durch VHT genießen und daran erfreuen lässt. Zudem spornt es sie an, sich für aufgenommene Gespräche besonders gut vorzubereiten. Ein nächster Aspekt der Arbeitsbefindlichkeit stellt die *Selbstfürsorge* dar, auf die sich VHT wie folgt auswirkt. Es fördert jene, indem Fachkräfte sich selbst betrachten und Gelungenes erkunden können. Ihnen wird gespiegelt und sie sind daran erinnert, was sie an Kompetenzen und Ressourcen besitzen. So kann die Videorückschau als Kraftquelle genutzt werden, insbesondere in herausfordernden Arbeitsphasen. Es schafft Räume im Alltag, um zurückzulehnen, mit Abstand auf sich und das eigene Handeln zu schauen und so zu entschleunigen. Zudem bringt VHT eine Distanzierung von der Echtsituation und herausfordernden Verhaltensweisen zustande, durch die Nachreflexion in Ruhe können dann erneut Verstehen und Ideen generiert werden. Die aktivierende Fallbesprechung kann derweil die Anstrengung auf alle Mitarbeitenden verteilen und so einzelne entlasten. Fachkräfte können sich bei Unsicherheit am Bildmaterial rückversichern, was Handlungssicherheit für die Zukunft schafft. Und zuletzt vermögen Aufnahmen von herausfordernden Situationen Verständnis und Gesprächsräume über Belastungen zwischen Basismitarbeitenden und Leitung zu schaffen. Als *Selbstwertstärkung* für Professionelle fungiert videobasiertes Arbeiten daran anknüpfend ebenso, indem Fachkräfte am Bildmaterial erkennen, was sie gemeinsam (auch in überinstitutioneller Kooperation miteinander) geleistet haben und sich daran erfreuen. Weiterhin, indem Fachkräfte positive Rückmeldung zu ihren Stärken, Ressourcen und Gelungenem erhalten und indem auch kleine, sonst unbeachtete Elemente im professionellen Handeln als nicht selbstverständlich herausgestellt und gewürdigt werden. Und zuletzt beeinflusst VHT auch die *Organisationskultur*, indem videobasiertes Arbeiten auch in den zwischenmenschlichen Beziehungen innerhalb der Einrichtung Wohlwollen und Wertschätzung fördert. Seine ressourcenorientierte und wertschätzende Haltung kann es dabei auch in andere Bereiche hineintragen.

Was nach dieser Auflistung von beobachteten Wirkungen als Irritation bleibt, ist dass das von von Spiegel aufgestellte Merkmal des Aufbaus von tragfähigen Arbeitsbeziehungen (2021: 91) es nicht in den Status einer Kategorie geschafft hat. Keines der Segmente thematisierte das Thema Beziehung. Es erstaunt vor dem Hintergrund, dass VHT sich Beziehung und Kommunikation zum Hauptthema und ihre Förderung zur Zielsetzung macht (Gens 2020a: 11). Wie ist dies zu bewerten? Auch hier fällt der Blick auf die Codierung, welche überwiegend ein recht niedriges Abstraktionsniveau anlegte, sprich: Inhalte erfasste, die eher wörtlich oder explizit thematisiert wurden. Lohnt sich also ein Blick auf die in Haltung, Reflexion und Kommunikation codierten Inhalte, welche die Auswirkungen auf Beziehung zwischen Professionellen und Adressat*innen womöglich implizit thematisieren? Es lassen sich hier nur Thesen aufstellen. Ausgehend davon, dass VHT sich positiv auf die Einfühlung, die Ressourcenorientierung, Partizipation, Wertschätzung, Achtung von Würde, Autonomie und Lebenswürfen sowie die Motivation von Fachkräften auswirkt, scheint es naheliegend, dass auch die Beziehungsgestaltung zu jungen Menschen und deren Familien ähnlich beeinflusst wird. Wie Professionelle auf Familien blicken, ihre individuellen Bewältigungsversuche und Bedürfnisse zu verstehen versuchen, sie beteiligen, respektieren und für Gelungenes würdigen, beeinflusst das Vertrauen des Gegenübers in sie als Fachkraft und ihre Arbeitsbeziehung. Wenn VHT also diese essentiellen Haltungen in Fachkräften fördert, dürfte in der Folge die Beziehungsgestaltung ebenso positive Auswirkung erfahren. Diese These könnte womöglich durch semantische und nonverbale Inhalte des

Transkripts gestützt werden, hier sei nun nur ein im Postskriptum vermerkter Eindruck angeführt: Insbesondere wenn die Befragten über die von ihnen begleiteten Kinder und Jugendlichen sprachen, zeigten sie vermehrt Lächeln, Freude, einen melodischeren Tonfall und wählten besonders wohlwollende Worte. Und dennoch, bezüglich des Aufbaus von tragfähiger Beziehung, bleibt es im Rahmen der vorliegenden Arbeit bei Thesen.

Wie wird darüber hinaus damit umgegangen, dass VHT, wie bereits aufgelistet, Teile professionellen Handelns unberührt lässt oder nur unmittelbar berührt und was bedeutet dies für die Beantwortung der Forschungsfrage? Insbesondere innerhalb der Dimension des Wissens sind viele zu erwerbende Wissensbestände und Kenntnisse aufgeführt, welche VHT nicht adressiert und auch nicht als Nebeneffekt trifft. Hier hilft der Blick auf andere methodische Ansätze: Ist denn überhaupt eine Methode in der Lage, alle Dimensionen professionellen Handelns zu fördern? Die Antwort liegt auf der Hand. Auch die systemische Beratung als Vergleichsmethode vermittelt keine finanzrechtlichen oder betriebswirtschaftlichen Wissensbestände, um es plakativ auszudrücken. Dies kann also nicht der Anspruch sein, wenn gefragt wird, inwiefern ein methodischer Ansatz sich auf professionelles Handeln auswirkt. Die abschließende Beantwortung der Forschungsfrage soll dem Fazit vorbehalten bleiben.

Forschungen, „die zwar Wirkungen nachweisen, aber keine Angaben machen, warum eine Maßnahme […] Wirkungen gezeigt hat oder nicht, hinterlassen eine ‚black box' mit fehlenden Informationen in der Kausalkette einer Wirkung" (Reade 2008, 8). Mit diesem Hintergedanken wurde die Frage nach beobachteten Wirkungsfaktoren und -zusammenhängen begründet. Sie ermöglichten erste Ideen dazu, wieso videobasiertes Arbeiten wirkt. Dabei stellte keiner im Folgenden nochmals zusammengefassten Faktoren eine Überraschung dar oder steht in Widerspruch zu den Wirkfaktoren, die in der Fachliteratur bereits skizziert wurden (siehe insbesondere Kapitel 4.4.3). Bei den Auswirkungen des videobasierten Arbeitens auf professionelles Handeln zeichnen sich folgende *Wirkungszusammenhänge* ab. Als bedeutendster Wirkfaktor werden *Bilder*, insbesondere deren *sachlich-inhaltlicher Gehalt* herausgestellt, weil sie Inhalte deutlicher erkennen und verstehen lassen, Sprache als Medium ergänzen oder ersetzen können. Sie vermitteln authentische, „echte" (Z.1056) und unverfälschte Eindrücke und bieten (größtmögliche) Sachlichkeit, Objektivität und Außenperspektive an. Dabei machen sie unabhängiger von subjektiven Wahrnehmungen und Berichten. Darüber hinaus können Videobilder beliebig wiederholt, pausiert und gespult werden. Videobasiertes Arbeiten wirkt überdies durch den *emotionalen Gehalt* von Bildern, weil sie das Gegenüber emotional erreichen, Gefühle transportieren sowie auslösen können und weil Gesehenes schlechter wegrationalisiert werden kann. VHT kann darüber hinaus bereits zum Zeitpunkt aufgestellter Kamera wirken. Das *Gefilmt werden* kann eskalierend und deeskalierend auf die Interaktion wirken sowie die Relevanz von Situationen betonen und Konzentration der Mitwirkenden fördern. Über die Bilder hinaus sind *Perspektivwechsel und Mehrperspektivität* als Wirkfaktor der Methode eigen, im Sinne der Generierung von neuen Blickwinkeln, „Aha-Moment[en]" (Z.317), Neubewertung und einer Bandbreite an Perspektiven auf die Situation. Weiterer Wirkfaktor ist der *Fokus,* er sichert die Konzentration der Beteiligten auf *eine* bestimmte Thematik, in der stationären Erziehungshilfe meist der junge Mensch mit seinen Bedarfen. Zudem hat videobasiertes Arbeiten *Feedback* als Wirkfaktor inne. Grundsätzlich kommt es in Rückschauen dazu, dass jemand eine durch Bilder stark untermauerte, konstruktive Rückmeldung erhält. Es wirkt überdies durch seine *Detailliertheit* im Sinne des Blicks auf Feinzeichen und bislang unbeachtete Details, im Sinne von Konkretheit und Genauigkeit in der Videoanalyse sowie über Kleinschrittigkeit in der Bearbeitung und Reflexion des Materials. Als weiterer Wirkfaktor ist das *Lernen am eigenen Modell* zu benennen, im Sinne von Dowricks Video-Self-Modelling (2011: 31). Und zuletzt ist der *gemeinsame Blick* ein Wirkfaktor des videobasierten Arbeitens, das gemeinsame in dieselbe Richtung blicken vermag den gemeinsamen Fokus auch uneiniger Parteien zu fördern.

Die unter der Kategorie *Professionalität innerhalb der Methode* zusammengefassten Inhalte machen deutlich, dass videobasiertes Arbeiten immer auch mit *kritischen Reflexionen* und der *Formulierung von Standards* einhergehen muss. Professionelle müssen sich der Wirkkraft der Bilder bewusst sein, das Risiko, sie als Machtmittel zu nutzen, kennen und sich der damit einhergehenden großen Verantwortung klar sein. Sowohl die zu filmende Situation, als auch Bildauswahl und -präsentation erfordern hohe Sensibilität und Qualifizierung. Sensibilität ist weiterhin gegenüber Ängsten von Familien geboten, ebenso gegenüber Widerständen, negativen Vorerfahrungen mit Video und psychiatrischen Diagnosen, die Videoarbeit ausschließen können. Das Heranführen von Adressat*innen und Professionellen an Videoarbeit bedarf weiterhin geduldiger Achtsamkeit und guter Erklärungen. Vertrauen muss gewonnen und der Mehrwert individuell erkannt werden. Videobasiertes Arbeiten, insbesondere das Filmen, erfordert im schnelllebigen Gruppenleben vor allem von den Basismitarbeitenden bewusste Implementierung in den Alltag. Dabei wird ausschließlich mit Kamera und nicht mit Handy gefilmt. Zeitliche und technische Ressourcen können videobasiertes Arbeiten im Praxisalltag indes hemmen.

Wie ist unterdessen zu bewerten, dass kritische Reflexionen eine der beiden meistcodierten Kategorien ist? Die Ergebnisdarstellung zeigt, dass dies nicht als negative Bewertung der Methode zu verstehen ist. Es erlaubt der vorliegenden Arbeit vielmehr, abschließend Rückschlüsse auf a) die Validität der Forschung und b) die Forschungsfrage zu ziehen. Die kritischen Reflexionen machen zunächst deutlich, dass es sich innerhalb der Stichprobe nicht um blinde Begeisterung für den Ansatz handelt, sondern um eine ausbalancierte, ehrliche Betrachtung des Gegenstands – dies vermag den Forschungsergebnissen Gültigkeit zu verleihen. Weiterhin sichern ihr kritisches Reflektieren sowie ihre handlungsleitenden Standards die Professionalität und Qualität innerhalb der Methode. Ob ein methodischer Zugang für ein Arbeitsfeld empfehlenswert ist oder nicht, ist maßgeblich hiervon tangiert. Durch ihre kritischen Würdigungen und beschriebenen Haltungen verdeutlichen sie, dass auch innerhalb der Methode das professionelle Passungsmodell nach Heiner (2010:411ff.) als gültiger (Soll-)Standard deklariert ist. In ihrer engen Abstimmung mit dem Gegenüber im Prozess (Z.1622-1623), ihrer andauernden Evaluation (Brümmer 2020: 64ff.) und Weiterentwicklung des videobasierten Arbeitens (Z.953-954), streben sie immer wieder die individuelle und fallübergreifende Passung zwischen methodischem Angebot und dem Gegenüber an (Heiner 2004: 108). Im videobasierten Arbeiten werden unabhängig von Kompetenzen in hohem Maße Entwicklungspotenziale und Ressourcen erkannt und wertgeschätzt (Z.105-106; Heiner 2004: 111.). Das Gegenüber soll aktiviert und zu Entwicklung motiviert werden (Z.449; Heiner 2004: 110f.). Während des VHT-Prozesses, insbesondere aber in der Heranführung an die Methode, zeigen Professionelle „exploratives und tentatives Vorgehen, das durch behutsame Annäherung […] versucht, das Vertrauen der Klient[*innen] zu gewinnen" (Heiner 2004:111) (Z.1557-1572). Zudem nutzen sie Wege der Partizipation (Z.767; Heiner 2004: 110f.) und suchen die Eigenverantwortung zu stärken (Z.1615). Kontinuierlich wird dabei die Beziehung, insbesondere die darin stattfindende Interaktion reflektiert (Z.813-814; Heiner 2004: 110f.). Ohne also das Handeln innerhalb der Methode umfassend auf professionelle Merkmale zu untersuchen, sollen diese Blitzlichter entlang des Passungsmodells genügen, um die Professionalität innerhalb des videobasierten Arbeitens einzuordnen.

9 Fazit und Ausblick

Bevor zur abschließenden Beantwortung der Forschungsfrage übergegangen wird, möchte das Fazit die Gelegenheit nutzen, zunächst einen kritischen Impuls zu platzieren. Die Befragten stellen durch ihre kritischen Gedanken zunächst unter Beweis, dass sich VHT der Gefahren wirkmächtiger Bilder bewusst ist und dies besondere Professionalität im Sinne von Sensibilität, ethischer Kompetenz und Reflexion erfordert. Dennoch scheint es sich um eine Verantwortung der einzelnen VHT-Professionals zu handeln – so benennen die Teilnehmenden zurecht, dass sie „froh [um] gu:te und wertschätzende und kompetente Video-Home-Trainer" (Z.2027-2028) sein müssen. Ob „Unfug" (Z.2024) getrieben wird oder nicht, hängt vom Individuum ab. Wenn eine Methode ein so eindrücklich als wirkmächtig beschriebenes Instrument wie Bildmaterial nutzt, wäre sie allerdings in Verantwortung hier übergreifend Qualität der Methode und gleichzeitig die Integrität ihrer Adressat*innen bestmöglich sicherzustellen. Dies wäre über die Diskussion und Verabschiedung eines ethischen Codex zu verwirklichen und über offene, fachliterarische Auseinandersetzung und Ausarbeitung von Handlungsempfehlungen. Welche Risiken bergen betroffen machende Bilder? Ist es überhaupt ethisch zu vertreten, ungünstige Bilder zu erstellen? Inwieweit sind welche Rechte der Adressat*innen berührt? Welche Sicherheitsmechanismen können zu ihrem Schutz entwickelt werden? Insgesamt möchte die Arbeit auf die ethisch zu bearbeitenden Inhalte innerhalb des methodischen Ansatzes hinweisen. Die letzte transparente Auseinandersetzung fand 1999 durch König statt (130ff.). In Kapitel 4.4.3 wurde damit zusammenhängend vor dem Hintergrund des digitalen Wandels auch die Notwendigkeit datenschutzethischer Ausarbeitung herausgestellt. Teil der ethischen Debatte sollte indes auch die durch VHT forcierte „Umstrukturierung der Wahrnehmung" (Gens 2020a: 19) und das Schaffen von Wirklichkeiten sein. Was bedeutet es, mithilfe mächtiger Instrumente an Wahrnehmungsbildern zu ‚basteln' und Wirklichkeiten zu kreieren? Mühelos können durch Bildmaterial Täter*innen als liebevolle Fürsorge präsentiert werden (Z.1475-1486). Dieses Beispiel vermag die Verantwortung von VHT eindrücklich herauszustellen.

Abseits dieser ethischen Aufträge zeichnen sich aus dem vorliegenden Gegenstand mehrere Forschungsbedarfe ab. „[Es] fehlen letztendlich (.) wissenschaftliche Ergebnisse" (Z.696-697), benennen auch die Befragten und weisen ebenso darauf hin, dass VHT sich weiterhin nicht auf Empirie stützen kann. Das vorliegende betreffend, gilt dies insbesondere für die Wirkung von Bildern. Das Kapitel 4.4.3 stellte bereits den Bedarf an fundierten neuropsychologischen Antworten auf die Frage, wieso videobasiertes Arbeiten wirkt, heraus. Dass der sachlich-inhaltliche Gehalt für Professionelle der entscheidende Wirkfaktor ist, betont diese Notwendigkeit. Das im achten Kapitel kritisch reflektierte Fehlen der Beziehungsthematik als Auswirkung könnte ein weiterer Forschungsimpuls sein, sich VHT und professionelle Beziehungsgestaltung explizit zum Thema zu machen. Die Frage einer*s Teilnehmenden „wie **nachhaltig** kann VHT dann auch wirken" (Z.698-699), bleibt darüber hinaus ein nächster zu ergründender Forschungsgegenstand, der qualitativer und möglichst auch quantitativer Längsschnittstudien bedarf. Insgesamt gilt für die Wirkungsforschung von VHT, dass sich qualitative und quantitative Forschung ergänzen müssen, um gemeinsam Gültigkeit sicherzustellen. Auch ethnografische Forschungselemente, welche beobachtbare Auswirkungen im Videomaterial festmachen, zum Beispiel in Form von Analysen von Rückschausettings, könnten die subjektiven Schilderungen Befragter verdichten. Mixed-Methods-Ansätze böten sich grundsätzlich an, um VHT auf ein tragfähiges, empirisches Fundament zu stellen. Insgesamt könnten von der vorliegenden Forschung aus, Anstöße in verschiedene Richtungen genommen werden.

Im Verlauf der Arbeit konnten über den tiefgreifenden Blick in die Methode hinaus auch ihre Anwendungsfelder in der stationären Erziehungshilfe auf praktischer Ebene beleuchtet werden. Es ist abschließend festzustellen, dass VHT hier vielseitig einsetzbar zu sein scheint. Videobasiertes Arbeiten bietet unterschiedlichen Settings, ob im Hilfeplangespräch, zu diagnostischen Zwecken, mit Fachkräften, jungen Menschen oder Eltern, sein methodisches Vorgehen an. Dieses kann mit verschiedenen Schwerpunkten, Zielsetzungen und Fragestellungen versehen und dem jeweiligen Bedarf angepasst werden kann.

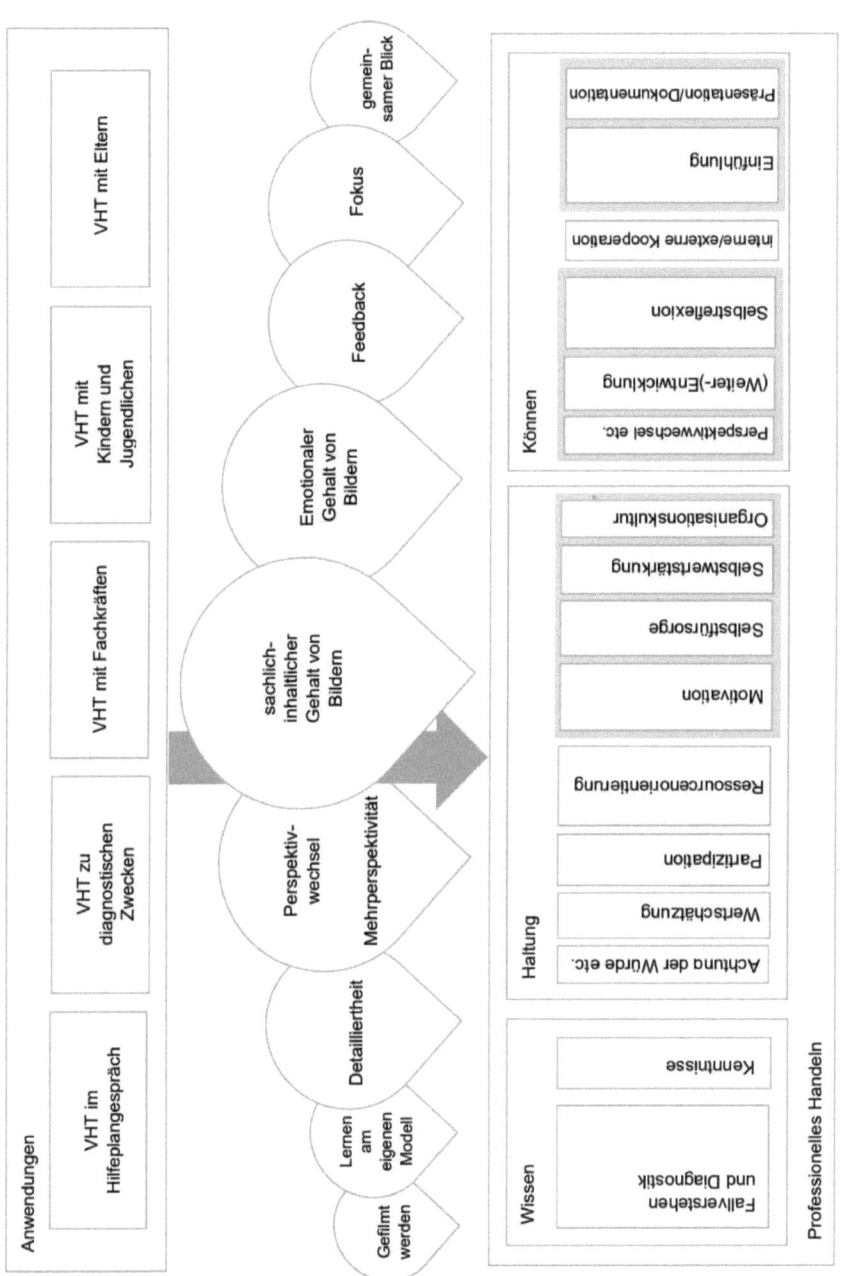

Abbildung 13: Darstellung der zentralen Ergebnisse, eigene Darstellung

Durch die vorliegende Forschung konnte herausgefunden werden, inwiefern sich videobasiertes Arbeiten auf Fachkräfte der stationären Erziehungshilfe auswirkt. Die Ergebnisse zeigen, es wirkt sich auf alle drei Dimension professionellen Handelns aus – Wissen, Können und Haltung. Dabei scheint es sich auf letztere Dimension in besonderer Weise auszuwirken. Sie fördert eine ressourcenorientierte, partizipative, wertschätzende sowie die Würde und Autonomie achtende *Haltung* von Professionellen. Zudem wirkt sie sich positiv auf deren Arbeitshaltung aus, indem sie deren Motivation, Selbstfürsorge, Selbstwert und eine wohlwollende Organisationskultur fördert. Auf die Dimension des *Könnens* wirkt sie sich dahingehend aus, als dass sie die Reflexion von Fachkräften fördert, in Form von Selbstreflexion, (Weiter-)Entwicklung sowie die Möglichkeit des mehrperspektivischen Blicks und Perspektivwechsels. Sie stärkt deren Kommunikation, indem sie ihre verstehende Einfühlung fördert und eine besondere Möglichkeit der Präsentation und Dokumentation anbietet. Damit verbunden fördert sie gelingende interne und externe Kooperation. Weiteres Ergebnis ist, dass videobasiertes Arbeiten sich auf der Dimension des Wissens auswirkt, indem es die Vermittlung von Kenntnissen und somit Lernen hilfreich unterstützt. Insbesondere aber indem es eine mehrperspektivische, traumasensible und umfassende Möglichkeit des Fallverstehens und der Diagnostik bietet. Der Forderung nach methodischen Zugängen (Gahleitner 2017: 8), um die mehr denn je notwendige Professionalität von Fachkräften in den stationären Hilfen zu fördern und zu sichern (Günder 2015: 12), kann videobasiertes Arbeiten also nachkommen.

Weiterhin konnte herausgefunden werden, welche *Wirkungszusammenhänge* sich abzeichnen. Zentrales Ergebnis war hier, dass insbesondere der sachlich-inhaltliche Gehalt von Bildmaterial ein Wirkfaktor in der Videoarbeit mit Fachkräften spielt. Darüber hinaus spielen der ermöglichte Perspektivwechsel und die mehrperspektivische Reflexion entscheidende Faktoren, ebenso wie der emotionale Gehalt von Bildern. Damit sich VHT positiv auf das professionelle Handeln von Fachkräften auswirken kann, ist *Professionalität innerhalb der Methode* zu sichern. Insbesondere durch die Wirkkraft von Bildern ist hier eine ausreichende Qualifizierung sowie Verantwortung geboten.

Enden möchte die Arbeit mit einem Blick zurück auf *Herausforderungen* des Arbeitsfeldes. Kann videobasiertes Arbeiten der „[herausgeforderten] Fachlichkeit" (Averbeck 2019: o.S.) denn etwas anbieten? Der Blick auf die Ergebnisse erlaubt hier zum Abschluss, einige Thesen zu formulieren. Die zunehmende Komplexität der Lebenswelten sowie der hohen Konzentration von psychiatrischen Diagnosen innerhalb der stationären Erziehungshilfe (Gahleitner 2017: 8; Nüsken 2020: 17) wurde einleitend zunächst als eine Herausforderung geschildert und lässt eine Gedankenbrücke zu VHT zu. Videoarbeit vermag den Fokus und die Konzentration von Fachkräften immer wieder auf kleine gelingende Aspekte und gelingende Interaktion zu lenken – böte sie dadurch nicht auch gegenüber der Komplexität und dadurch drohenden Orientierungslosigkeit und Überforderung von Fachkräften ein Gegengewicht? Durch ihren konsequenten Blick auf gute Gründe, Bedürfnisse und mitunter besondere Bedarfe, dürfte VHT darüber hinaus auch im Hinblick auf die neue Zielgruppe der jungen Menschen mit Behinderungen ein naheliegender Ansatz sein. Dass videobasiertes Arbeiten sowohl den Professionellen erlaubt, sich auf kleinschrittiges Lernen gut einzustimmen und andererseits den jungen Menschen mit Behinderungen Weiterentwicklung in ihrem Tempo sowie die Stärkung ihres Selbstbewusstseins ermöglicht, wurde von den Befragten bereits geschildert (Z.359-368;1449-1459). Was hat VHT den gesundheitlichen Risikofaktoren des Arbeitsfeldes anzubieten? Der hohen Arbeitsdichte, dem schnelllebigen Alltag und der Beschleunigungsfalle, in die Organisationen der Erziehungshilfe zunehmend tappen (Averbeck 2019: 51), könnte VHT in seiner entschleunigenden Funktion (Z.642-643) womöglich entgegenstehen. Lässt es doch Professionelle zwischendurch Distanz zum Alltag einnehmen, sie zurücklehnen und aus der Ruhe heraus auf sich oder gemeinsam auf den Fall schauen. Auch den zu motivierenden Nachwuchsfachkräften könnte VHT womöglich etwas anbieten. So eignet es sich – dies haben die vorliegenden Ergebnisse auch gezeigt – um Fachkräfte mit positivem Feedback wertzuschätzen, sie zu motivieren und zu stärken. Zudem vermag insbesondere der emotionale Gehalt der Videobilder, die besonders positiven Seiten des Arbeitsfeldes zu betonen und daran zu erinnern, was den*die Einzelne*n daran fasziniert und antreibt. Auch hier soll abschließend gesagt sein, dass VHT nicht als Allheilmittel (Z.1710) überfordert werden darf – die Arbeitsbedingungen sind vor allem auf anderer Ebene zu verbessern – aber die Methode scheint zentralen Themen auf der Spur zu sein. Es handelt sich um einen Ansatz, der den Professionellen, ihrem professionellen Handeln und ihren Bedarfen versorgend begegnet. VHT hat verstanden, wie essentiell Wohlbefinden, Motivation und Freude an der Arbeit sind.

„[D]ort wo Menschen Gefallen und Freude an dem empfinden, was sie durch ihre Arbeit gestalten, wo sie sich in dem, was sie tun, in ihrer Identität wiedererkennen und wo sie für das Geleistete die Anerkennung und Wertschätzung anderer erhalten, dort wird Arbeit zur Resonanzerfahrung." (Nüsken 2020: 18)

Und dies kommt nicht zuletzt den jungen Menschen und ihren Familien zugute.

10 Quellenverzeichnis

AIT und ELIENS, Marij, Hrsg., 2020. *Video-Hometraining en Video-Interactiebegelei-ding. Een introductie van de methodieken.* 2. Auflage, Amersfoort: BV Uitgeverij SWP.

AGJ, 2011. *Fachkräftemangel in der Kinder- und Jugendhilfe. Positionspapier der Arbeitsgemeinschaft für Kinder- und Jugendhilfe – AGJ.* Berlin: o.V.

AINSWORTH, Mary D.S. und Barbara WITTIG, 2021. *Bindungs- und Explorationsverhalten einjähriger Kinder in einer Fremden Situation (1969).* In: Karin GROSS-MANN und Klaus E. GROSSMANN, Hrsg. *Bindung und menschliche Entwicklung. John Bowlby, Mary Ainsworth und die Grundlagen der Bindungstheorie.* 7. Auflage, Stuttgart: Klett-Cotta.

ARMBRUSTER, Meinrad, 2006. *Das Empowerment-Programm für mehr Elternkompetenz in Problemfamilien.* Heidelberg: Carl-Auer-Verlag.

AVERBECK, Linda, 2019. *Herausgeforderte Fachlichkeit. Arbeitsverhältnisse und Beschäftigungsbedingungen in der Kinder- und Jugendhilfe.* Weinheim, Basel: Beltz-Juventa.

BACH, Markus und Bernhard JACOB, 2020. *Marte Meo Coaching – das „Wie" der Führung! „Führen ist das Führen guter Beziehungen".* In: Björn HAGEN und EREV Hrsg. *Videogestützte Verfahren in den Erziehungshilfen – Entwicklungsperspektiven mit Bildern.* Theorie und Praxis der Jugendhilfe 32. Dähre: SchöneworthVerlag.

BAG (Bundesarbeitsgemeinschaft) der Landesjugendämter, 2015. *Empfehlungen. Qualitätsmaßstäbe und Gelingensfaktoren für die Hilfeplanung gemäß §36 SGB VIII.* Mainz: o.V.

BALZER, Felizitas, 2020. *VHT im Kontext elternaktivierender stationärer Erziehungshilfe. Abschlussarbeit für die Zertifizierung zur VHT-Coach.* Stuttgart, o.V.

BALZER, Felizitas, Mike-Leon DELASSUS, Arndt MONTAG, Anja PALA und Michelle SCHNACKERZ, 2021. *Gut begleiten – VHT für angehende Fachkräfte in sich wandelnden Arbeitswelten. Bundesfachtagung 24.09.2021.* Stuttgart: o.V. [Zugriff am 15.04.2022]. Verfügbar unter: https://www.spin-nordost.de/wp-content/uploads/2021/11/Landgang6.pdf.

BALZER, Felizitas, 2022. *Ergänzungsfragebogen zur Fokusgruppe* [Zugriff am 18.06.2022]. Verfügbar mit Passwort der Autorin unter: https://app.la-mapoll.de/#/poll/436945/questionnaire.

BANDURA, Albert, 1979. *Sozial-kognitive Lerntheorie.* Stuttgart: Klett-Cotta.

BAYRAM, Naziker und Nadia ZABOURA, 2006. *Sichern Spiegelneuronen die Intersubjektivität?* In: Jo REICHERTZ und Nadia ZABOURA, Hrsg. *Akteur Gehirn – oder das vermeintliche Ende des handelnden Subjekts. Eine Kontroverse.* Wiesbaden: VS Verlag für Sozialwissenschaften.

BECKER-LENZ, Roland, Stefan BUSSE, Gudrun EHLERT und Silke MÜLLER, Hrsg., 2011. *Professionelles Handeln in der Sozialen Arbeit. Materialanalysen und kritische Kommentare.* Wiesbaden: Springer VS.

BEHRINGER, Noëlle, 2021. *Mentalisieren in der Heimerziehung. Eine qualitative Untersuchung zu reflexiven Prozessen bei pädagogischen Fachkräften.* Wiesbaden: Springer VS.

BIEMANS, Harrie, 1994. *VHT-Trajektplan für die Multi-Problem-Familie.* In: SPIN Deutschland; Hannelore GENS und Udo HEIMBÜRGER. *Video-Home-Training. Reader 1: Grundlagen zu Theorie und Praxis.* Düsseldorf: o.V.

BIENER, Monika und Marita BRÜMMER, o.J. *„Das unsichtbare Band sichtbar machen" – Bindung und Bindungsstörungen.* Bad Bentheim: o.V. [Zugriff am 14.04.2022]. Verfügbar unter: https://www.eylarduswerk.de/fileadmin/user_upload/Monika_Biener_Marita_Bruemmer_-_Das_unsichtbare_Band_sichtbar_machen.pdf.

BMFSFJ, 2021. *Gesetz zur Stärkung von Kindern und Jugendlichen (Kinder- und Jugendstärkungsgesetz – KJSG)* [Zugriff am 31.05.2022]. Verfügbar unter: https://www.bmfsfj.de/bmfsfj/service/gesetze/neues-kinder-und-jugendstaerkungsgesetz-162860.

BOHNSACK, Ralf, 2021. *Rekonstruktive Sozialforschung. Einführung in qualitative Methoden.* 10. Auflage, Opladen, Toronto: Verlag Barbara Budrich.

BONGARD, Tanja und Marion DAHM-HEUER, 2020. Videobasiertes Fallverstehen im Rahmen des Aufnahmeprozesses am Beispiel einer Tagesgruppe im Eylarduswerk. In: Björn HAGEN und EREV Hrsg. *Videogestützte Verfahren in den Erziehungshilfen – Entwicklungsperspektiven mit Bildern.* Theorie und Praxis der Jugendhilfe 32. Dähre: SchöneworthVerlag.

BÖTTGER, Jessica, 2017. *Was brauchen Mitarbeiter_innen in der Heimerziehung? Perspektive der Adressat_innen. Sozial Extra,* 2017(6).

BOWLBY, John, 2021. *Bindung (1987).* In: Karin GROSSMANN und Klaus E. GROSSMANN, Hrsg. *Bindung und menschliche Entwicklung. John Bowlby, Mary Ainsworth und die Grundlagen der Bindungstheorie.* 7. Auflage. Stuttgart: Klett-Cotta.

BREMEYER, Annette, 2020. *Einleitung.* In: Björn HAGEN und EREV Hrsg. *Videogestützte Verfahren in den Erziehungshilfen – Entwicklungsperspektiven mit Bildern.* Theorie und Praxis der Jugendhilfe 32. Dähre: SchöneworthVerlag.

BREIER, Andrea 2016. *Die Förderung der Selbstwirksamkeit. Mit der Methode Video-Home-Training.* In: Irene GOLTSCHE, Hrsg. *Kursbuch. Interaktion im Blick. Video-Home-Training (VHT).* Miesbach: DWRO-consult gGmbH.

BRISCH, Karl Heinz, 2015. *Bindungsstörungen. Von der Bindungstheorie zur Therapie.* 13. Auflage, Stuttgart: Klett-Cotta.

BRÜMMER, Marita und Klaus TER HORST, 2009. *Video-Interaktions-Diagnostik. „…ein Bild sagt mehr als viele Worte…".* In: Irene GOLTSCHE, Hrsg. *Anwendungsbereiche des Video-Home-Training VHT. Geglücktes im Blick.* Bad Heilbrunn: Verlag Julius Klinkhardt.

BRÜMMER, Marita, 2020. *Videobasierte Beratung VHT im Hilfeplangespräch. „Man konnte sich selbst einen Eindruck machen".* In: Björn HAGEN und EREV Hrsg. *Videogestützte Verfahren in den Erziehungshilfen – Entwicklungsperspektiven mit Bildern.* Theorie und Praxis der Jugendhilfe 32. Dähre: SchöneworthVerlag.

BÜNDER, Peter, Annegret SIRRINGHAUS-BÜNDER und Angela HELFER, 2015. *Lehrbuch der MarteMeo-Methode. Entwicklungsförderung mit Videounterstützung.* 4. Auflage, Göttingen: Vandenhoeck & Ruprecht.

CONEN, Marie-Luise, 2007. *Schwer zu erreichende Eltern – ein systemischer Ansatz der Elternarbeit in der Heimerziehung.* In: Jörgen SCHULZE-KRÜDENER und Hans Günther HOMFELDT, Hrsg. *Elternarbeit in der Heimerziehung.* München, Basel: Ernst Reinhardt.

CRAIN, Fitzgerald, 2012. *„Ich geh ins Heim und komme als Einstein heraus". Zur Wirksamkeit der Heimerziehung.* Wiesbaden: Springer VS.

CROSS, Jenny and Hilary KENNEDY, 2011. *How and Why does VIG Work?* In: Hilary KENNEDY; Miriam LANDOR und Liz TODD, Hrsg. *Video Interaction Guidance. A Relationship-Based Intervention to Promote Attunement, Empathy and Wellbeing.* London: Jessica Kingsley Publishers.

CVIG, o.J. *The Center for Video Interaction Guidance USA* [Zugriff am 16.04.2022].
Verfügbar unter: https://www.cvigusa.com.

DANTAS DOS SANTOS, Ingrid Rafaella und Joseli Soares BRAZOTTO, 2017. *Video feedback for families of heraing impaired children* [Zugriff am 30.04.2022]. Verfügbar unter: https://pdfs.semanticscholar.org/0137/3b3e77bc12fd00d0 a9c5d0259de14c542d2c.pdf?_ga=2.87457688.1450793613.16513085231094758 890.1651308523.

DEKKER, Tinus, 1999. *Entwicklung des Video-Home-Training in den Niederlanden.* In: Max KREUZER und Helga RÄDER, Hrsg. *Video-Home-Training. Kommunikation im pädagogischen Alltag. Eine erprobte Methode (nicht nur) in der Familienhilfe.* 2. Auflage, Mönchengladbach: Hochschule Niederrhein.

DE SHAZER, Steve und Yvonne DOLAN, 2013. *Mehr als ein Wunder. Lösungsfokussierte Kurztherapie heute.* 3. Auflage, Heidelberg: Carl-Auer Verlag.

DEWE, Bernd und Dietmar GENSICKE, 2018. *Theoretische und methodologische Aspekte des Konzeptes „Reflexive Professionalität".* In: Christiane SCHNELL und Michaela PFADENBAUER, Hrsg. *Handbuch Professionssoziologie.* Wiesbaden: Springer VS.

DEWE, Bernd und Hans-Uwe OTTO, 2018. *Professionalität.* In: Hans-Uwe OTTO, Hans THIERSCH, Rainer TREPTOW und Holger ZIEGLER, Hrsg. *Handbuch Soziale Arbeit. Grundlagen der Sozialarbeit und Sozialpädagogik.* 6. Auflage, München: Ernst Reinhardt.

DGSF, o.J. *Videobasierte Beratung* [Zugriff am 16.04.2022]. Verfügbar unter: https://www.dgsf.org/ueber-uns/gruppen/fachgruppen/videobasierte-beratung.

DÖRING, Nicola, 2019. *Evaluationsforschung.* In: Nina BAUR und Jörg BLASIUS, Hrsg. *Handbuch Methoden der empirischen Sozialforschung.* 2. Auflage, Wiesbaden: Springer VS.

DOWRICK, Peter W., 2011. *Self Modeling: Expanding the theories of learning. Psychology in the Schools,* 2012 (49) [Zugriff am 01.05.2022] Verfügbar unter: https://onlinelibrary.wiley.com/doi/epdf/10.1002/pits.20613.

EILERMANN, Elke, 2009. *Möglichkeiten des Einsatzes von Video-Home-Training (VHT) im Arbeitsfeld der Frühförderung.* In: Irene GOLTSCHE, Hrsg. *Anwendungsbereiche des Video-Home-Training VHT. Geglücktes im Blick.* Bad Heilbrunn: Verlag Julius Klinkhardt.

ELMER, Heinz und Sandra GRUNDMANN, 2020. *Videobasierte Beratung von jungen Fachkräften der Jugendhilfe.* In: Björn HAGEN und EREV Hrsg. *Videogestützte Verfahren in den Erziehungshilfen – Entwicklungsperspektiven mit Bildern.* Theorie und Praxis der Jugendhilfe 32. Dähre: SchöneworthVerlag.

ENKE, Irene und Yvonne MAYER-BRITSCH, 2020. *Marte Meo im schulischen Kontext – Erfahrungen von zwei Sonderpädagoginnen.* In: Björn HAGEN und EREV Hrsg. *Videogestützte Verfahren in den Erziehungshilfen – Entwicklungsperspektiven mit Bildern.* Theorie und Praxis der Jugendhilfe 32. Dähre: SchöneworthVerlag.

EUTENEUER, Matthias; Matthias SCHWABE; Uwe UHLENDORFF und David VUST, 2020. *Die Systemische Interaktionstherapie und -beratung in den Erziehungshilfen. Theorie und Praxis eines elternaktivierenden Ansatzes.* Weinheim, Basel: Beltz-Juventa.

EYLARDUSWERK, o.J.a. *Wohngruppenverbund* [Zugriff am 18.06.2022]. Verfügbar unter: file:///C:/Users/feliz/Downloads/Faltblatt_Wohngruppen_Eylarduswerk_ 0317_ WEB.pdf.

EYLARDUSWERK, o.J.b. *Video-Home-Training (VHT).* [Zugriff am 18.06.2022]. Verfügbar unter: file:///C:/Users/feliz/Downloads/Video-Home-Training_-_VHT .pdf.

EYLARDUSWERK, 2022a. *Willkommen im Eylarduswerk* [Zugriff am 18.06.2022]. Verfügbar unter: https://www.eylarduswerk.de/.

EYLARDUSWERK, 2022b. *Rechtsform* [Zugriff am 18.06.2022]. Verfügbar unter: https://www.eylarduswerk.de/organisation/rechtsform/.

FEYRER, Karl, 2020. *Team-Besprechungen mit VHT gestalten. Workshop-Ausschreibung.* In: SPIN DGVB Hrsg. *SPIN-Bundesfachtagung. Bindung leben. Stuttgart, 06.-07. März 2020.* Stuttgart: o.V.

FISCHER, Dominik, 2016. *Mit Kind und Kegel. Video-Home-Training als mehrtägiger Gruppenkurs für Eltern und ihre Kinder.* In: Irene GOLTSCHE, Hrsg. *Anwendungsbereiche des Video-Home-Training VHT. Geglücktes im Blick.* Bad Heilbrunn: Verlag Julius Klinkhardt.

FIUNG, Toni, 2020. *Bilder führen in die Tiefe und helfen, Beziehungen lebendig zu gestalten. Workshop-Ausschreibung.* In: SPIN DGVB Hrsg. *SPIN-Bundesfachtagung. Bindung leben. Stuttgart, 06.-07. März 2020.* Stuttgart: o.V.

FORSTER, Sheridan, 2015. *Supporting Interactions with Adults who have Profound Intellectual and Multiple Disabilities as their Skills Deteriorate.* In: Hilary KENNEDY; Miriam LANDOR und Liz TODD, Hrsg. *Video Enhanced Practice. Professional Development through Attuned Interactions.* London: Jessica Kingsley Publishers.

FRANZEN, Katja, 2021. *Quellen der Selbstwirksamkeitsüberzeugung von Grundschullehrkräften im Kontext inklusiver Erziehung und Bildung.* Wiesbaden: Springer VS.

GAHLEITNER, Silke Brigitta, 2013. *Traumapädagogische Konzepte in der Kinder- und Jugendhilfe: Weshalb? – Wie? – Wozu?* In: LANG, Birgit; Claudia SCHIRMER; Thomas LANG; Ingeborg ANDREAE DE HAIR; Thomas WAHLE; Jacob BAUSUM; Wilma WEIß und Marc SCHMID, Hrsg. *Traumapädagogische Standards in der stationären Kinder- und Jugendhilfe.* Weinheim, Basel: Beltz-Juventa.

GAHLEITNER, Silke Brigitta, 2017. *Das pädagogisch-therapeutische Milieu in der Arbeit mit Kindern und Jugendlichen. Trauma- und Beziehungsarbeit in stationären Erziehungshilfen.* 2. Auflage, Köln: Psychiatrie Verlag.

GAIDA, Detlef H., 2016. *VHT-Arbeit im Lesen-Rechtschreib-Förderprogramm.* In: Irene GOLTSCHE, Hrsg. *Kursbuch. Interaktion im Blick. Video-Home-Training (VHT).* Miesbach: DWRO-consult gGmbH.

GALUSKE, Michael, 2013. *Methoden der Sozialen Arbeit. Eine Einführung.* 10. Auflage, Weinheim, Basel: Beltz-Juventa.

GENS, Hannelore, 2003. *Erziehen durch guten Kontakt. Ein Elternkurs auf der Grundlage des Video-Home-Trainings.* Erkelenz, o.V.

GENS, Hannelore, 2016a. *Von Anfang an ziel- und lösungsorientiert. Schritte zur Erarbeitung der Hilfefrage.* In: Irene GOLTSCHE, Hrsg. *Kursbuch. Interaktion im Blick. Video-Home-Training (VHT).* Miesbach: DWRO-consult gGmbH.

GENS, Hannelore, 2016b. *Feed Forward und Feed Back – Das Ziel ist der Weg. Bildauswahl, Bildschnitt und Rückschaumethodik.* In: Irene GOLTSCHE, Hrsg. *Kursbuch. Interaktion im Blick. Video-Home-Training (VHT).* Miesbach: DWRO-consult gGmbH.

GENS, Hannelore, 2016c. *Das Video-Kontakt-Schema (VKS) von Harrie Biemans. Allgemeiner Kommunikations-Support und Entwicklung kompakt!* In: Irene GOLTSCHE, Hrsg. *Kursbuch. Interaktion im Blick. Video-Home-Training (VHT).* Miesbach: DWRO-consult gGmbH.

GENS, Hannelore, 2016d. *Wie Perlen auf einer Schnur. Elemente des positiven Lenkens und Leitens.* In: Irene GOLTSCHE, Hrsg. *Kursbuch. Interaktion im Blick. Video-Home-Training (VHT).* Miesbach: DWRO-consult gGmbH.

GENS, Hannelore, 2019. *„Das unsichtbare Band sichtbar machen". Kommunikation und Bindung. Grundlagen für VHT-Fachkräfte* [Zugriff am 15.04.2022]. Verfügbar unter: https://hannelore-gens.de/wp-content/uploads/2020/04/Das-unsichtbare-Band-sichtbar-machen.pdf.

GENS, Hannelore 2020a. *Mit Bildern sprechen – Entwicklung anstoßen. Die video-basierte Beratung VHT nach der SPIN-Methode.* In: Björn HAGEN und EREV Hrsg. *Videogestützte Verfahren in den Erziehungshilfen – Entwicklungsperspektiven mit Bildern.* Theorie und Praxis der Jugendhilfe 32. Dähre: SchöneworthVerlag.

GENS, Hannelore 2020b. *Ressourcen bündeln – gemeinsam handeln. Ziele und Aktivitäten der Fachgruppe „Videobasierte Beratung" in der Deutschen Gesellschaft für Systemische Therapie, Beratung und Familientherapie e.V.* In: Björn HAGEN und EREV Hrsg. *Videogestützte Verfahren in den Erziehungshilfen – Entwicklungsperspektiven mit Bildern.* Theorie und Praxis der Jugendhilfe 32. Dähre: Schöneworth Verlag.

GOLTSCHE, Irene, 2009. *Video-Home-Training Elternbefragung 2001-2007.* In: Irene GOLTSCHE, Hrsg. *Anwendungsbereiche des Video-Home-Training VHT. Geglücktes im Blick.* Bad Heilbrunn: Verlag Julius Klinkhardt.

GOLTSCHE, Irene und Christine RÖSSEL, 2009. *Herzlich willkommen bei VHT – eine Einleitung.* In: Irene GOLTSCHE, Hrsg. *Anwendungsbereiche des Video-Home-Training VHT. Geglücktes im Blick.* Bad Heilbrunn: Verlag Julius Klinkhardt.

GOLTSCHE, Irene, 2020. *Beziehung im Blick – die videobasierte Beratung VHT als Grundlage für systemisches Video-Coaching und seine Anwendungsgebiete.* In: Björn HAGEN und EREV Hrsg. *Videogestützte Verfahren in den Erziehungshilfen – Entwicklungsperspektiven mit Bildern.* Theorie und Praxis der Jugendhilfe 32. Dähre: SchöneworthVerlag.

GROSSMANN, Karin und Klaus E. GROSSMANN, 2014. *Bindungen. Das Gefüge psychischer Sicherheit.* 6. Auflage, Stuttgart, Klett-Cotta.

GROSSMANN, Klaus E. 2021. *Skalen zur Erfassung mütterlichen Verhaltens von Mary D.S. Ainsworth (1977/2003).* In: Karin GROSSMANN und Klaus E. GROSSMANN, Hrsg. *Bindung und menschliche Entwicklung. John Bowlby, Mary Ainsworth und die Grundlagen der Bindungstheorie.* 7. Auflage. Stuttgart: Klett-Cotta.

GRUGEL, Andrea, 2020. *VHT in der stationären Elternarbeit. Workshop-Ausschreibung.* In: SPIN DGVB Hrsg. *SPIN-Bundesfachtagung. Bindung leben. Stuttgart, 06.-07. März 2020.* Stuttgart: o.V.

GRUNWALD, Klaus und Hans THIERSCH, 2018. *Lebensweltorientierung.* In: GRAß-HOFF, Gunther; Anna RENKER und Wolfgang SCHRÖER, Hrsg. *Soziale Arbeit. Eine elementare Einführung.* Wiesbaden: Springer VS.

GÜNDER, Richard, 2015. *Praxis und Methoden der Heimerziehung. Entwicklungen, Veränderungen und Perspektiven der stationären Erziehungshilfe.* 5. Auflage, Freiburg im Breisgau: Lambertus-Verlag.

HANSBAUER, Peter; Joachim MERCHEL und Reinhold SCHONE, 2020. *Kinder und Jugendhilfe. Grundlagen, Handlungsfelder, professionelle Anforderungen.* Stuttgart: Verlag W. Kohlhammer.

HANSWILLE, Reinert, 2020. *Grundlagen Systemischen Arbeitens und Systemischer Therapie.* In: Norbert BECK, Hrsg. *Therapeutische Heimerziehung. Grundlagen, Rahmenbedingungen, Methoden.* Freiburg im Breisgau: Lambertus-Verlag.

HARMS-MAIER, Thomas, 2020a. *Nicht nur bei Profisportlern erfolgversprechend. Videoarbeit als Coaching-Methode auch für Lehrkräfte.* In: Björn HAGEN und EREV Hrsg. *Videogestützte Verfahren in den Erziehungshilfen – Entwicklungsperspektiven mit Bildern.* Theorie und Praxis der Jugendhilfe 32. Dähre: SchöneworthVerlag.

HEIMBÜRGER, Udo, 1994. *Eltern zu Hause mit Video helfen. Information zu einer neuen Methode: Video-Home-Training (VHT) für Eltern mit Erziehungsproblemen.* In: SPIN Deutschland; Hannelore GENS und Udo HEIMBÜRGER. *Video-Home-Training. Reader 1: Grundlagen zu Theorie und Praxis.* Düsseldorf: o.V.

HEINER, Maja, 2004. *Professionalität in der Sozialen Arbeit. Theoretische Konzepte, Modelle und empirische Perspektiven.* Stuttgart: Kohlkammer.

HEINER, Maja, 2010a. *Soziale Arbeit als Beruf. Fälle – Felder – Fähigkeiten.* 2. Auflage, München, Basel: Ernst Reinhardt.

HEINER, Maja, 2010b. *Kompetent handeln in der Sozialen Arbeit.* München: Ernst Reinhardt.

HELFFERICH, Cornelia, 2011. *Die Qualität qualitativer Daten. Manual für die Durchführung qualitativer Interviews.* 4. Auflage, Wiesbaden: Springer VS.

HELLE, Mark, 2019. *Psychotherapie.* Berlin, Springer.

HENN, Sarah, 2020. *Professionalität und Teamarbeit in der stationären Kinder- und Jugendhilfe. Eine empirische Untersuchung reflexiver Gesprächspraktiken in Teamsitzungen.* Weinheim, Basel: Beltz-Juventa.

HERRINGER, Norbert, 2020. *Empowerment in der Sozialen Arbeit. Eine Einführung.* 6. Auflage, Stuttgart: Kohlhammer.

HÜTHER, Gerald, 2016. *Bedienungsanleitung für ein menschliches Gehirn.* 12. Auflage, Göttingen: Vandenhoeck & Ruprecht.

JANSSENS, J.M.A.M. und A.A.M. KEMPER, 1996. *Effects of video hometraining on parental communication an a child's behavioral problems. International Journal of Child an Family Welfare,* 1996(2).

JARVIS, Jenny und Susan LYON, 2015. What Makes Video Enhanced Reflective Practice (VERP) Succesful for System Change? In: Hilary KENNEDY; Miriam LANDOR und Liz TODD, Hrsg. *Video Enhanced Practice. Professional Development through Attuned Interactions.* London: Jessica Kingsley Publishers.

KENNEDY, Hilary, 2011. *What is Video Interaction Guidance (VIG)?* In: Hilary KENNEDY; Miriam LANDOR und Liz TODD, Hrsg. *Video Enhanced Practice. Professional Development through Attuned Interactions.* London: Jessica Kingsley Publishers.

KENNEDY, Hilary; Miriam LANDOR und Liz TODD, Hrsg., 2011. *Video Interaction Guidance. A Relationship-Based Intervention to Promote Attunement, Empathy and Wellbeing.* London: Jessica Kingsley Publishers.

KENNEDY, Hilary and Miriam LANDOR, 2015. *Introduction.* In: Hilary KENNEDY; Miriam LANDOR und Liz TODD, Hrsg. *Video Enhanced Practice. Professional Development through Attuned Interactions.* London: Jessica Kingsley Publishers.

KENT COUNTY COUNCIL, o.J. *What is Video Interaction Guidance? (VIG)* [Online-Video] [Zugriff am 26.04.2022]. Verfügbar unter: https://www.youtube.com/watch?v=YRVaL_ZlxHs.

KESSL, Fabian, Andrea POLUTTA, Werner THOLE, Isabell VON ACKEREN und Rolf DOBISCHAT, Hrsg., 2014. *Prekarisierung der Pädagogik – Pädagogische Prekarisierung? Erziehungswissenschaftliche Vergewisserungen.* Weinheim, Basel: Beltz-Juventa.

KLEIN, Joachim, 2021. *Care Leaver – Stationäre Jugendhilfe und ihre Nachhaltigkeit. Ergebnisse der quantitativen Untersuchung.* In: Joachim KLEIN, Miachel MACSENAERE und Stephan HILLER, Hrsg. *Care Leaver. Stationäre Jugendhilfe und ihre Nachhaltigkeit.* Freiburg im Breisgau: Lambertus-Verlag.

KOTTHAUS, Jochem, Hrsg., 2020. *FAQ Methoden der empirischen Sozialforschung für die Soziale Arbeit und andere Sozialberufe.* Opladen, Toronto: Verlag Barbara Budrich.

KÖNIG, Claudia, 1999. *Recht und Ethik: Grundsätzliche Überlegungen für die praktische Arbeit mit dem Video.* In: Max KREUZER und Helga RÄDER, Hrsg. *Video-Home-Training. Kommunikation im pädagogischen Alltag. Eine erprobte Methode (nicht nur) in der Familienhilfe.* 2. Auflage, Mönchengladbach: Hochschule Niederrhein.

KREFT, Dieter und C. Wolfgang MÜLLER, 2020. *Konzepte, Methoden, Verfahren und Techniken in der Sozialen Arbeit. Ein Ordnungsversuch für das Handeln nach den Regeln der Kunst.* In: Dieter KREFT und C. Wolfgang MÜLLER, Hrsg. *Methodenlehre in der Sozialen Arbeit.* 3. Auflage, München, Basel: Ernst Reinhardt.

KREUZER, Max, 1999. *Einordnung des Video-Home-Training und seiner Grundlagen in die fachliche Diskussion.* In: Max KREUZER und Helga RÄDER, Hrsg. *Video-Home-Training. Kommunikation im pädagogischen Alltag. Eine erprobte Methode (nicht nur) in der Familienhilfe.* 2. Auflage, Mönchengladbach: Hochschule Niederrhein.

KREUZER, Max und Helga RÄDER, 1999. *Einschätzung der „Methode" des Video-Home-Training durch die TeilnehmerInnen am Modellprojekt.* In: Max KREUZER und Helga RÄDER, Hrsg. *Video-Home-Training. Kommunikation im pädagogischen Alltag. Eine erprobte Methode (nicht nur) in der Familienhilfe.* 2. Auflage, Mönchengladbach: Hochschule Niederrhein.

KRÖNER, Simone, 2016. *Video-Home-Training (VHT).* In: Peter BAUMEISTER, Annette BAUER, Reinhild MERSCH, Christa-Maria PIGULLA und Johannes RÖTTGEN, Hrsg. *Arbeitsfeld Ambulante Hilfen zur Erziehung. Standards, Qualität und Vielfalt.* Freiburg im Breisgau: Lambertus-Verlag.

KRUMENACKER, Franz-Josef, 1998. *Bruno Bettelheim. Grundpositionen seiner Theorie und Praxis.* München, Basel: Ernst Reinhardt.

KUCKARTZ, Udo, 2018. *Qualitative Inhaltsanalyse. Methoden, Praxis, Computerunterstützung.* 4. Auflage, Weinheim, Basel: Beltz-Juventa.

KUCKARTZ, Udo und Stefan RÄDIKER, 2020. *Fokussierte Interviewanalyse mit MAXQDA. Schritt für Schritt.* Wiesbaden: Springer VS.

KVJS, 2015. *KVJS Berichterstattung. Angebots-, Belegungs- und Personalstruktur in den Einrichtungen der Erziehungshilfe in Baden-Württemberg. Heimbericht 2015.* Stuttgart: o.V.

KVJS, 2021. *Voraussetzungen zur Erteilung einer Betriebserlaubnis nach §45 SGB VIII. Grundlagenpapier für Einrichtungen, in denen Kinder und Jugendliche über Tag und Nacht betreut werden.* Stuttgart: o.V.

LAMNEK, Siegfried und Claudia KRELL, 2016. *Qualitative Sozialforschung.* 6. Auflage, Weinheim, Basel: Beltz-Verlag.

LEIST, Marlies, 2003. *Video-Home-Training. Zum Anspruch eines ressourcenorientierten Hilfekonzeptes für verhaltensauffällige Kinder und ihre Familien. Dissertation zum Erwerb des Doktorgrades der Philosophie unter Betreuung von Prof. Dr. Karl-Ernst Ackermann. Eingereicht im Fachbereich Kultur- und Sozialwissenschaften der FernUniversität in Hagen.* München, o.V.

MASLOW, Abraham H., 1978. *Motivation und Persönlichkeit.* Walter-Verlag, 2. Auflage. Olten, Freiburg im Breisgau: Walter-Verlag.

MAYERHOFER, Wolfgang, 2007. *Das Fokusgruppeninterview.* In: Renate BUBER und Hartmut H. HOLZMÜLLER, Hrsg. *Qualitative Marktforschung. Konzepte – Methoden – Analysen.* Wiesbaden: Betriebswirtschaftlicher Verlag Gabler.

MAYKUS, Stephan, 2020. *Beobachten, Beurteilen, Handeln: Handlungsbezogene Reflexion und Wissensanwendung als Merkmale professioneller Sozialer Arbeit.* In: Dieter KREFT und C. Wolfgang MÜLLER, Hrsg. *Methodenlehre in der Sozialen Arbeit.* 3. Auflage, München, Basel: Ernst Reinhardt.

MAYRING, Philipp, 2016. *Einführung in die qualitative Sozialforschung.* 6. Auflage, Weinheim, Basel: Beltz-Verlag.

MOCH, Matthias, 2016. *Lebensweltorientierung in den Erziehungshilfen*. In: GRUN-WALD, Klaus und THIERSCH, Hand, Hrsg. *Praxishandbuch Lebensweltorientierte Soziale Arbeit. Handlungszusammenhänge und Methoden in unterschiedlichen Arbeitsfeldern*. 3. Auflage, Weinheim, Basel: Beltz-Juventa.

MONTAG, Arndt und Anja PALA, 2018a. *Systemisches Arbeiten. Theorie- und Praxisseminar*. Stuttgart, Esslingen: o.V.

MONTAG, Arndt und Anja PALA, 2018b. *Bindung – Feinfühligkeit. „Das unsichtbare Band sichtbar machen"*. *Theorie-Praxis-Seminar*. Stuttgart, Esslingen: o.V.

MONTAG, Arndt und Anja PALA, 2018c. *Basiskurs. Ein Bild sagt mehr als 1000 Worte*. Stuttgart, Esslingen: o.V.

MONTAG, Arndt, 2021. *VHT (Videobasierte Beratung). Entwicklungsförderung mit Videounterstützung. Kurzvorstellung VHT*. Esslingen, o.V.

MONTAG, Arndt, 2022. *VHT-Prozess Simone. Die Nutzung von ‚Remindern'. Frühe positive Bestärkung. Email am 20.06.2022*. Esslingen, o.V.

MÜHLENDER, Lisa-Marie, 2022. *Wirkungsanalyse der videobasierten Beratungsmethode VHT im Kontext der Praxisqualifizierung von Berufsanfänger*innen im sozialen Bereich*. Waiblingen: o.V.

MÜLLER, Burkhard, 2017. *Sozialpädagogisches Können. Ein Lehrbuch zur multiperspektivischen Fallarbeit*. 8. Auflage, Freiburg im Breisgau: Lambertus-Verlag.

NEUBERT, Verena 2016. *Bindung und Risiko. Wie weit reicht die protektive Kraft sicherer Bindung?* Hrsg. von LEUZINGER-BOHLEBER, Marianne und Rolf HAUBL, Göttingen: Vandenhoeck & Ruprecht.

NIKLAUS-LOOSLI, Therese, 2019a. *Marte Meo und Neurobiologie*. In: BERTHER, Claudia und Therese NIKLAUS-LOOSLI, Hrsg. *Die Marte Meo Methode. Ein bildasiertes Konzept unterstützender Kommunikation für Pflege- und Betreuungsinteraktionen*. 2. Auflage, Bern: Hogrefe-Verlag.

NIKLAUS-LOOSLI, Therese, 2019b. Burnout-Prophylaxe – Stärkung der eigenen Resilienz. In: BERTHER, Claudia und Therese NIKLAUS-LOOSLI, Hrsg. *Die Marte Meo Methode. Ein bildbasiertes Konzept unterstützender Kommunikation für Pflege- und Betreuungsinteraktionen*. 2. Auflage, Bern: Hogrefe-Verlag.

NIKLAUS-LOOSLI, Therese, 2020. *Interaktionen mit der Marte Meo Methode neurobiologisch wirksam nutzen*. In: Björn HAGEN und EREV Hrsg. *Videogestützte Verfahren in den Erziehungshilfen – Entwicklungsperspektiven mit Bildern*. Theorie und Praxis der Jugendhilfe 32. Dähre: SchöneworthVerlag.

NÜSKEN, Dirk, 2020. *Erziehungshilfen als Beruf. Einblicke in die Belastungen und Entlastungen eines Arbeitsfeldes*. Wiesbaden: Springer VS.

OFF, Silke und Klaus TER HORST, 2020. *Videobasierte Beratung und das Fetale Alkoholsyndrom (FAS)*. In: Björn HAGEN und EREV Hrsg. *Videogestützte Verfahren in den Erziehungshilfen – Entwicklungsperspektiven mit Bildern*. Theorie und Praxis der Jugendhilfe 32. Dähre: SchöneworthVerlag.

OMER, Haim und Arist VON SCHLIPPE, 2010. *Stärke statt Macht: neue Autorität in Familie, Schule und Gemeinde*. Göttingen: Vandenhoeck & Ruprecht.

PAPOUŠEK, Mechthild, 1994. *Vom ersten Schrei zum ersten Wort. Anfänge der Sprachentwicklung in der vorsprachlichen Kommunikation*. Bern: Verlag Hans Huber.

RÄDER, Helga, 1999. *Der fachliche Grundkonsens der Entwicklungen des Video-Home-Trainings*. In: Max KREUZER und Helga RÄDER, Hrsg. *Video-Home-Training. Kommunikation im pädagogischen Alltag. Eine erprobte Methode (nicht nur) in der Familienhilfe*. 2. Auflage, Mönchengladbach: Hochschule Niederrhein.

RÄTZ, Regina; Wolfgang SCHRÖER und Mechthild WOLFF, 2014. *Lehrbuch Kinder- und Jugendhilfe. Grundlagen, Handlungsfelder, Strukturen und Perspektiven*. 2. Auflage, Weinheim, Basel: Beltz-Juventa.

READE, Nicolà, 2008. *Konzept für alltagstaugliche Wirkungsevaluierungen in Anlehnung an Rigorous Impact Evaluations. Erprobung der Durchführung im Rahmen von GTZ Unabhängigen Evaluierungen.* Saarbrücken: Centrum für Evaluation.

REEKERS, Helga, 2009. *Video-Interaktions-Diagnostik – eine effektive Methode zur Qualitätssicherung in Kindertageseinrichtungen.* In: Irene GOLTSCHE, Hrsg. *Anwendungsbereiche des Video-Home-Training VHT. Geglücktes im Blick.* Bad Heilbrunn: Verlag Julius Klinkhardt.

RHEIN, Volker, Hrsg., 2018. *Moderne Heimerziehung heute. Band 7/8. Evaluation der Systemischen Interaktionstherapie und -beratung.* Herne: Frischtexte Verlag.

ROGERS, Carl R., 2006. *Entwicklung der Persönlichkeit. Psychotherapie aus der Sicht eines Therapeuten.* 16. Auflage, Stuttgart: Klett Cotta.

ROGERS, Carl R., 2009. *Eine Theorie der Psychotherapie, der Persönlichkeit und der zwischenmenschlichen Beziehungen.* München, Basel: Ernst Reinhardt.

ROSENBERG, Marshall B., 2004. *Gewaltfreie Kommunikation. Eine Sprache des Lebens. Gestalten Sie Ihr Leben, Ihre Beziehungen und Ihre Welt in Übereinstimmung mit Ihren Werten.* 4. Auflage, Paderborn: Junfermann.

SANNE, Matthias, 2009. *Video-School-Training (VST) – Kompetenz- und Bewerbungstraining für Jugendliche.* In: Irene GOLTSCHE, Hrsg. *Anwendungsbereiche des Video-Home-Training VHT. Geglücktes im Blick.* Bad Heilbrunn: Verlag Julius Klinkhardt.

SANTOS, Paula C., Fátima FELICIANO und Sandra AGRA, 2011. *Highlighting relationships in Early Intervention with the Video Home Training/ Video Interaction Guidance (VHT/VIG) method. Procedoa – Social and Behavioral Sciences,* 2011(29).

SCHAFFER, Hanne und Fabian SCHAFFER, 2020. *Empirische Methoden für soziale Berufe. Eine anwendungsorientierte Einführung in die qualitative und quantitative Sozialforschung.* Freiburg im Breisgau: Lambertus-Verlag.

SCHEPERS, Guy und Claudia KÖNIG, 2000. *Video-Home-Training. Eine neue Methode der Familienhilfe.* Weinheim, Basel: Beltz Verlag.

SCHEPERS Guy, 1999. *Einsatz von Video als Feedbackinstrument im Video-Home-Training.* In: Max KREUZER und Helga RÄDER, Hrsg. *Video-Home-Training. Kommu-nikation im pädagogischen Alltag. Eine erprobte Methode (nicht nur) in der Familienhilfe.* 2. Auflage, Mönchengladbach: Hochschule Niederrhein.

SCHIERER, Elke, 2019. *Fragmontierte Teilhabe. Partizipationsgestaltung in stationären erzieherischen Hilfen. Bedeutungen, Möglichkeiten und Grenzen professionellen und organisationalen Handelns.* Wiesbaden: Springer VS.

SCHIERER, Elke, 2022. *Partizipation als präventiver Bestandteil institutionellen Kinderschutzes – strukturelle Weichenstellung und professionelles Handeln in den stationären erzieherischen Hilfen.* In: Elke SCHIERER; Annette RABE und Birgit GRONER, Hrsg. *Institutionelle und professionsbezogene Zugänge zum Kinderschutz. Prävention – Kinderschutz – Kinderrechte.* Wiesbaden: Springer VS.

SCHLEIFFER, Roland, 2014. *Der heimliche Wunsch nach Nähe. Bindungstheorie und Heimerziehung.* 5. Auflage, Weinheim, Basel: Beltz-Juventa.

SCHLÖMER, Klara, 1999. *Video-Interaktions-Begleitung in der Erzieherausbildung.* In: Max KREUZER und Helga RÄDER, Hrsg. *Video-Home-Training. Kommunikation im pädagogischen Alltag. Eine erprobte Methode (nicht nur) in der Familienhilfe.* 2. Auflage, Mönchengladbach: Hochschule Niederrhein.

SCHNELL, Martin W. und Christine DUNGER, 2018. *Forschungsethik. Informieren – reflektieren – anwenden.* 2. Auflage, Bern: Hogrefe-Verlag.

SCHMITZ-WINZEN, Oliver, 2009. *Video-Home-Training und Video-Interaktions-Begleitung im Konzept der stationären Kinder- und Jugendhilfe.* In: Max KREUZER und Helga RÄDER, Hrsg. *Video-Home-Training. Kommunikation im pädagogischen Alltag. Eine erprobte Methode (nicht nur) in der Familienhilfe.* 2. Auflage, Mönchengladbach: Hochschule Niederrhein.

SCHMID, Marc, 2007. *Psychische Gesundheit von Heimkindern. Eine Studie zur Prävalenz psychischer Störungen in der stationären Jugendhilfe.* Weinheim, München: Juventa.

SCHMID, Marc, 2013. *Umgang mit traumatisierten Kindern und Jugendlichen in der stationären Jugendhilfe: „Traumasensibilität" und „Traumapädagogik".* In: Jörg M. FEGERT, Ute ZIEGENHAIN und Lutz GOLDBECK, Hrsg. *Traumatisierte Kinder und Jugendliche in Deutschland. Analysen und Empfehlungen zu Versorgung und Betreuung.* 2. Auflage, Weinheim, Basel: Beltz-Juventa.

SCHÖN, Rebecca, 2009. *Der Elternkurs VHT neu belebt: Kreative Materialien zur Durchführung.* In: Irene GOLTSCHE, Hrsg. *Anwendungsbereiche des Video-Home-Training VHT. Geglücktes im Blick.* Bad Heilbrunn: Verlag Julius Klinkhardt.

SCHÖNECKER, Lydia, 2022. *Inklusion.* In: Thomas MEYSEN, Katharina LOHSE, Lydia SCHÖNECKER und Angela SMESSAERT, Hrsg. *Das neue Kinder- und Jugendstärkungsgesetz.* Baden-Baden: Nomos.

SCHULZ, Marlen, 2012. *Quick and easy?! Fokusgruppen in der angewandten Sozialwissenschaft.* In: Marlen SCHULZ, Birgit MACK und Ortwin RENN, Hrsg. *Fokusgruppen in der empirischen Sozialwissenschaft. Von der Konzeption bis zur Auswertung.* Wiesbaden: Springer VS.

SCHULZE-KRÜDENER, Jörgen und Hans Günther HOMFELDT, 2013. *Elternarbeit in der Heimerziehung.* In: Waldemar STANGE; Rolf KRÜGER; Angelika HENSCHEL und Christof SCHMITT, Hrsg. *Erziehungs- und Bildungspartnerschaften. Praxisbuch zur Elternarbeit.* Wiesbaden, Springer VS.

SCHWABE, Mathias, 2019. *Eskalation und De-Eskalation in Einrichtungen der Jugendhilfe. Konstruktiver Umgang mit Aggression und Gewalt in Arbeitsfeldern der Jugendhilfe.* 6. Auflage, Weinheim, Basel: Beltz-Juventa.

SCHWABE, Mathias und Karlheinz THIMM, 2018. *Alltag und Fachlichkeit in stationären Erziehungshilfen. Erkenntnisse aus dem Modellprojekt „Qualitätsagentur Heimerziehung".* Weinheim, Basel: Beltz-Juventa.

SCHWING, Rainer und Andreas FRYSZER, 2013. *Systemische Beratung und Familientherapie – kurz, bündig, alltagstauglich.* 2. Auflage, Göttingen: Vandenhoeck & Ruprecht.

SEIFFGE-KRENKE, Inge, 2004. *Psychotherapie und Entwicklungspsychologie. Beziehungen: Herausforderungen, Ressourcen, Risiken.* Heidelberg, Berlin: Springer VS.

SIRRINGHAUS-BÜNDER, Annegret, 2011. *Marte Meo – videogestützte Methode und systemische Perspektive.* In: Christian HAWELLEK und Arist VON SCHLIPPE, Hrsg. *Entwicklung unterstützen – Unterstützung entwickeln. Systemisches Coaching nach dem Marte-Meo-Modell.* 2. Auflage, Göttingen: Vandenhoeck & Ruprecht.

SPANGLER, Gottfried und Iris REINER, 2017. *Bindungsentwicklung im Kindesalter.* In: Bernhard STRAUß und Henning SCHAUENBURG, Hrsg. *Bindung in Psychologie und Medizin. Grundlagen, Klinik und Forschung – ein Handbuch.* 1. Auflage, Stuttgart: Kohlhammer.

SPIN DGVB, o.J.a. *Über uns* [Zugriff am 14.04.2022]. Verfügbar unter: https://www.spindeutschland.de/ueber-uns/.

SPIN DGVB, o.J.b. *Ihre Weiterbildungsmodule zum VHT-Professional* [Zugriff am 14.04.2022]. Verfügbar unter: https://www.spindeutschland.de/ausbildung.

SPIN DGVB, o.J.c. *Infos zu VHT* [Zugriff am 13.04.2022]. Verfügbar unter: https://www.spindeutschland.de/infos-zu-vht/

SPIN DGVB, o.J.d. *Die Kamera als Lupe und als Fernglas – VHT für Führungskräfte* [Zugriff am 06.05.2022]. Verfügbar unter: https://www.spindeutschland.de/vht-fuer-fuehrungskraefte.

SPIN DGVB, o.J.d. *25 Jahre VHT in Deutschland – wie alles begann* [Zugriff am 18.06.2022]. Verfügbar unter: https://www.spindeutschland.de/25-jahre-vht-in-deutschland-wie-alles-begann/

SPIN DGVB, o.J.e. *Willkommen bei SPIN-DGVB* [Zugriff a 11.07.2022]. Verfügbar unter: https://www.spindeutschland.de.

SPIN DGVB, 2017. *Weiterbildungsrichtlinien. VHT-Practitioner. VHT-Guide. VHT-Coach. VHT-Ausbilder*in/Supervisior*in. VHT-Masterclass-Ausbilder*in* [Zugriff am 15.04.2022]. Verfügbar unter: https://www.spindeutschland.de/wp-content/uploads/2021/11/VHT-Weiterbildung-Richtlinien-alle-WB.-17.11.-21.pdf.

SPIN DGVB, 2020. *Satzung*. Stuttgart: o.V.

STAHLMANN, Martin, 2000. *Betreuungsformen (in) der Heimerziehung.* In: KUPF-FER, Heinrich und MARTIN, Klaus-Rainer, Hrsg. *Einführung in Theorie und Praxis der Heimerziehung.* 6. Auflage, Wiebelsheim: Quelle & Meyer Verlag.

STATISTISCHES BUNDESAMT (DESTATIS), 2018. *Statistiken der Kinder- und Jugendhilfe. Erzieherische Hilfe, Eingliederungshilfe für seelisch behinderte junge Menschen, Hilfe für junge Volljährige – Heimerziehung, sonstige betreute Wohnform 2016* [Zugriff am 23.05.2022]. Verfügbar unter: https://www.destatis.de/DE/Themen/Gesellschaft-Umwelt/Soziales/Kinderhilfe-Jugendhilfe/Publikationen/Downloads-Kinder-und-Jugendhilfe/heimerziehung-betreute-wohnform-5225113167004.pdf?__blob=publicationFile.

STATISTISCHES BUNDESAMT (DESTATIS), 2022a. *Hilfen zur Erziehung, einschließlich Hilfen für junge Volljährige in Deutschland nach Art der Hilfe* [Zugriff am 23.05.2022]. Verfügbar unter: https://www.destatis.de/DE/Themen/Gesellschaft-Umwelt/Soziales/Jugendarbeit/Tabellen/hilfen-erziehung-jungevolljaehrige.html.

STATISTISCHES BUNDESAMT (DESTATIS), 2022b. *Hauptgründe für die Unterbringung in einem Heim oder einer Pflegefamilie* [Zugriff am 23.05.2022]. Verfügbar unter: https://www.destatis.de/DE/Themen/Gesellschaft-Umwelt/Soziales/_Grafik/_Interaktiv/hauptgruende-unterbringung.html.

STERN, Daniel, 2006. *Mutter und Kind. Die erste Beziehung.* 5. Auflage, Stuttgart: Klett-Cotta.

STIMMER, Franz, 2012. *Grundlagen des Methodischen Handelns in der Sozialen Arbeit.* 3. Auflage, Stuttgart: Kohlhammer.

STOCKMANN, Reinhard, 2019. *Systematic Evaluation Analysis (SEA) als Instrument der Wirkungsevaluation.* Saarbrücken: Centrum für Evaluation.

STÖVESAND, Sabine und Christoph STOICK, 2013. *Gemeinwesenarbeit als Konzept Sozialer Arbeit – eine Einleitung.* In: Sabine STÖVESAND, Christoph STOICK und Ueli TROXLER, Hrsg. *Handbuch Gemeinwesenarbeit.* Opladen, Berlin, Toronto: Verlag Barbara Budrich.

STROUCKEN, Ton, 1994. *Wie baue ich erfolgreich einen Kontakt auf?* In: SPIN Deutschland; Hannelore GENS und Udo HEIMBÜRGER. *Video-Home-Training.* Reader 1: Grundlagen zu Theorie und Praxis. Düsseldorf: o.V.

TER HORST, Klaus, 2009. *Der Einsatz von Videotechnik im Hilfeplanverfahren.* In: Irene GOLTSCHE, Hrsg. *Anwendungsbereiche des Video-Home-Training VHT. Geglücktes im Blick.* Bad Heilbrunn: Verlag Julius Klinkhardt.

THE TAVISTOCK AND PORTMAN NHS FOUNDATION TRUST, o.J. *Video-Feed-back-Intervention zur Förderung positiver Elternschaft und sensibler Disziplin (VIPP-SD)* [Zugriff am 14.04.2022]. Verfügbar unter: https://tavistockandport-man.nhs.uk/care-and-treatment/treatments/video-feedback-intervention-promote-positive-parenting-vipp.

THEUNISSEN, Georg, 2021. *Geistige Behinderung und Verhaltensauffälligkeiten.* 7. Auflage, Stuttgart: utb.

TREVARTHEN, Colwyn, 2011. *Confirming Companionship in Interests, Intentions and Emotions.* In: Hilary KENNEDY; Miriam LANDOR und Liz TODD, Hrsg. *Video Enhanced Practice. Professional Development through Attuned Interactions.* London: Jessica Kingsley Publishers.

VAN ROSMALEN, Lia und Hilary KENNEDY, 2015. *From the Beginnings of Video Enhanced Reflective Practice (VERP) to Today.* In: Hilary KENNEDY; Miriam LANDOR und Liz TODD, Hrsg. *Video Enhanced Practice. Professional Development through Attuned Interactions.* London: Jessica Kingsley Publishers.

VERMEULEN, Henk, 1994. *Video-Home-Training mit Jugendlichen über 12 Jahren.* In: SPIN Deutschland; Hannelore GENS und Udo HEIMBÜRGER. *Video-Home-Training. Reader 1: Grundlagen zu Theorie und Praxis.* Düsseldorf: o.V.

VON SCHLIPPE, Arist und Jochen SCHWEITZER, 2016. *Lehrbuch der systemischen Therapie und Beratung I. Das Grundlagenwissen.* 3. Auflage, Göttingen: Vandenhoeck & Ruprecht.

VON SCHLIPPE, Arist, 2011. *Psychoedukative Ansätze und systemische Perspektive.* In: Christian HAWELLEK und Arist VON SCHLIPPE, Hrsg. *Entwicklung unterstützen – Unterstützung entwickeln. Systemisches Coaching nach dem Marte-Meo-Modell.* 2. Auflage, Göttingen: Vandenhoeck & Ruprecht.

VON SPIEGEL, Hiltrud, 2020. *Methodisches Handeln in der Sozialen Arbeit.* In: Dieter KREFT und C. Wolfgang MÜLLER, Hrsg. *Methodenlehre in der Sozialen Arbeit.* 3. Auflage, München, Basel: Ernst Reinhardt.

VON SPIEGEL, Hiltrud, 2021. *Methodisches Handeln in der Sozialen Arbeit. Grundlagen und Arbeitshilfen für die Praxis.* 7. Auflage, München: Ernst Reinhardt.

VON WARTBURG, Roger, 2014. *Im Zeitalter der Scharlatane: Hüther, Precht, Fratton & Co. Lei Lichte besehen.* Ivb-inform, 2013/14(2).

WATZLAWICK, Paul, 2016. *Man kann nicht nicht kommunizieren. Das Lesebuch. Zusammengestellt von Trude Trunk und einem Nachwort von Friedemann Schulz von Thun.* 2. Auflage, Bern: Hogrefe-Verlag.

WEBERS, Thomas, 2020. *Systemisches Coaching. Psychologische Grundlagen.* 2. Auflage, Berlin: Springer.

WELS, Paul M.A. und Tom OORTWIJN, 1994. *Video-Home-Training. Ein Beitrag zur wissenschaftlichen Fundierung.* In: SPIN Deutschland; Hannelore GENS und Udo HEIMBÜRGER. *Video-Home-Training. Reader 1: Grundlagen zu Theorie und Praxis.* Düsseldorf: o.V.

WELS, Paul M.A.; J.A.H. und Max KREUZER, 2000. *Ambulante Erziehungshilfe durch Video-Home-Training. Bericht über ein Forschungsprogramm zur Implementation bei Hyperaktivität.* In: Klaus SKRODZKI und Krista MERTENS, Hrsg. *Hyperaktivität. Aufmerksamkeitsstörung oder Kreativitätszeichen?* Dortmund: borgmann publishing.

ZWICK, Michael M. und Regina SCHRÖTER, 2012. *Konzeption und Durchführung von Fokusgruppen am Beispiel des BMBF-Projekts „Übergewicht und Adipositas bei Kindern, Jugendlichen und jungen Erwachsenen als systemisches Risiko".* In: Marlen SCHULZ, Birgit MACK und Ortwin RENN, Hrsg. *Fokusgruppen in der empirischen Sozialwissenschaft. Von der Konzeption bis zur Auswertung.* Wiesbaden: Springer VS.

11 Anhang

11.1 Informationsschreiben

Einladung zur Fokusgruppenforschung

Liebe*r Teilnehmer*in,

ganz herzlichen Dank für Ihre Bereitschaft, das Forschungsvorhaben im Rahmen meiner Masterthesis zu unterstützen, indem Sie Ihre Erfahrungen und Eindrücke in einer Fokusgruppe teilen!

Meine Masterthesis beschäftigt sich mit dem Thema

„VHT als methodischer Zugang in den stationären Erziehungshilfen"

und stellt sich die Frage, inwiefern sich videobasiertes Arbeiten auf das professionelle Handeln von Fachkräften in diesem Arbeitsfeld auswirkt.

Die Forschungsmethode, die ich dafür nutzen möchte, nennt sich **Fokusgruppe**. Diese qualitative Methode ermöglicht auf recht unkomplizierte Weise mehrere Sichtweisen einzufangen, sich gegenseitig zu weiteren Aspekten anzuregen und miteinander in Diskussion zu gehen. Weiterhin erlaubt sie eine Moderation, die mithilfe eines Leitfadens das Gespräch mit Fragen und Rückfragen begleiten kann.

Die Durchführung der Fokusgruppe findet **online** über Zoom statt. Der entsprechende Link wird Ihnen rechtzeitig in der jeweiligen Woche auf Ihre Mailadresse gesendet.

Diese Form ermöglicht eine unkomplizierte Teilnahme und Aufnahme des Prozesses. Die **Aufnahme** wird, nachdem sie transkribiert wurde, selbstverständlich gelöscht. Ihre **Daten** – so viel schon vorab – werden ab dem Zeitpunkt der Transkription anonymisiert oder pseudonymisiert.

Die **Moderation** liegt bei mir. Eine Sicherheitsaufnahme sowie die Co-Moderation, wird meine Kollegin ▮▮▮▮▮▮▮▮ übernehmen.

Die Fokusgruppe setzt sich je aus 5-6 Teilnehmenden zusammen, die auf unterschiedliche Weise Erfahrung mit videobasiertem Arbeiten gemacht haben und so **verschiedene Perspektiven** einnehmen können.

Sie haben mit ▮▮▮▮▮▮▮▮▮ einen der beiden **Termine** verabredet.

Fokusgruppe 1:	Fokusgruppe 2:
Freitag, 22.04.2022	Freitag, 29.04.2022
10:00 Uhr – 12:30* Uhr	10:00 Uhr – 12:30* Uhr

*dabei ist schon eine zeitliche Reserve eingeplant.

Die Fragestellung, besonders der Begriff „professionelles Handeln", klingen erst einmal abstrakt. Hier möchte ich gleich vorab Druck nehmen: Die Forschungsfrage wird in leichte Erzählanregungen und Fragen übersetzt. Zudem geht es nicht darum, Wissen abzuprüfen, sondern vielmehr darum, authentische Eindrücke Ihrerseits einzufangen. Dazu werden wir uns um eine möglichst entspannte und gemütliche Gesprächsatmosphäre bemühen. Ich bin überzeugt, dass uns dies gemeinsam gelingt, dass wir bereichernde Diskussionen führen und so spannende Erkenntnisse generieren werden!

Für Rückfragen oder bei technischen Schwierigkeiten am Termin, steht Ihnen meine Mailadresse sowie Telefonnummer zur Verfügung: ▮▮▮▮▮▮ .

www.pinterest.de/pin/21181060735892109/

Ich freue mich auf Sie und den gemeinsamen Vormittag!

Herzliche Grüße,

Felizitas Balzer

10:00	**Begrüßung und Vorstellung** - Danke an alle Teilnehmenden - Vorhaben und Vorgeschichte - Dank an ▇ als Mitorganisatorin
10:05	**Organisation** o Moderation durch Felizitas Balzer, Co-Moderation/Aufnahme durch ▇ o Aufnahme: Zoom-Aufnahme durch beide Moderatorinnen o Namen werden in Verarbeitung in Masterthesis anonymisiert oder pseudonymisiert o Zoom-Kacheln mit Namen/Rolle (Bereichsleitung, Jugendamt, Gruppenmitarbeiter*in, Auszubildende) benennen o Zeitlicher Ablauf o Bedürfnisse und Rückfragen gerne äußern, auch Pausenbedarf o Fragen sind Erzählaufforderungen mit Ziel, möglichst viel von jeder*m zu hören, miteinander ins Gespräch/Diskussion kommen/ Wir werden ggf. Rückfragen stellen o Braucht noch jemand einen Mikro-Check? / Bitte laut und deutlich sprechen o Gibt es bis hierhin Rückfragen Ihrerseits?
10:10	**Leitfragen zu Themenblock 1: Vorstellung Person und VHT-Berührung** Als erstes würde ich gerne möglichst viel über Sie und Ihre VHT-Erfahrung hören. Wie ist Ihr Name, in welcher Funktion sind Sie tätig und wie sind Sie mit VHT in Berührung? <u>Mögliche Nachfragen:</u> • Wie wird VHT in Ihrer Stelle/Gruppe genau praktiziert? Wie muss ich mir das vorstellen? • Wann eignet sich der Einsatz der Methode besonders? • Welche Fragestellungen wurden in Ihrem Beisein mit VHT bearbeitet?

10:30	**Leitfragen zu Themenblock 2: Eigene Erfahrungen**
	Jetzt würde mich interessieren, **wie** Ihre Erfahrungen mit videobasiertem Arbeiten waren. Erzählen Sie mir von Ihrer eindrücklichsten Erfahrung mit VHT.
	Mögliche Nachfragen: - Haben Sie im Gegensatz dazu auch schon eine ganz andere/schwierige Erfahrung mit VHT gemacht? - Was macht VHT für Sie persönlich aus?
10:50	**Leitfragen zu Themenblock 3: Einordnung der Methode**
	Wie würden Sie jemandem, der die Methode nicht kennt, VHT beschreiben?
	Mögliche Nachfragen: - Was grenzt VHT zu anderen Methoden ab? - Welche Faktoren erschienen in VHT-Prozessen besonders wichtig? - Für wen oder wann ist videobasiertes Arbeiten besonders geeignet, wann gar nicht (Ausschlusskriterien)? - Wo liegen die Chancen der Methode? - Wo liegen die Grenzen der Methode? - Was fehlt bei VHT noch, also wo müsste sich VHT noch weiterentwickeln?

11:20	**Leitfragen zu Themenblock 4: Beobachtete Auswirkungen**
	Sie praktizieren und erleben VHT ja auf unterschiedliche Weise. Gibt es aus Ihrer Sicht Wirkungen und wenn ja, welche nehmen Sie wahr? Mögliche Nachfragen: - Erinnern Sie sich an die Zeit vor Ihrer VHT-Erfahrung zurück: Inwiefern gab es Unterschiede in Ihrem beruflichen Handeln oder Können im Vergleich zu heute? - Was wäre anders, wenn es VHT im Eylarduswerk nicht gäbe? Woran würde man erkennen, dass nicht videobasiert gearbeitet wird? - Hätte man dieselbe Wirkung mit einer anderen Methode erzielen können? Welche weiteren methodischen Zugänge wären ebenso denkbar? - (Was unterscheidet [Hilfeplangespräche/Fallbesprechung/Einzelberatung/Clearing] mit und ohne VHT? - Unterscheiden sich Fachkräfte, die videobasiert arbeiten, von denen, die es nicht tun? Wenn ja, in welchen Merkmalen?) - Wie erklären Sie sich die Auswirkung? *Weiß ich etwas über...* - *Ihr Gegenüber?* - *Ihre Haltung?* - *Ihre Beziehung zum Gegenüber?* - *Ihre fachlichen Fähigkeiten?* - *Ihre Gefühle/Einstellung zur Arbeitssituation?* - *Ihr Tun im pädagogischen Alltag?* - *das Miteinander unter den Fachkräften?* - *den Hilfeverlauf?* - *Hilfeplangespräche?* - *Zusammenarbeit mit Kooperationspartner*innen (Jugendamt, Schule, ..)?*

11:50	Gut, das waren meinerseits erst einmal alle Fragen. Gibt es noch etwas, was Sie hinzufügen möchten? Wie gehen Sie aus der Runde?
11:55	**Ausfüllen des ergänzenden Fragebogens** - zu beruflichen Eckdaten der Fachkräfte (lamapoll.de) - Link in Chat senden
12:00	**Abschluss** - Dankeschön für die spannende und erkenntnisreiche Runde! - Kleines Präsent plus Ergebnispräsentation wird noch organisiert!

11.3 Transkriptionsregeln

Tabelle 9: Transkriptionsregeln nach Bohnsack 2021: 255ff. und Dresing; Pehl 2018: 20ff.

Autor*innen	Richtlinie	Beispiel, Zeichen
Dresing; Pehl 2018	Es wird wörtlich transkribiert, nicht lautsprachlich oder zusammenfassend.	
	Dialekte werden bestmöglich ins Hochdeutsche übersetzt. Im Fall von uneindeutiger Übersetzung bleibt das Dialektwort.	„gehe heuer auf's Fest"
	Umgangssprachliche Partikel werden transkribiert.	ne, gell
	Der Partikel „hm" wird unabhängig seiner Betonung ausschließlich „hm" geschrieben. Nach ihm folgt eine Betonungsbeschreibung in Klammern.	Hm (nachdenkend)
	Zögerungslaute werden immer als „ähm" ausgeschrieben.	Öh = ähm
	Bestätigungssignale anderer Sprecher*innen, inklusive Moderator*innen, werden innerhalb der Redeflüsse nicht transkribiert.	ja, mhm, aha
Bohnsack 2021	Beginn einer Überlappung	⌐
	Ende einer Überlappung	⌐
	Pause bis eine Sekunde	(.)
Dresing; Pehl 2018	Pause über mehrere Sekunden (Punkte entsprechen Sekunden)	(....)
Bohnsack 2021	besondere Betonung	nein
	laut (im Vergleich zur sonstigen Lautstärke)	**nein**
	sehr leise (im Vergleich zur sonstigen Lautstärke)	°nein°
	stark sinkende Intonation	.
	schwach sinkende Intonation	;
	stark steigende Intonation	?
	schwach steigende Intonation	,
	Abbruch des Wortes	viellei-
	Wortverschleifung	oh=nee
	Dehnung (Punkte entsprechen Länge)	nei::n
	schwer verständliche Äußerungen (bei Unsicherheit)	(doch)
	unverständliche Äußerungen (Klammerlänge entspricht Dauer)	( )

		Kommentar zu nonverbalem Ereignis	((lacht))
		Genannte Namen im Interview werden pseudonymisiert.	Ute → Hanne
		Hauptwörter sowie Neuansätze der Sprechenden werden groß geschrieben. Nach Satzzeichen wird klein weitergeschrieben, da sie nicht grammatikalisch, sondern der Intonation dienen.	
		Die Zeilen werden nummeriert.	
Pehl 2018	Dresing:	Alle Sprechbeiträge, auch kurze Einwürfe, erhalten einen eigenen Absatz.	
Ergänzung	eigene	angelehnt an Dresing und Pehl 2018 werden den Moderator*innen die Kürzel M1 und M2 zugewiesen. Die Teilnehmenden der ersten Fokusgruppe werden als A1/2/… und die der zweiten Gruppe mit B1/2/… gekennzeichnet.	

11.4 Transkriptionsauszug

547   ist 'ne Selbstwahrnehmung, Fremdwahrnehmung ähm (.) da kann man einfach nochmal un-
548   fassbar gut drauf gucken (...)

549   M1: [0:50:36.1] Hm (bejahend) (....) was sind denn so die wichtigsten (.) Aspekte im VHT für Sie
550   persö:nlich. also was ist das e:ine Element (..) ähm (.) das VHT für Sie persönlich ausmacht.
551   (......)

552   A3: [0:50:56.9] In der Diagnostik ist es so dass ich zum einen (.) psychologische Testverfahren und
553   so weiter habe und was präsentieren kann am Ende (.) das ist zum aktuellen Stand das Ergeb-
554   nis dieses Testverfahrens. (.) und genauso ist es wenn ich Alltagsbeschreibungen habe, dann
555   kann ich das mündlich machen? (.) und ich kann das Videobild dazu zeigen wenn ein Kind in
556   Entwicklung gegangen ist; wie ist es angekommen, wie rutscht es jetzt die Rutsche runter. es
557   ist a:uch praktisch n'Abbild ähm der Ergebnisse die wir erzielt haben (......)

558   A1: [0:51:28.4] Ja:a und ich finde diese Kleinschrittigkeit (.) also man kann sehr kleinschrittig damit
559   a:rbeiten und wie ich eben schon ganz (.) kleine Entwicklungsbotschaften und ('ne) Möglichkeit.
560   (.) das ist das eine und andere ist finde ich ähm der Fokus (.) also wi:e Hilfefrage (.) die Brille
561   die ich aufhabe (.) finde ich sehr entsche:idend. (.) ähm und ähm (.) ich kan:n (.) das meint
562   sehr oft dieser Perspektivwechsel (.) macht's für mich auch so attraktiv und ähm we:rtvoll. (..)

563   M1: [0:52:03.6] Hm (bejahend) ((nickt)) (...) Frau Löffler?

564   A4: [0:52:06.4] Ja ((räuspert sich)) (.) das ist tota:l schwer zu beantworten tatsächlich diese Frage
565   (.) ähm aber ich merke auch (.) wenn ähm im wahrsten Sinne des Wortes, alle die gleiche
566   Blickrichtung haben (.) dass das schon was verändert. also alle gehen auf so eine Ebene, wir
567   gucken zusam::men auf etwas dra:uf (.) und das passiert ja dann auch tatsächlich live im
568   Raum ((lacht)). und ich glaube dass das tatsächlich auch 'ne große Auswirkung hat (.) also die-
569   ses geme::insame von oben mal draufschauen (.) und nicht ähm sozusagen wie Muster gera-
570   deaus arbeiten sondern (.) geme::insam ((gestikuliert eine Runde)) da eben auf die Metaebene
571   gehen, geme::insam in die gleiche Richtung schauen (.) egal wie uneinig alle Beteiligten sind
572   (..) und ähm das ist glaub ich was, was sehr wirksam ist.

573   M1: [0:52:53.7] Hm (bejahend) (..)

574   A5: [0:52:57.1] Ich finde auch das (.) Feedback in so Besprechungssituationen das (.) entweder
575   Kinder bekommen (.) wenn sie 'ne schöne Situation über sich ansehen dürfen (.) oder wenn
576   man sein eigenes professionelles Handeln bespricht, wenn man im Te:am (.) Situationen be-
577   spricht, es kommt eigentlich immer daz:u (..) dass jemand in solchen Situationen Feedback
578   kriegt und das ist dann auch noch visuell unterstützt, also ich finde das ist (.) ja (.) besseres
579   Feedback kann man fast gar nicht bekommen irgendwie (..) als:o (.) ist jetzt vielleicht ein biss-
580   chen sehr übertrieben? abe:r (.) ähm genau (.) also total gut einfach ähm (..) so 'ne stark unter-
581   mauerte Rückmeldung zu bekommen und immer dann so ein bisschen (.) oder auch Kinder
582   sind so ((lehnt sich groß zurück im Stuhl)) boa:h coo:l ne? und (.) ja (..) genau ((lacht))

11.5 Kodierleitfaden

Oberkategorie	Unterkategorie	Kodierregelungen
ALLGEMEINE EINSCHÄTZUNGEN ZU PROFESSIONALITÄT UND QUALITÄT		**Definition:** Diese induktiv gebildete Kategorie sammelt alle allgemeinen Aussagen zu VHT und dessen Einfluss auf professionelles Handeln, Professionalität und Qualität.

Ankerbeispiel: im Gesamtprozess von Anfang (.) bis Ende find' ich professionalisiert und qualifiziert es auch die ganze pädagogische Arbeit.

Kodierregel: Definition genügt zur Abgrenzung. |
| **WISSEN** | Fallverstehen und Diagnostik | **Definition:** Diese Kategorie entspricht auf theoretischer Ebene dem Beschreibungs- sowie Erklärungswissen von Spiegel (2020) der Planungs- und Analysekompetenz nach Heiner (2010) und trauma- und beziehungssensiblen Diagnostik nach Gahleitner, welche eine interprofessionelle und mehrdimensionale Diagnostik fordert (2017: 83, 91).

Ankerbeispiele: „und im Team sagen wir ganz oft, wir sind alle auf dem gleichen Nenner. also wenn wir Videos im Team zeigen finden wir das gut weil wir immer sagen, ach so:o hast du das gemeint, man kann vieles sagen und denkt der andere weiß jetzt was ich meine aber so die Bilder richtig sehen? dann sind alle wirklich auf dem gleichen Stand ((gestikuliert)). also das zeichnet VHT vielleicht wenigstens aus wenn man's in 'nem Team zeigt."

„und da:nn gehen wir diesen Zeitstrahl durch besprechen das Genogramm (.) dann schauen wir uns Videobilder an und dann ist eigentlich so ein (.) ja so ein kontroverser A:ustausch"

Kodierregel: Diese Kategorie wird dann genutzt, wenn über Fallverstehen als Institution und Medium und deren Auswirkungen gesprochen wird, aber auch jene, die die inhaltliche, fallbezogene Ausgestaltung dessen thematisieren. |
| | Kenntnisse | **Definition:** Diese Kategorie wird gewählt, wenn Aussagen über VHT und sein Einfluss auf Wissensbestände gemacht werden.

Ankerbeispiel: „Fort- und Weiterbildung mach ich immer wieder die Erfahrung (.) dass auch rückgemeldet wird wie gut über Videobilder so Inhalte verstanden werden und dass das auch so (.) was ist wo die sagen, jetzt hab ich sogar 'ne konkrete Ide:e dazu, das ist nochmal anderes als das nur zu hören sondern da auch so ein Be:ispiel zu haben (.) das ihm wird durch=weg positiv beschrieben"

Kodierregel: Hier werden insbesondere Aussagen über Weitervermittlung, Schulung, Lernen durch Bilder, konkrete Ideen zu Phänomenen und so weiter gesammelt. |

Partizipation	**Definition:** Hierzu gehören alle Aussagen, die den Einfluss von VHT auf die Partizipation beziehungsweise auf eine von deren fünf Intensitäten thematisieren. 1) Beteiligung durch Informiert-Sein, 2) Mitsprache, 3) Mitentscheidung, 4) Mitbestimmung, 5) Selbstbestimmung (Schwabe; Thimm 2018: 182).

Ankerbeispiel: „Ja oder a:uch dass ich manchmal wenn du Kinder getestet hast? dass man den Eltern zeigen kann das ist passie:rt so und so ist das abgelaufen und an der Stelle ist das Kind schon ganz gut schon entwickelt und an der Stelle kann man an den und den Dingen erkennen da braucht's noch n'bisschen Unterstützung und dass wir das für möglich halten irgendwie das nochmal zu fö:rdern (.) also dafür sind auch Videobilder nochmal hi:lfreich ahm nicht nur über Worte was zu hören sondern auch über Bilder Erklärung bekommen (..)"

Kodierregel: Die Kategorie wird dann gewählt, wenn VHT in Verbindung mit Partizipation, Mitbestimmung, Transparenz, Beteiligung und ähnlichen Themen gebracht werden. |
| **Ressourcenori-entierung** | **Definition:** Hierzu gehören alle Aussagen, die den Einfluss von VHT auf die Ressourcenorientierung thematisieren.

Ressourcenorientierung in der Haltung von Professionellen bedeutet, dass es ihnen gelingt, ihrem Gegenüber unabhängig von dessen Kompetenzen Ressourcen und Entwicklungspotenziale zuzuschreiben. Idealerweise gelingt es, „trotz aller Rückschläge immer noch einen Funken von Veränderungswillen [zu] entdecken; dass sie von den Impulsen ihrer Klient*innen], das Leben besser in den Griff zu kriegen, ausgehen und an eine bessere Zukunft glauben – nicht zu-letzt weil sie auch die merkwürdigsten Lebenswege noch als einen (missglückten) Versuch der Selbstverwirklichung deuten können". (Heiner 2010: 413f.)

Ankerbeispiel: „dann hatten wir Bilder zu dem Jungen (.) wo wir uns dann ne? wo man dann auch sieht (.) der wirkt tota:l (.) ne zum Beispiel wenn man dann auf seine Ressourcen achtet, der wirkt total sympathisch, der hat n'nettes Lächeln, n'schönes Lachen (.) ahm der macht bestimmte Sachen ge:rne (.) wo man dann einfach n'ganz anderes ähm Bild nochmal kriegt (.)"

Kodierregel: Diese Kategorie wird gewählt, wenn von VHT und positivem Blick, wenn von VHT und positivem Blick, Stärken, Ressourcen, Schätze und ähnliches gesprochen wird. |
| **Wertschätzung** | **Definition:** Diese Kategorie wird vergeben, wenn der Einfluss von VHT auf Wertschätzung benannt wird.

Ankerbeispiel: „es ist jeder gefragt, es ist ja jeder gefragt wenn wir Bilder zeigen ob's die Praktikantin ist oder (.) Psychologe oder (.) es ist jeder wertschätzend gefragt was siehst du:u da? (.) was meinst du:u? und somit ist es ja wertschätzend allen Mitarbeitern gegenüber. (.)"

Kodierregel: Wertschätzung ist in den Äußerungen über die Praxis von Ressourcenorientierung schwer zu unterscheiden. Wertschätzung wird als Kategorie dann gewählt, wenn in Zusammenhang mit VHT explizit die Begrifflichkeiten Würdigung, Wertschätzung, Anerkennung, positive Aufmerksamkeit und ähnliches benannt werden. |

HALTUNG

Achtung der Würde, Autonomie und Lebensentwürfe	**Definition:** „Fachkräfte müssen eine berufliche Haltung ausbilden, die die Adressat[*innen] als autonome Subjekte begreift [...] [Sie] müssen [...] ständig das Machtgefälle in der beruflichen Beziehung überprüfen und es situationsgerecht abbauen" (von Spiegel 2021: 92) Diese deduktiv entwickelte Kategorie wird gewählt, wenn Aussagen über die Beeinflussung der achtenden Haltung gegenüber Würde, Autonomie und Lebensentwürfe durch VHT benannt wird. **Ankerbeispiel:** „die Eltern entscheiden an welchen Themen will ich denn arbeiten, also nicht dass (.) wir als Helfer so rein kommen und sagen das und das und das muss jetzt hier passieren, sondern wirklich dieses sensible Schauen wo steht mein Gegenüber und was ist de=ren Ide:e für de=ten System in Veränderung zu gehen" **Kodierregel:** Die Kategorie umfasst insbesondere Äußerungen zur Würde der Menschen, ihrer Rechte, über Augenhöhe, Selbstbestimmung, selbst entscheiden, eigene Lebensentwürfe und Sinnbildung, Aktivierung und Eigenverantwortung des Gegenübers.
Arbeitshaltung und -befindlichkeit	**Definition:** Diese induktiv gebildete Kategorie umfasst die alle Aussagen über den Einfluss von VHT auf die Arbeitszufriedenheit und Arbeitshaltung. **Ankerbeispiel:** wurde an sich nicht kodiert. **Kodierregel:** Die Kategorie wird nur dann gewählt, wenn sie nicht durch die drei Subkategorien Arbeitseinstellung, Selbstwertstärkung und Selbstfürsorge repräsentiert wird.
Motivation	**Definition:** Diese Kategorie umfasst alle Einheiten, die zum Thema machen, dass videobasiertes Arbeiten die Einstellung zur Arbeit beeinflusst. **Ankerbeispiel:** „dann bereite ich mich einfach noch besser vor. wenn ich weiß es ist ein Video- ein Gesprä:ch was auch geflimt wird? trägt es dazu bei dass ich mir noch mehr Gedanken dazu mache wie möchte ich vorgehen. (...) und ich guck's mir hinterher auch an um zu gucken wie hab ich's gemacht. (.)" **Kodierregel:** Die Kategorie umfasst insbesondere Aussagen über Motivation, den Anspruch an sich und die Arbeit und Mühe, die sich Professionelle geben sowie Gefühle gegenüber der Videoarbeit.
Selbstwertstärkung	**Definition:** Diese Kategorie wird gewählt, wenn Aussagen dazu gemacht werden, dass VHT den Selbstwert von Professionellen beeinflusst. **Ankerbeispiel:** „also wirklich zu se:hen was kann ich und da muss ich me:hr von machen und dieses (.) diesen Mome::nt wie sie selber drauf schauen und denken Wo::w das ging ja doch noch ganz gu:t ((nickt)) sind toll (.)" **Kodierregel:** Sie umfasst insbesondere die Stichpunkte Selbstwert, Selbstwertgefühl, Selbstbewusstsein.

Selbstfür-sorge	**Definition:** Diese induktiv gebildete Kategorie umfasst alle Aussagen, die VHT als Beeinflussung von Selbstfürsorge ausmacht.

Ankerbeispiel: „Ich glaube das (.) tut Mitarbeitenden so:o gu:t ähm 'ne Rückmeldung von sich zu bekommen (.) gerade in sehr stressigen Zeiten, mitzubekommen ähm was sie an (.) ähm Schlüsselqualifikationen haben was sie dann ja ähm an Ressourcen und ähm (.) und Fähigkeiten haben. Gerade ähm wenn's so am Limit ist oder so wenn man so sehr gestresst ist, ist es wichtig zu wissen, was kann man. (.) u:nd ähm das find' ich zur Selbstfürsorge wichtig. also ich würde auch immer sagen ähm videobasierte Beratung für Fachkräfte ist ähm ein Geschenk also ähm (.) für (Bewertungen) genutzt werden wi:e ähm (...) vielleicht kannst du das nochmal für dich nutzen ähm (.) eher als Geschenk und nicht als (.) mach das doch nochmal wenn's Probleme gibt (.) sondern ich finde alle neuen Mitarbeitenden müsste das sehr so nach dem Motto das gibt's noch als Bonus dazu. (.) das wäre so 'ne Vision wo oder sowas wo ich denke (.) das könnte (.) dem Laden ((gestikuliert Anführungszeichen)) gut tun"

Kodierregel: Die Kategorie umfasst insbesondere Aussagen über Selbstsorge, Mitarbeitendenpflege. Arbeitsgesundheit, Pausen und Innehalten, sich etwas Gutes tun und so weiter. Ausgeschlossen werden Aussagen, die schwerpunktmäßig über die Stärkung des Selbstwerts sprechen. |
| **Organisati-onskultur** | **Definition:** Diese Kategorie umfasst alle Aussagen über die informell gelebte Organisationskultur mit Grundannahmen, Gewohnheiten, Wertvorstellungen und Normen, die sich in den zwischenmenschlichen Beziehungen, Vorstellungen, Motivation, Wohlfühlen und professionelles Handeln der Einrichtung auswirkt. (Hansbauer; Merchel; Schone 2020: 131)

Ankerbeispiel: „Ich glaube, dass VHT viel dazu beigetragen hat dass wir im Eylarduswerk generell so einen wertschätzenden und ähm (.) eher positiv orientierten Ton pflegen; es ist ein Baustein davon"

Kodierregel: Diese Kategorie wird nur dann gewählt, wenn explizit VHT in Verbindung mit der gelebten Einrichtungs- und Organisationskultur beschrieben wird, nicht wenn generell von Ressourcenorientierung, Wertschätzung oder ähnliches thematisiert wird. |
| **Reflexion** | **Definition:** Diese deduktiv gewonnene Unterkategorie speist sich aus den theoretischen Inhalten der ‚Person als Werkzeug' nach von Spiegel sowie der Reflexions- und Evaluationskompetenz nach Heiner.

Ankerbeispiel: wurde nicht kodiert.

Kodierregel: Diese Kategorie wird nur dann gewählt, wenn keine der Unterkategorien passend erscheint. |
| **Perspektiv-wechsel und Mehrper-spektivität** | **Definition:** Fachkräfte „müssen ‚mehrperspektivisch' denken und planen" (Heiner 2004: 42) und die Sichtweisen anderer miteinbeziehen. Darüber hinaus müssen sie zum Perspektivwechsel fähig sein (von Spiegel 2021: 94).

Ankerbeispiel: „man ändert seinen Blickwinkel teilweise auf bestimmte Situationen also (.)" |

KÖNNEN

	Kodierregel: Diese deduktiv entwickelte Kategorie umfasst insbesondere Aussagen über VHT in Verbindung mit dem Wechsel der Perspektive, der Änderung des Blickwinkels, dem Schauen mit verschiedenen Brillen, aus verschiedenen Professionen und ähnlichem.
Selbstreflexion	**Definition:** „Der Einsatz der Person als Werkzeug sollte durch ständige Selbstreflexion begleitet und kontrolliert werden. Fachkräfte müssen wissen und begründen können, was sie wie und warum tun." (von Spiegel 2021: 95) Die Kategorie wird gewählt, wenn VHT in Verbindung mit der Reflexion von „Handlungsmotive[n]. [...] emotionalen Anteile[n] und sogenannten] blinde[n] Flecke[n] gegenüber dem eigenen Handeln" (95) genannt wird.
	Ankerbeispiel: „Ausgangspunkt sind ja immer, egal aus welcher Perspektive ich es nutze, echte Situationen. (.) die ich nicht vorher plane am (.) aber nachbesprechen kann. also so das ist das echte Handeln das Hier und Jetzt? wie sprech' ich mit jemandem, wie (.) wie geh' ich mit jemandem um, wie wirke ich auf jemanden, wie seh' ich aus, wie guck' ich. also es sind, das Verbildnis eigentlich dass ich Alltagssituationen (.) filme? um dara:us (.) Rückschlüsse zu ziehen"
	Kodierregel: Diese Kategorie wird nicht verwendet, wenn in den Äußerungen die Weiterentwicklung schwerer gewichtet wird (siehe folgende Kategorie).
(Weiter-)Entwicklung	**Definition:** Diese induktiv gewonnene Kategorie fasst die Äußerungen zusammen, welche von Weiterentwicklung in Verbindung mit VHT sprechen.
	Ankerbeispiel: „Ja für mich war's während der Ausbildung vor allem einfach unfassbar wertvoll (.) zu sehen wie ich mich weiterentwickle? also von so 'nem langen Prozess (..) und auch so zielorientiert im Prinzip an meine:r (.) Weiterentwicklung zu arbeiten."
	Kodierregel: Hierunter fallen Inhalte wie Wachstum, Entwicklung, Ausbildung beruflicher Identität, Lernen und ähnliches.
Kommunikation	**Definition:** „Kommunikative Fähigkeiten [...] ermöglichen, sich in verschiedenen Welten mit sehr unterschiedlichen Kommunikationspartner['inne]n zu bewegen" (von Spiegel 2021: 94) und beschreiben verschiedene Teilkompetenzen, die hier unvollständig als Kategorien aufgeführt sind.
	Ankerbeispiel: „gelungene Kommunikation, das Miteinander in den Bildern?"
	Kodierregel: Diese Kategorie wird nur gewählt, wenn die folgenden Unterkategorien nicht passend sind.
Präsentation und Dokumentation	**Definition:** „Fachkräfte müssen ein Berichtswesen entwickeln können, das es ihnen ermöglicht, relevante Daten zu erfassen, zu verdichten [und] zu analysieren. Sie sollten die Daten [zu einer (qualitätsbezogenen)] Gesamtschau [aufbereiten] können" (von Spiegel 2020: 97). Sie soll unter anderem der Information und Rechenschaft nach außen dienen, der fachlichen und organisatorischen Planung nach innen sowie der Verlaufs- und Ergebnisauswertung (Schwabe; Thimm 2018: 226)" (von Spiegel 2020: 97). Diese Kategorie umfasst alle Aussagen, die schwerpunktmäßig über den Prozess des Präsentierens von Bildmaterial vor internen

	externen Kooperationspartner*innen behandeln und den Einfluss von VHT darauf sowie Aussagen über das Sammeln von Bildmaterial und das Festhalten von Entwicklungsprozessen im Sinne von Dokumentation.
	Ankerbeispiel: „Videoarbeit im Hilfeplangespräch?(.) da:: haben wir dann bei ausgewählten Jugendlichen ähm auf's HPG bezogen dann nochmal (.) Meetings mit Richard und, der bereitet dann für die Hilfeplangespräche Bilder vo:r, das ist dann für Eltern oder Jugendämter dann nochmal bildlich zu sehen, wie sich die oder der Jugendliche entwickelt hat und (.) ja:a auch für den Jugendlichen selber, sehr interessant, was da dann nochmal rauskommt. ((lächelt))"
	Kodierregel: Ihr nicht zugeordnet werden Aussagen, die schwerpunktmäßig die Kooperation mit internen oder externen Partner*innen thematisieren und Dokumentation nur als Teil davon benennen.
Einfühlung	**Definition:** Diese deduktive Kategorie beschreibt von Spiegel unter dem Titel Empathie wie folgt: „Fachkräfte sollten Motive, Erwartungen, Emotionen und Reaktionen anderer Menschen wahrnehmen und sich in sie hineinversetzen können, ohne sich darin zu verlieren." (2021: 95)
	Ankerbeispiel: „Schlüsselmoment war auch wieder dass ein Kollege ein Verständnis für ein Kind für ein Verhalten eines Kindes entwickeln konnte und a:uch n'Aha-Effekt hatte du:rch das Sehen? (..) ähm (.)"
	Kodierregel: Diese Kategorie wird insbesondere dann gewählt, wenn von Einfühlung, Empathie, Nachvollziehen und Verständnis gesprochen wird.
Interne und externe Kooperation	**Definition:** Nach Spiegel „ergibt sich zwingend die Notwendigkeit einer kollegialen Beratung und Abstimmung der Fachkräfte untereinander. Das erfordert Formen des effektiven und effizienten kollegialen Austauschs und eine Reflexionskultur ohne Handlungs- und Rechtfertigungsdruck" (2021: 98) Zudem müssen Fachkräfte „in der Lage sein, sich mit ihren Kolleg[*inne]n zu koordinieren, Kompromisse einzugehen, konstruktiv zusammenzuwirken und Konflikte zu bearbeiten" (98). Dies gilt für externe sowie interne Kooperation.
	Ankerbeispiel: „um sowohl Kooperationspartnern sprich prozesssteuernde Jugendämter (.) einen Eindruck zu gewähren? Bilder zu zeigen aus dem Haus, wie schläft das Kind, wie wird's gewickelt wie verhält es sich im Kontakt mit Gleichaltrigen (.) Bilder zu zeigen aus den Besuchskontakten um (.) a::) das Kind zu verfolgen, auch mal Verständnis oder vielleicht (.) Bedarfe? zum einen vom Kind als auch ähm Bedarfe der Eltern (.) Befindlichkeiten zu präsentieren, einfach bildlich darzustellen ähm (.) dann (.) sieht man immer nur gro:ße A:ugen man kann auf unseren großen Leinwänden oder auf unseren großen Bildschirmen ((gestikuliert große Fläche)) einfach die Bilder aus dem Alltag zeigen (.) damit man nicht nur theoretisch darüber spricht (.) sondern dass man einfach Bilder im Kopf hat und dann gibt's ga:::nz oft einen Aha-Effekt also ganz oft so 'ne Erleuchtung wo dann eine Jugendamtsmitarbeiterin sitzt und endlich verste:ht was wir da eigentlich erzählen (.)"

Kodierregel: Diese Kategorie ist eng verbunden mit der des Präsentierens als Teilkompetenz im professionellen Handeln. Die vorliegende Kategorie wird dann gewählt, wenn nicht der Prozess des Präsentierens sondern die Auswirkungen auf die Kooperation und die Kooperationspartner*innen betont wird.

Bilder	**Definition:** Diese induktiv gebildete Kategorie umfasst alle Aussagen, die Bilder als zentralen Wirkfaktor von VHT benennen. **Ankerbeispiel:** wurde nicht kodiert. **Kodierregel:** Diese Kategorie wird nur dann gewählt, wenn sie weder den sachlich-inhaltlichen Gehalt noch emotionalen Gehalt von Bildern als Wirkfaktoren benennt.
sachlich-inhaltlicher Gehalt	**Definition:** Diese Kategorie umfasst Aussagen, die Bilder durch deren sachlich-inhaltlichen Gehalt als Wirkfaktor beschreiben. **Ankerbeispiele:** „und dann ist das natürlich ((lächelt)) super hilfreich wenn man sich das nachher nochmal angucken kann und nochmal zurückspulen und nochmal wirklich so diese Fe:inheiten wie Du Elena das vorhin auch beschrieben hast" „in der Hinsicht find' ich sind Bilder auch (.) eine sehr e:hrliche Rückmeldung, da kann man halt nicht drübe:r hinweg (.) die sind dann so, so wa:r's (.) und 'ne Redezeit zum Beispiel kann ich mir im Video genau angucken. Kollege gibt mir 'ne Einschätzung ja:a ((macht abwinkende Geste)) war schon ganz gut oder war nicht so gut, aber (.) am Video se:h ich's dann, und dann hab ich Fakten." **Kodierregel:** Definition genügt zur Abgrenzung.
Emotionaler Gehalt	**Definition:** Diese Kategorie umfasst alle Aussagen, die Bilder durch deren emotionalen Gehalt als Wirkfaktor beschreiben. **Ankerbeispiel:** „ich finde es ist n'riesen Unterschied ob ich einem Jugendamt erzä:hle das Kind ist verzweifelt und weint viel oder ob ich einen kleinen Moment so einen Ausschnitt auch einspiele ähm wo man so sieht wie das Kind sitzt, weint, vielleicht auch hin- und herschaukelt, versucht sich zu beruhigen (.), aufgebracht ist (.), das geht viel mehr an's Herz als jedes Wort was ich da erzähle, die Bilder treffen unmittelbar ins Herz und ich erlebe dann dass auch Sachbearbeiter aus dem Jugendamt ganz anders betroffen sind, auch E:ltern nochmal ganz anders betroffen sind wenn ich so eine Szene ganz kurz einspiele. manchmal auch wenn Kinder so hospitalisieren und so schaukeln (.) ähm das löst (.) vom Bild her was ganz anderes aus als wenn ich das so sachlich berichte. und sage ja abends sitzt der und schaukelt sich in den Schla:f.das rutscht so durch (.) aber diese Bilder (.) die rutschen nicht durch. die gehen an's Gefühl." **Kodierregel:** Definition genügt zur Abgrenzung.

Gefilmt werden	**Definition:** Diese Kategorie umfasst alle Äußerungen, die das Gefilmt werden an sich als Wirkfaktor im VHT thematisieren. **Ankerbeispiel:** „ich glaube die Kamera trägt auch dazu bei (.) dass diese Relevanz des Gesprächs deutlich wird (nickt))" **Kodierregel:** Definition genügt zur Abgrenzung.
Gemeinsamer Blick	**Definition:** Diese induktiv gewonnene Kategorie umfasst alle Aussagen, die das Gemeinsame im Reflektieren oder Handeln als Wirkfaktor betonen. **Ankerbeispiel:** „ähm aber ich merke auch (.) wenn ähm im wahrsten Sinne des Wortes, alle die gleiche Blickrichtung haben (.) dass das schon was verändert. also alle gehen auf so eine Ebene, wir gucken zusam::men auf etwas dra:uf (.) und das passiert ja dann auch tatsächlich live im Raum ((lacht)). und ich glaube dass das tatsächlich auch 'ne große Auswirkung hat (.) also dieses geme::insame von oben mal draufschauen (.) und nicht ähm sozusagen wie Muster geradeaus arbeiten sondern (.) geme::insam ((gestikuliert eine Runde)) da eben auf die Metaebene gehen, geme::insam in die gleiche Richtung schauen (.) egal wie uneinig alle Beteiligten sind (..) und ähm das ist glaub ich was, was sehr wirksam ist." **Kodierregel:** Definition genügt zur Abgrenzung.
Fokus	**Definition:** Diese induktiv entwickelte Kategorie umfasst alle Äußerungen darüber, dass das Fokussieren durch videobasiertes Arbeiten einen Wirkfaktor darstellt. **Ankerbeispiel:** „VHT im HPG (.) da war die Rückmeldung dass es gelungen ist sehr strittige Eltern sehr schnell auf das Kind zu fokussieren, also die Streitigkeiten an die Seite zu schieben durch die Bilder (.) und den Blick se:hr schnell auf's Kind zu richten und dann eigentlich den Teil ganz wegzulassen nämlich die Eltern streiten sich erst mal ordentlich und dann kommt man zur Sache, sondern der Fokus war se:hr schnell beim Kind weil das so deutlich im Raum stand (.) du:rch diese Bilder (..) fand ich sehr hilfreich" **Kodierregel:** Definition genügt zur Abgrenzung.
Perspektivwechsel und Mehrperspektivität	**Definition:** Abseits des Perspektivwechsels als Teil professionellen Handelns, ist Perspektivwechsel und Mehrperspektivität auch eine induktiv gewonnene Kategorie und benennt einen Wirkfaktor. **Ankerbeispiel:** „spanne:nd? wie (.) unterschiedlich (.) man die gleich Situation aber auch wahrnehmen kann; also auch das für den Austausch wieder wo ich auch wieder ähm (.) ja meine Kollegen nochmal anders kennenlernen kann, ah ach oka:y so siehst du das (.) ich hätte jetzt eher so und so geguckt; also auch dieses sich a:ustauschen über verschiedene Perspekti:ven (.) um dann zu überlegen was machen wir damit. also das kann ja auch sehr bereichernd sein durch (.) verschiedene Professionen auch zu schauen, ne? Elena du schaust als Psychologin nochmal ganz anders dra:uf (.) als ich als VHT-Fachkraft oder als die Pädagogen in der Gruppe (.) und das ist manchmal auch ganz bereichernd zu gucken okay so sind die Beschreibungen durch die Brille und

das würde die Psychologin da jetzt eher sehen und dann auch zu gucken ähm was machen wir also wofür ist das jetzt auch <u>gut</u> dass wir so vi:el (.) ähm oder den Fokus so <u>breit</u> gemacht haben und ((öffnet die Arme weit und führt sie dann zusammen)) wie kriegen wir jetzt wieder 'ne gute <u>Fahrtrichtung</u> °zusammen rein°"

Kodierregel: Hier werden insbesondere Äußerungen gefasst, die den Wechsel der Perspektive, die Änderung des Blickwinkels, das Schauen mit verschiedenen Brillen, aus verschiedenen Professionen und ähnlichem als Wirkfaktor thematisieren.

Feedback

Definition: Diese induktive Kategorie umfasst alle Aussagen, die das Feedback als Teil des VHTs als Wirkfaktor benennen.

Ankerbeispiel: „es kommt eigentlich <u>immer</u> daz:u (..) dass jemand in solchen Situationen <u>Feedback</u> kriegt und das ist dann auch noch visuell <u>unterstützt</u>, also ich finde das ist (.) ja (.) <u>besseres</u> Feedback kann man fast gar nicht <u>bekommen</u> irgendwie (..) als:o (.) ist jetzt vielleicht ein bisschen <u>sehr</u> übertrieben? aber (.) ähm genau (.) also total <u>gut</u> einfach ähm (..) so 'ne stark <u>untermauerte</u> Rückmeldung zu bekommen und immer dann so ein bisschen (.) oder auch Kinder sind so (((lehnt sich groß zurück im Stuhl)) <u>boa:h</u> <u>cool</u> ne? und (.) ja (..) genau ((lacht))"

Kodierregel: Definition genügt zur Abgrenzung.

Detailliertheit

Definition: Diese induktiv entwickelte Kategorie beinhaltet alle Aussagen über Details, Feinheiten, Konkretheit, Kleinschrittigkeit, Genauigkeit als Wirkfaktor im VHT.

Ankerbeispiele: „Ja:a und ich finde diese Kleinschrittigkeit (.) also man kann sehr kleinschrittig damit a:rbeiten und wie ich eben schon ganz (.) kleine Entwicklungsbotschaften und (‘ne) Möglichkeit. (.)"

„aber dieses konkrete ähm (.) am (.) eigenen Tu:n (.) das kann für mich (.) ähm (.) keine ander- ich mein Marte Meo natürlich (.) ( ) ähm letztendlich ähm im Großen die gleiche Methode (.) aber dieses konkre::te (.) ähm haben wir glaub ich schon so als Allein-stellungsmerkmal (..) ähm (.) °ja°"

Kodierregel: Definition genügt zur Abgrenzung.

Lernen am eigenen Modell

Definition: Diese induktiv gebildete Kategorie umfasst alle Aussagen das Lernen am eigenen Modell als Wirkfaktor von VHT.

Ankerbeispiel: „was besonders ist ist dass man am <u>eigenen</u> Modell und an <u>eigenen</u> Bildern arbeitet und an seinen <u>eigenen</u> Ideen"

Kodierregel: Diese Kategorie umfasst besonders Verweise auf eigenes Bildmaterial, eigenes Handeln, sich sehen und ähnliche Termini.

Handlungsleitende Standards	**Definition:** Diese induktive Kategorie beinhaltet alle Aussagen, die Gebote, Regeln und Handhabungen rund um VHT-Praxis thematisieren. **Ankerbeispiel:** „ist es ja beim Aufnahmeprozess ja so wie in allen Gruppen dass man Schweigepflichtsentbindung und ähm Genehmigung sich einholt von den Sorgeberechtigten und grade bei den älteren Jugendlichen aber auch bei den jüngeren ((lacht)) dass man die da auch miteinbezieht und die da auch n°Mitspracherecht haben" **Kodierregel:** Die Kategorie wird nur dann gewählt, wenn das Segment keine Aussagen über Einflüsse von VHT im Sinne der Kategorien Wissen, Können, Haltung und Wissensbestände trifft.
Kritische Reflexionen	**Definition:** Diese induktive Kategorie sammelt all jene Segmente, die zu beachtende Risiken, Gefahren, Einsatzbedingungen, Grenzen, kritische Reflexionen und Perspektiven rund um die VHT-Praxis thematisieren. **Ankerbeispiel:** „Aus meiner Sicht ist die Auswahl n°ganz sensibler Punkt ähm (.) ich kann natürlich. °°°und das haben wir auch in einem Fall mal demonstriert, ähm vor einem Vater der definitiv Täter ist ganz positive Bilder auswählen (.) und ich könnte damit auch im Rahmen eines Hilfeplangesprächs mühelos zeigen wie wahnsinnig nett dieser Mensch mit seinen Kindern umgeht (.) ähm ich finde es ist die hohe Kunst tatsächlich sich auf abzustimmen welche Bilder man eigentlich zeigen will, von demselben Mann gab es natürlich auch Bilder die zeigen wie er versucht Einfluss zu nehmen, wie er ähm (.) Kinder bisschen manipuliert dass sie ihn auch wirklich umarmen, aber ich hätte mühelos aus demselben Filmchen auch so Szenen rausnehmen können dass man hinterher sagt mein Gott der braucht doch mehr Besuchskontakte, er wird geliebt von seinen Kindern, er liebt die Kinder, er bemüht sich (.) die Auswahl der Bilder ist eine (.) ga:nz kritische Sache und ich finde da liegt auch bei den Video-Home-Trainern ganz viel Verantwortung." **Kodierregel:** Einsatzbedingungen, Regeln und Gebote die nicht mit kritischen Gedanken verbunden sind, fallen unter die angrenzende Kategorie der Praxisgebote. Gebote und Standards, die Teil der kritischen Gedanken sind, fallen dennoch ausschließlich in diese Kategorie.
Implementierungsaspekte	**Definition:** Diese induktive Kategorie umfasst Hinweise und Gedanken rund um die VHT- Implementierung in Einrichtungen. **Ankerbeispiel:** „ich (.) wüsste jetzt auch keine vergleichbare Weiterbildung die man so:o mü:helos in der Einrichtung ohne lange Fahrtwege ähm (.) durchführen kann in Arbeitszeit ähm zum großen Teil auch noch, und ich glaub' das ist auch was was ähm so gelungen ist weil's von der Einrichtung auch so:o auch über viele viele Jahre auch schon unterstützt wird; (..) also das kenn aus anderen Einrichtungen auch anders, dass die Hürden sehr viel größer sind um überhaupt an so 'ne We:iterbildung zu kommen (.) und wenn wir uns jetzt so sprechen hören, es ist in jedem Arbeitsbereich, also in einigen wird's me:hr genutzt in anderen weniger aber trotzdem ist es durch=weg in allen Arbeitsbereichen zu finden." **Kodierregel:** Definition genügt zur Abgrenzung.

PROFESSIONALITÄT INNERHALB DER METHODE